田 广 戴琴琴◎编著

中国成老大 世界会怎样

中国财富出版社

图书在版编目(CIP)数据

中国成老大,世界会怎样/田广,戴琴琴编著.—北京:中国财富出版社,2014.1
ISBN 978-7-5047-5063-1

Ⅰ.①中… Ⅱ.①田…②戴… Ⅲ.①中国经济—研究 Ⅳ.①F12

中国版本图书馆 CIP 数据核字(2013)第 288495 号

策划编辑	张艳华	**责任印制**	何崇杭
责任编辑	杨银旗 张 娟	**责任校对**	饶莉莉

出版发行	中国财富出版社		
社　　址	北京市丰台区南四环西路 188 号 5 区 20 楼	**邮政编码**	100070
电　　话	010-52227568(发行部)		010-52227588 转 307(总编室)
	010-68589540(读者服务部)		010-52227588 转 305(质检部)
网　　址	http://www.cfpress.com.cn		
经　　销	新华书店		
印　　刷	北京京都六环印刷厂		
书　　号	ISBN 978-7-5047-5063-1/F·2064		
开　　本	710mm×1000mm 1/16	**版　　次**	2014 年 1 月第 1 版
印　　张	17.25	**印　　次**	2014 年 1 月第 1 次印刷
字　　数	248 千字	**定　　价**	39.00 元

代 序

对中国将再度成为世界老大的思考

我的前同事、老友，国家体改委研究所的田广博士，赴北美深造后在美国执教十余年，现回国服务。其与研究生戴琴琴合作编写了本书——《中国成老大，世界会怎样》。在书中，他们针对中国经济现已回升到全球第二、并继续向已失去了一百多年的第一位的名次迸发的现实，提出了一些发人深省的问题，可以让一些脑子发热而膨胀的国人，好好思考：当中国真的拿回了世界第一的位置，中国和世界将怎样重新看待从根本上变动了的世界格局。中国如果再度成为世界老大，是否要替代美国的世界警察角色？

田广兄在我应邀到汕头大学讲学的时候，与我聊起此书稿。因本人曾专职研究国际战略问题，对此话题自然很感兴趣，遂阅读了书稿，对于他们二位编著者的深思和得到的初步结论，颇有同感。于是便应田广兄的盛情邀约，写下一些感想作为本书的序言。

全球老二，人均依然指标很低

2012年的现在，中国的GDP已经位于全球第二，仅次于美国，把日本抛在了后面。对此，国际统计如下：

老大美国，GDP 150940.3亿美元（人均约50300美元）。

老二中国，GDP 72981.47亿美元（人均约5613美元）。

老三日本，GDP 58694.71亿美元（人均约30890美元）。

老四德国，GDP 35770.31亿美元（人均约44710美元）。

老五法国，GDP 27763.24亿美元（人均约42710美元）。

老六巴西，GDP 24929.08 亿美元（人均约 12500 美元）。

老七英国，GDP 24175.70 亿美元（人均约 39000 美元）。

我之所以不厌其烦地把名次排到第七名，是因为 19 世纪末首先接替中国 GDP 老大位置的是英国，随后美国替代了英国。有人在乐观地预测，中国还有多少多少年能成为世界 GDP 老大。

且不说成为世界老大与再度成为世界老大不是一回事（中国历史上长期是世界 GDP 老大）；线性预测也是出了名的靠不住。历史不会如逻辑那样，有一必有二，有二必有三。因为中国在变，世界无数国家也在变。巴西在 15 世纪什么都不是，因为葡萄牙人还没有来到。当时中国在明朝中期明孝宗弘治五年，国力依然很强，依然保持着 GDP 世界第一的地位。但是一支西班牙船队由哥伦布带领进入大西洋，预兆着中国与欧洲经济实力的天平开始出现变化，最终导致了英国因工业革命而成为世界第二任 GDP 老大。

而现在，巴西已经晋升为世界老六；以人均 GDP 指标算，比中国强得多。因此，这个老二，还没有值得炫耀一下的资格。国强，而民还不算富。想来，就是到了老大而 GDP 超过美国，因为中国人口比美国多将近 10 倍，也只能是美国的 1/10 左右。那又有什么可夸耀的呢？不过，话又说回来，这确实也算中国近代以来曲折的发展经历和历史进程中的一个重要转折点。

老大跌落到谷底，再回升到老二

中国在汉唐年间是世界老大，这个史实在全球一点争议都没有，就如现在世人都认同美国是现在世界的老大一样。据贝罗克统计，1750 年（乾隆十五年）中国 GDP 占世界 GDP 份额 32%，印度占 24%，欧洲五国（英、法、德、俄、意）占 17%。唐宋以后到 18 世纪约 900 年之久，中国经济体的实力一直稳居全世界的榜首。

直到元朝，远在欧亚大陆另外一端亚平宁半岛的马可·波罗，比唐玄奘更路途遥遥、更千辛万苦地穿越整个欧亚大陆，从大西洋沿岸到太平洋沿岸，直线距离大约是 11600 公里。而唐僧从西安经乌兹别克斯坦、阿富汗到印度，如果终点

在新德里一带，那么这段距离则大约是6000公里，只是马可·波罗的一半左右。

马可·波罗为什么要千辛万苦到中国来？这个问题问一下达伽马、哥伦布，问一下墨西哥的殖民总督埃尔南·科尔特斯、秘鲁的殖民总督弗朗西斯科·皮萨罗，答案基本一样：钱、财富、黄金。只是在汉唐时期，那是中国梦。

同样问题问一下现在拼命要从非洲冒地中海致命风浪的险偷渡到欧洲的非洲、阿拉伯难民，以及中国浙江温州、福建福清偷渡到欧洲或美国的人，他们的答案，大概也跟几百年前那些欧洲人差不多，跟百年以来到美国去追求美国梦的人的答案，也一样。

到18世纪之前，中国一直是经济最为强盛的国家之一，占世界经济总量的比重未曾低于20%，1820年更达到历史最高峰32.9%。那是嘉庆二十五年，康乾盛世刚过去，乾隆的儿子嘉庆当了25年皇帝的时候。

这个抛物线到达顶点后，几乎呈直线下降。1870年降至17.2%，1913年降至8.9%，1950年降至4.5%。如此加速下降，实际上是因为国际和国内双重因素。内部因素，老大帝国制度的腐朽已经深入骨髓，积重难返。1851—1861是咸丰年，同治年从1862年起。太平天国起事于1850年年底—1861年年初，失败于1872年。1862年在陕西渭南发生的回汉武装冲突，引发大规模的回汉剧烈冲突。一个时间段遭遇两大内乱，老大帝国开始加速衰落。同时欧洲美国的工业革命则在加速。一减速，一加速，经济实力的天平自然就偏向了欧洲。

根据安格斯·麦迪森的研究，在1900年八国联军侵华时，中国的GDP只占世界总额的6%，欧洲五国占54.5%（英国占18.5%、法国占6.8%、德国占17.9%、俄国占8.8%、意大利占2.5%）。当时后来居上的美国占23.6%，日本占2.4%。这七个国家占80.5%。

当然，这只是对国民经济估算和统计的结果。而中国也只是在历史抛物线上升的前期和中期阶段，才是国人能在亚洲这个世界扬眉吐气的汉唐盛世。

那时的中国，文治武功双手都硬，经济则持续繁荣，丝绸之路贸易繁荣，四方客商向往天朝大国的繁华而熙攘于途。中原王朝对外来文化兼收并蓄而富有包容四海的气象。传统的农耕经济时代，中国人天性的勤劳、节俭、务实并重视教育，加上以四大发明为代表的技术进展，是中国古代长期保持经济文化第一大国的基础。

那时也无须全球存在的军事实力，只要威慑力能覆盖周边，就足以让蠢蠢欲动的北方游牧民族武装收敛。即便如此，孙子的兵书中凝结的战略战术思想，至

今依然能给当代全球化格局下的各国军事战略家以深刻启迪。

经济发展和文治武功，是汉唐盛世的基础。而且对外来文化也能兼收并蓄的外向性文化，使得当时全球最优秀的价值观能向外输出。中国对外国使者来朝贡而礼遇，回赠价值远高于其朝贡品的价值，就是优待周边列国，愿意与之交好的证明。今日日本、朝鲜半岛和越南，古典文献都用中文写就，就是文化和价值观输出的证明。

而军事上带有进攻性的国家战略，则能维护国家安全；中原王朝在西域的军事影响力延伸到中亚，则能保护丝绸之路的中国和列国之国际贸易的利益。汉唐时期当然也有蟊贼骚扰天朝帝国，而总体上北方各游牧民族对中原帝国有觊觎并动手者，都被歼灭或驱赶至远方。

修筑长城虽说基本上体现了防御性的国家战略，不过在汉唐时期，君主和将帅都不拘泥于长城之内，有犯中原者必穷追猛打至北漠。这个做法，倒有点像环保的自然保护区分核心区、缓冲区、边缘区那样。长城内，就是核心区，来犯者必歼之。长城外，是缓冲区，只要你不过分折腾，可以先缓一缓再说。至于北漠以外边缘区以外的游牧武装，那就可以不管。

宋到明，中原王朝虽依然是经济大国，虽然文治方面已不能输出文化和价值观，日本人已经基本不再来中国学习。中华文化依然有强大的包容性，一群犹太人就是此阶段在开封附近而被没有敌意的中华文化所感染，放下戒心而与中国人融为一体的。

而武功方面则采用了实施海禁的防御性国家战略，天朝基本已经失去了威震四海、八方来朝的众星捧月地位。明永乐年间菲律宾苏禄国王到北京，大概是海外地方统治者到中原来的少数案例之一。当时主要靠向北方游牧民族重金买边界安宁以及不来中国骚扰。当然，因为轻视武功，北宋南宋和明朝的文化艺术倒也继续繁荣到皇朝专制时代的顶峰。

当时支撑 GDP 继续上升的，只是经济和文化的繁荣，而武功则已经偏废而屡屡见辱于金人。从北宋到南宋，无不靠向北方游牧民族进贡而买得局部的偷安。明朝虽也强盛一阵，但是最终还是被长城之外的游牧少数民族——满人取代。汉朝始建的长城之战略防御作用，就此彻底失效。

康熙乾隆盛世，现在看来是老大王国昔日光彩的回光返照。因为乾隆的儿子嘉庆，当皇帝到第 25 年的时候，中国的 GDP，根据英国学者安格斯·麦迪森的

《中国经济的长期表现》研究，到达了历史的顶点。过了抛物线的顶点，就是加速的下坠。

没有国家战略，文化腐朽堕落而经济上依然能产生巨大财富的晚清政权，妄自尊大；而面对列强环伺的局面，却无法凝聚国民之心和力，应对外事和国际贸易不当，导致丧权辱国，向日本、美国、俄罗斯等赔款无数，正好给列国加速发展资本主义增强国力提供了养料。

甲午海战向日本支付的赔款及财物，总计约合库平银3.6亿两，折合日元5.1亿元。这笔巨款，是日本实际军费支出的3.4倍，是日本当时全国年度财政总收入的6.4倍、相当于日本当时7年的财政收入。战争红利到手，日本朝野欢欣鼓舞，外相陆奥宗光高兴地说："在这笔赔款之前，根本没有料到会有几亿，本国全部收入只有8千万日元，一想到现在会有5亿1千万滚滚而来，无论政府和日本国民都觉得无比的富裕!"

日本用甲午战争巨额赔款干了什么？10%用于日本皇室，10%用于教育，80%用于工业建设和购置改善军事装备。也就是说，大部分用于提升经济实力，小部分用于改善教育培养军国主义的经济操作人员和军队炮灰。

肥肉养大了饿狼。甲午战争后日本的经济和军事实力飞速扩张，又给日本在20世纪30年代全面侵华提供了实力基础。第一次世界大战后第二次世界大战前因为欧美日列强争霸而顾不上中国时，中国民族经济发展而国力开始回升。这段黄金时期被日寇进犯而打断。国力重新下坠的趋势，到20世纪50年代才止跌回升。

中国大陆的GDP在1978年回升到5%，之后GDP占世界总量比重明显上升，1995年到达10.7%。不难看出，中国在世界经济中的地位经历了一个"U"型发展轨迹，1820年和1950年都是转折点。据安格斯·麦迪森的测算，中国GDP占世界总量的比重在2020年将达到20%，在此后的时期将位居世界首位。

中国的另一部分台湾，在历经艰难转折和改革转型后，同样进入了工业化和国际贸易引领经济起飞的道路。海峡两岸殊途同归的经历说明，只要摆脱外界的干涉和内部厉行改革，古老中华民族的生命力，照样有强劲的爆发力。

中国传统农耕经济对社会经济的推动力，到1820年发挥殆尽。而工业技术革命导致的加速发展则在1782年因为瓦特发明了蒸汽动力机械而开始。不过40年的光景，工业革命就开始取代人类有农耕文明以来的几千年历史，在推动经济社会发展中起了主要作用。本质上，这是智力开发带来的一波一波新技术在经济上对体力劳动在发展中主导推动作用的替代。

可是，在国家战略和军事战略层面上，我们国家几十年来，基本没有什么有见地的全球战略。如果说还有值得一提的，是战略导弹发展形成的第二次打击力量给中国提供了一把核保护伞，以及改革开放前期20世纪80年代海军战略重新受到重视。战略核导弹，因为是图穷后的匕首而只能用在国家民族生死存亡的时刻，只能是最后的震慑，因此它还是防御性的，是最后同归于尽的一招。只要同样持有战略核导弹的对手不想遭遇同样的自杀炸弹，都基本不敢轻言使用。

而海军，则依照不同装备水平，可以是战术力量，也可以通过战略核潜艇的布局而升级为战略力量。在这两个水平之间，战舰战斗群，尤其是航空母舰战斗群，则战术和战略两大功能齐备，还可以在近海防御和远海战略之间收放自如。富有远见的军事和国家战略，是中国迈向世界级大国和强国的基础。我们需要根据中国在国际经济政治中的新地位，来重新确定国家发展战略和相应的全球军事战略。

老大的资格：经济和文治、武功

中国以前长期当老大的时候，全世界还没法整合，连故宫中的皇帝老儿都不知道自己的疆土究竟能量化到多少平方千米。而即便有了工业革命，英国成了世界老大，1815年6月18日滑铁卢大战英国战胜拿破仑的消息，也是罗斯柴尔德的金融机构靠信鸽第二天传回英国的。现在布鲁塞尔郊区的滑铁卢，高速铁路从伦敦出发只需要2小时就可以到达。

交通和通信当时依然落后。军事力量自然也无法有效调遣派遣在远处的军队。韩愈作为“副部级”的高官，给“总书记”贬到广东潮汕当“地委书记”，都只能靠马车走几个月那样辛苦。

中国古代军事名言“将在外，君令有所不受”不是凭空生出来的。没有机械动力车辆的时代，只靠马匹或者烽火台信息沟通时，详细的军事指令，是难以立即传递到千里甚至五百里之外的地方的。明朝1449年御驾亲征的明英宗被俘，

折损50万兵马的土木堡事变，发生在离京城直线距离不到100千米的怀来。如此事件，现代信息社会不可能发生。因为万里之外靠信息技术和现代军事技术就能取首级于三军之中。

绕这么一圈说的是，当时无须世界警察，只需要能监督各扫门前雪的区域警察就够了。当时是传统社会和冷兵器时代，最快速的部队也就是游牧民族的骑兵。而骑兵没有固定的生活后勤基地则很难长期占据停留在一个地方。更没有可能和必要如同现在的美国舰队一样，全球转悠，全球打不顺眼的国家。

而现在，套用美国如今当全球老大的行为方式，老大就必须当世界警察。因为其扩展到全球的利益，根本无法有效保护。但是当老大需要有好说法和好的名义。名不正则言不顺，言不顺则事不成。中国古人早就知道这个道理。

我国有位著名战将曾经说过，以德服人者昌，以力服人者亡。如果“德”的定义是普世价值，如自由、平等、博爱这三项基本原则，这是全球主流人群都认同的。林元帅这个一辈子用军队武力服人的人有如此感慨，的确耐人寻味。名不正言不顺，言不顺则事不成，或事难成。这个德，这个名和言，大概就是说文治，或者说普世价值观。

欧洲列强的弱肉强食殖民进程在19世纪开始崩溃，到20世纪中期的第二次世界大战后基本完全崩溃，一来是解决了殖民地与宗主国的平等问题，二来是解决了殖民地的自由问题。至于博爱的问题，中国古代的老话说明：仓廪足而知荣辱，有能力来老吾老以及幼吾幼。

“9·11”周年纪念，美国人用那么多时间不厌其烦念出三千多个名字，以示对遇难者的尊重。美国总统与所有达官贵人都恭恭敬敬听这些名字被不同家属亲人代表念出来，而不是让大家听政客所谓的重要指示。华盛顿越战纪念墙上，镌刻着每个阵亡军人的名字。战斗中失踪的美国军人，无论过多少年，只要有线索，总是由美国政府出钱把遗骸遗物运回美国安葬。而阿灵顿国家公墓安葬的军人，不分军衔，一概平等。如此对人的尊重正是人道。美国的法律制度可能使有钱人能减轻罪责，但是冤枉无辜者的概率倒也相当低。相对而言还算公平。

美国获得诺贝尔奖的人，肯定是全球各国第一位。我没有具体数字。但是截至2008年美国两所大学的统计是，美国哥伦比亚大学获得诺贝尔奖的学者人数达88人，英国剑桥大学以86人紧随其后。美国芝加哥大学获得诺贝尔经济学奖的人数最多，达到10人。一所芝加哥大学，拥有的诺贝尔奖获得者，就超过了华人获得诺贝尔奖的人数总和。

无论出于何种动机，无论采用合法或非法手段进入美国并逗留下来的外籍人，大体上跟汉唐时期从中亚欧洲过来，要在中国定居的人一样多，甚至更多。因为千年前的公元1000年，全球人口约为6500万（现在的一个法国总人口）；中国最大也只有1600万（略高于现在深圳一个地方的实际人口），当然要想投奔美国的人，按照比例都要高100倍左右。

据说纽约大都市区1600万人，来自全球180多个国家和地区；全市人口中有36%为外国移民（2000年人口普查），白人占37%，黑人占28%，拉丁美洲人占27%，亚洲人占10%。纽约人说170多种语言，主要为英语，其次为法语、德语、俄语、汉语、日语。如此的一个城市人口和所说语言数量，大致足以说明美国对全球人的吸引力。

美国的产品卖到全球各地，尽管美国现在制造业式微了，可是世界人坐的飞机，好多是美国的波音；现在的手机等，好多是苹果；好莱坞的电影，百老汇的戏剧，还有流行歌曲等，都风靡世界，其中隐含的，都是美国文化和美国价值观。这大概就是软实力吧。

如果世界警察的行为规范跟日本皇军那样所到之处“三光”，那么他也别等多久就有人要出来收拾。世界警察干了不少坏事。比如在1973年智利阿连德政府被推翻，1934年尼加拉瓜桑地诺被暗杀，伊朗1953年摩萨台政府遭遇政变，等等。近年来还有妄加罪名给伊拉克而出兵伊拉克的事件。而世界有很强的反美战争或游击队活动，跟这些都有密切关系。当然，世界警察如此干，的确是出于它的私利。不灭了可能对自己有麻烦的事情，难道容忍其他人来骚扰美国的一统天下美梦？

但是，美国在不光彩地出手时，依然有堂而皇之的幌子。比如中央情报局插手阿连德政权的颠覆活动，说法就是左倾政权威胁富人和资本主义。灭萨达姆时候的说法是他卵翼了基地组织并且有大规模杀伤性武器严重威胁盟友以色列。赤裸裸地说“我就是要灭你”的流氓话，美国好像不这么做。即使实际做，也得找一个好说法来包裹。说到底，美国当然也有权追求其国家利益。有时这还真是一个有他没我的零和博弈。

虽然如此，美国依然对世界好多人有强大的吸引力。有贪图美国的富裕的，有羡慕美国给人提供的机会的，有喜欢美国的包容的，有希望到美国拿奖学金读

书深造的，还有大体赞赏美国价值观的。虽然说以德服人者昌，但是以力服人者也未必亡；而且没有力可能导致自身难保。因此当世界警察，也需要孔武有力。

根据西班牙《起义者报》的信息，美国截至 2005 年在海外有 737 个基地，包括在古巴的关塔那摩，在日本的冲绳，在德国，在伊拉克，在太平洋诸岛。该报说，2005 年美国分布在全球的 38 个大中型军事设施（多数是配有轰炸机和舰队的空军和海军基地），几乎与 1898 年大英帝国时代所拥有的 36 个海军基地和英国卫队基地的数目相近。罗马帝国在它全盛的时代（公元前 117 年）需要 37 个大的基地去监视它的广大领地，从英国到埃及，从西班牙到亚美尼亚。也许对于一个渴望统治世界的帝国主义强国来说大型基地和驻军的最佳数字是 35～40。

基地没有人，就没有任何意义。2005 财政年度美国最高军事指挥机构在国外的军事基地部署了 195975 名士兵，这个数字类似于国防部的职员和文职官员，此外还雇用 81425 名外国工人。该报文章继续说，2005 年美国在全世界包括在国内的军事基地的军事人员总数为 1840062 人，国防部的文职人员 473306 人，本地的合同工 203528 人。根据国防部的统计，美国在国外的军事基地有 32327 个兵营、停机坪、医院和其他拥有的楼房，还租用 16527 处楼房。这些设施的面积在国外为 687527 英亩（1 英亩等于 6.072 市亩），国内外合计 29819492 英亩，使五角大楼变成为世界上最大的地主。

该报告还说，尽管这些数字之大是令人吃惊的，但是仍然没有说明美国在全世界所有的军事基地的实际情况。比如，2005 年的《关于基地结构的报告》就没有提到美国在科索沃（现在是塞尔维亚的一个省）的任何驻军，尽管那里 1999 年就建成庞大的朋德斯蒂尔营地，从那时以来它由美国跨国公司 KBR 负责维修，这是哈里伯顿公司的一个分公司。报告也没有包括美国在阿富汗、伊拉克（2005 年 5 月有 106 个兵营）、以色列、吉尔吉斯斯坦、卡塔尔、乌兹别克斯坦的驻军，尽管从“9·11”事件以来美国军队就在波斯湾地区和中亚建立了一个庞大的军事基地结构。

该报告在序言里还表示歉意地说其他国家在当地提供的军事设施没有包括在内，但这不是完全真实的。报告包括了在土耳其的 20 处军事设施，其所有权都是土耳其政府的，只是与美国军人共同使用。如此这般，就需要巨额经费来支撑如此巨大的海外军事基地、军事人员和外国雇员。这还是固定的基地。中国的军队部署，有北京军区、沈阳军区、南京军区、武汉军区、广州军区、成都军区、兰州军

区，只覆盖中国本土。而美国的则是按照世界地图来设置其军事司令部的。

军事上美国把世界各区域划归几个司令部统辖：太平洋司令部、中央司令部、北方司令部、南方司令部和欧洲司令部5个战区司令部。美国本土和加拿大、墨西哥、古巴属于北方司令部；墨西哥以南的美洲以及加勒比海诸岛归南方司令部；整个欧洲和原来苏联所管辖的地区，归欧洲司令部；埃及、中东、高加索地区隶属中央司令部；中国、蒙古、巴基斯坦、南亚、东南亚、东亚归太平洋司令部。

如果中国当世界老大并且不得不当世界警察，估计不仅得全球部署兵力，也需要跟美国一样，根据自己地缘政治地缘军事的需要，将全球划分为自己设计的战区，以应付各区域各国麻烦的需要。

中国古人，对地缘政治和地缘军事的认识，恐怕都不比现在的专家低。清代顾祖禹曾指出中亚对中国陆地防御的重要意义：欲保秦陇，必斥河西；欲保河西，必斥西域。曾问吾在抗战前任吐鲁番县长，他对西部边务也有清醒的认识，在其力作《中国经营西域史》中他明确指出，我国无帕米尔，则无疏勒（今喀什）；无疏勒，则无新疆。牵一发而动全身，足见其地关系边防之大。

实际上，除了这些之外，美国还有游弋在全球各地海洋上的航母战斗集群。目前美国共有12艘大型航空母舰，其中有10艘部署在美国本土。太平洋舰队拥有第3和第7舰队，其主要控制区域包括太平洋和印度洋，司令部所在地为美国夏威夷的珍珠港。第3舰队主要部署在美国的西海岸，其司令部所在地为美国加利福尼亚的圣迭戈（驻扎有第1航母大队）；第7舰队则部署在西太平洋地区，其司令部所在地为日本的横须贺（拥有以“小鹰”号为主体的第5航母大队）。

大西洋舰队拥有第2和第6舰队，其主要任务区域为大西洋和北冰洋的部分海域，司令部所在地为美国东海岸弗吉尼亚州的诺福克军港，此地驻扎有第4、第6、第8航母大队。第2舰队部署于美国东海岸，司令部所在地为弗吉尼亚州的诺福克军港；第6舰队部署在地中海地区，司令部位于意大利的加埃塔港，此地驻扎有第2航母大队。

美国的航母战斗群在不同的地区部署的时间并不相同。基本上在印度洋部署的时间占全年时间的3/4或一半；在地中海部署的时间占全年时间的3/4或4/5；而在西太平洋地区，也就是东亚和东南亚地区部署的时间则是不间断的。此外，美国还有能覆盖全球空域的空军，以及隶属陆军、海军和空军的战略导弹部队。

此外，美国老大还有一个国际利器：北大西洋公约组织NATO。这是冷战

时期应对华沙条约组织的国际军事联盟，由美国主导，也都是美国的盟友。这些国家中西欧好多国家，都是第二次世界大战后马歇尔计划的受援国。美国帮助了这些国家的经济复兴，意识形态方面跟美国一致或非常接近，因而在冷战中抱团对付苏联东欧集团。这些国家的军事和经济力量，加起来可能不在美国总力量之下。

北约成立后，基本也还是美国的独角戏，见谁不顺眼就出手灭谁。只是进入21世纪后，美国的财力难以独立支撑了，才开始经常拉北约盟友一起出手。利比亚危机则是由北约的欧洲国家打了急先锋，美国反而在二线做战，偶然出出手而已。

由马歇尔计划再说到经济能力。有了第一的经济能力，才能支撑如此巨大的军备经费需要，而且能巨额支持战后马歇尔计划这样的多国援助计划来拉拢盟友。此外，美国还有同时对付两场战争的能力，包括经济和装备、人员动员能力。

再说，支撑美国国家外交，驻外军事基地人员以及无数海外跨国公司和机构外派人员需要的，是巨大的美国人才库，其中无数国籍的移民尤其有重要作用。

比如美国现任驻华大使，是华裔骆家辉。比如富有国际金融和管理经验，对中国事务熟悉的美国跨国公司主管保尔森，一转身就进了政府担任财政部长。而鹰派国防部副部长沃尔福威茨，进入国防部前是约翰霍普金斯大学的国际关系学院院长，从国防部卸任后，又去了负责世界扶贫的世界银行当行长。而前国务卿舒尔茨，退出政府后则进入了一家咨询公司。

美国国务院、中央情报局或者美国跨国公司，要为特定区域事务招募人员时，都能从归化的美国公民（也就是以前是别国公民）中招募能讲当地语言的人，比方说非洲的豪萨语，菲律宾的他加禄语，斯里兰卡的僧伽罗语，印度的泰米尔语等。当然说熟练的中文或中国某地方方言的移民，也能便利其在中国的业务。

研究外国各方面的问题，有无数的政府研究者，商业研究机构和非政府非营利机构，还有高校。这些人针对不同问题可能有不同的观点，但是争鸣之下，可能就能逐渐达到共识来如何应对某个特定问题。这也是美国智囊思想库的作用。

显然中国就是要想替代美国的国际警察作用，就是如此的人才配备方面，突击吸纳几十年的移民，都可能难以达到，更不用说懂国际事务的学者、官员和私人部门的商业高管能相互转变身份。这种灵活的人才机制，至少中国目前基本是无法做到的。

没有上述这些政策和措施，美国就无法做到全球各地无处不在；一旦国家利益遭遇麻烦，也无法马上有军队赶到来捍卫国家利益。

法律上，美国法律有所谓的长臂规则，就是无论什么事情，在世界哪个角落，民事或者刑事案件，无论是否牵涉到美国人或者美国法人，只要关系到的一方当事人和法人在美国有最轻微的存在，比如一个外国小公司，在美国有一些临时业务，美国法律就有管辖权。当事人坐的飞机如果经过美国上空，美国也能获得管辖权。有一个案例，在美国，被告人临时出现在受诉法院地而主张具有管辖权的例子是联邦最高法院 1959 年审理的格雷斯诉马克阿特案，该案传票是在被告乘坐的飞机经过管辖法院所在区域上空的飞机上送达的。

这个所谓的长臂，的确是手伸得太长太长。但是，这是美国的国际影响力所决定的。试想一下，索马里或者岛国瓦努阿图也主张长臂管辖的时候，有哪个国家会把它们当回事？也因此美国人时常用国内法来延伸到国际上去折腾事情。

所以，中国即使哪一天在 GDP 总量超过美国，在人均 GDP 方面也接近美国的时候，有没有能力，是否愿意并且有足够的经验和财力来支撑替代老一辈国际警察的装备和职责，都是问题。

老警察是否乐意交出原来的权益，更是问题。因为世界警察的角色，扩张了美国的国际利益，控制了国际经贸命脉，资源可以低价买进，制成品和服务可以高价卖出。这样的一进一出之间，就有了双重的利益。加上美国学校又有世界各国的年轻学子热切期望去读书并留在美国发展。美国的高校成了全球优秀人才收割机。外国政府或家庭培育出的尖子人才，被美国用小小一笔奖学金就拉拢到手，给美国的科技和文化提供了超值贡献。用世界列国之长来扶持美国的更长。这也是美国当世界警察的好处。

新老大不好当

讨论成为新老大以及相关担任国际警察的问题，最大的前提是，到时候原来的老大兼原来的警察，是乐意交接班的。如果它不乐意并且捣鬼，咱在这也只能说说而已。而看看 2012 年美国大选，奥巴马和罗姆尼两个竞选人都在拿中国说

事，好像美国所有的社会经济等问题，都要怪中国。到真关系到全球利益这特大肥肉要失去的时候，还真不知道老大会如何反应呢。

当了国际老大而不履行对国际邻里的责任，而想依然“闷声大发财”，不想管外面的乱局，只想自己个子大，只求别人不来折腾你。如此想法是不现实的。美国老大那么牛，还不是在 2001 年 9 月 11 日给宗教极端分子和恐怖分子在“下腹部”打了四记“冷拳”?

再说，企业做大了，都有要向顾客和公众买好的企业社会责任。你一个国家做到全球老大，更有国际责任。除非你关门万物皆备于我，不靠外面供货，也不靠外面市场赚钱而自己就能自给自足而依然能当老大。那是根本不可能的，工业革命永远改变了地球和经济。

你靠国际资源和国际市场吃饭，也得要设法让老弱病残的邻居能吃上饭。这是国际社会的责任。有国际混混捣乱，你得帮助出手收拾如此“牛二”。如果有流氓对你叫板，要收你的买路钱，那你更得教训教训他。

对比现在美国老大的角色，一个新的老大，不得不承担国际警察的角色。问题是，哪个新老大有能力在全球设立 38 个公安分局，以及 699 个派出所（737 个基地中有 38 个是大型军事基地），驻扎将近 20 万个美国“警官”，还有当地的工作人员 8.1 万人，还有各地的当地盟友的军队当地方保安联防队，比如北约联防队，还有日本在东亚地区当打手和联防等。

此外这个警察有第 7 舰队和第 6 舰队两支定期不定期在西太平洋和地中海大西洋游弋当巡警队。哪里闹哄哄的，就肯定有巡逻队到旁边监视着，起到震慑和吓唬的作用。再不听警察的劝，可能就要当场收拾人。美国三面海岸就有 10 支航母战斗群守护着，如果需要，随时可以再抽调一两个当国际巡逻队。

再者，美国战后历年来跟欧洲代议制民主国家是盟友，跟刚果魔王蒙博托、尼加拉瓜杀人统治者索摩查，还有智利铁腕总统皮诺切特也是哥们儿，跟伊拉克的萨达姆还有本拉登都当过盟友。这证明，美国当世界警察，需要根据自己国家利益的需要，跟人能说人话，跟鬼能说鬼话，跟神能说神话，跟贼能说黑话，跟色鬼能开黄腔。而且要根据利益调整或者随狡兔的死而随时能心狠手辣地翻脸，在昔日的盟友哥们儿背后或者当面捅刀子；或者跟昨天还恨不得掐死的那家伙一起喝酒划拳来个“哥俩好”。

中国有治国之名言“攘外必先安内”。所谓安内，一则是民众安居乐业，也就是国强民富，对民族、对国家都有认同感，有向心力。换句话说，国家意志代表的就是主流民意，国家有号召力。只有这样，政府才能放心国内事务而去动手将国际乱麻理顺。

你要是在家里是暴君，你赌钱输了影响生活、或者轻易把家里的储蓄擅自拿去借人甚至送人，老婆孩子说了你几句就发酒疯打老婆孩子，过一会儿却又人五人六出门去帮邻居主持正义，邻居们会对你主持的所谓“正义”放心吗？

既然当世界警察，那么对世界的理解和了解就不能缺课。如同古代愚蠢皇帝那样说“既然饿肚子，怎么不吃肉粥”那种对世间民情的了解全然等于零的，如此人出门去当警察，就是一个傻大个出门而已，弄不好到处遭暗算。没有理顺乱麻，反而被乱麻缠身弄到自己要别人来援救。

美国军方和学者对世界各国都有深入研究，远不止政治经济文化，甚至深入到包括民俗和人类学的研究，相对做到了知己知彼。除非做到这一点，否则在世界好多地方可能动辄得咎，还没有当好警察，不能顺势而为，借力打力，已经不招人待见而事倍功半。

还有，新老大当警察，还不能软弱，要该出手时就出手，不是为国际社会的利益，就是为自己的重大利益。而不能是见强而软、见弱而硬的那种懦夫态度。不能有洋人比本国人高，要优待的那样洋奴思想。要跟曾经的老大英国、现在的老大美国以及发达国家一样，本国人优先这样的自视甚高甚至自视过高。否则连你自己的国民都被你看不起而优待洋人，外国洋人怎么能相信你把事情摆平后，他们不会成为警察手下的二等公民？

当你自己发展的方式是血汗待遇对待自己的工人，压榨自己的土地和资源听任其疮痍满地不再适合农耕，不再适合居住，人家也怕你当了世界警察后，全球推广复制如此的吃祖辈饭、断子孙粮的生产方式。

当你的国家，学子都是混日子，靠关系，除了考试其他一概不关心，而不是非功利地追求学术和知识，扩展人类的知识边界；在自己国家都后继无优秀人才的时候，经济的专项老大也当不成。

当你的国家，企业玩三聚氰氨地沟油来谋财害命时得不到及时惩处，经济专项老大也当不成。

当你的国家，一些官员不是为民众和企业服务，而是骑在民众和企业头上搜刮并阻碍企业发展、损害就业，那么经济专项老大，还是当不上。

所有这些方面弊病，如果通过深度的全面改革都逐渐消除了，当上了经济专项老大，那又如何？还需要有能力和经验来当这个世界警察。显然，中国还远没有准备好，无论是物质上，国民意愿和国家意志上，还是经验上。

假定一个当世界警察的新老大，来自不同的文化背景，肯定需要有别于基督教/天主教早期不信教就宰了你那种一定要教化你的咄咄逼人的傲慢自大方式，而采用更加缓和的东方方式。但是，普世价值观一定需要包含在其中而不能有东方式的乡愿。

还值得一提的是，目前，国际贸易也好，国际金融也好，农业技术、工业技术与高科技也好，国际司法惯例也好，基本都是美国和西方制定的规则。人家的国内标准，差不多就是国际标准和国际惯例。如果新的老大这方面没有建树，还只能是萧规曹随，那么就算当了新老大、新警察，也只能算是当个空头。

除非比美国这个国际警察干得好，能避美国警察之短（独断专行、假公济私，功利实用主义短期用人后弃之如弊履），扬美国警察之长（各地有盟友、有基地、有财力、有准备，有应付乱麻的专业技能），加上新警察的新长处（是否有长处，还有待自己和世人确认），否则趁早放下这个当世界老大、当世界警察的想法。

国际格局现在是一超多强。但是多强的格局，也在动态变化中。俄罗斯从世界第二强的苏联躺倒时开始慢慢缓过劲来，现在依然实力不可小觑。欧洲作为前老大，现在依然是一方豪强，虽沉疴缠身，却还有能力折腾搅局。日本当了一阵经济老二，但一直是经济巨人，政治侏儒，靠投靠老大吃饭，目前尚有点财力可以唬人。

现在的世界发展趋势是动态的。英国200年前是世界老大，现在这个头衔早已丢失给了美国。巴西在1492年还不在列表上，现在已经是世界第七。日本前两年还在全球第二经济体的位置上，不过因为近20年内，中国正持续增长，而现在中国已取代日本坐在第二位上。你在发展，人家也在努力。因此，任何懈怠，自满自大，任何内外政策的重大失误，都可能让日本无可奈何花落去的悲剧在我们国家重演。

老龄化将拖累我们的国家。而以中国人口数量，我们难以采纳美国那样大量吸纳外来移民弥补劳动力不足的缺口的办法。因此提升全民的教育素质，提升农民的科学种田和集约经营的能力，以及工人的技术素质和能力，从而提升物质生产部门的效率，是唯一可行的弥补方法。同时还需要政府职能改革，减少冗员以提升效率，减少对经济增长的负面影响。只是，我们应该有历史自信心，中华文明是唯一古文明至今绵延到今天的。我们应该有足够的智慧来引导我们的国家渡过历史和世界的惊涛骇浪，再创历史的辉煌。

现在的世界具有相互依赖性。因此就算真的老大美国，现在也不是万能。设想类似联合国安全理事会那样的几大强国大国组成更有约束力和执行力的理事会，是否才有可能真正有基本超脱于超级大国私利的世界警察小组来负责全球治安？因此，当了经济老大而人均指标超不过真正的全面老大时，最好不要浮躁。就是超过，也得心平气和地向老警察、原来的老大好好学习，人家怎么能维持国际霸业达百多年的。

你当了单项的经济老大，全能老大和别人肯定对你要客气得多。在国际村里，依然支持警察维持大面上的治安；在老大需要帮忙的时候助老大一臂之力；单项老大能保家门口的一圈平安不出治安事件，也能帮自己的好友好邻居不受欺负，同时这些好友还不能被公认为是地痞流氓，在自己有麻烦的时候，这些好友邻居还愿意挺你；在村里的表现大多数村民也都认可；能对自己看不过去的事情说上点话，挺老大出面理顺乱麻；配合当老大助理，在老大有理的时候帮老大，老大没理的时候也能批评一下老大主持一下正义。

在从世界第二大经济体向第一大经济体发展的过程中，逐渐补课把民富民权这两课恶补起来，把中国恢复成汉唐那样，经济上吸引人，文化上兼收并蓄并能输出文化和价值观，武力上能让恶霸根本不敢对你下手。能保境安民，也能保一方平安，还能参与帮着国际社会收拾恶棍而主持公道正义。

如果当了老大并兼世界警察的角色，中国至少需要在见习的岗位上干半个世纪一个世纪，才能开始适应。美国代表西方，中国代表东方而形成美中共治的G2，可能更现实。当了老大也不称霸，内外兼修到任何别人不敢惹；国际事务上能协助老警察主持正义，老警察太过分时也有权说道说道、批评批评或拉盟友邻居制止之。也许这就是中国当了经济老大之后最合适的国际角色。

邹　蓝

2013年10月4日于深圳

前 言

中国这个屹立于世界东方的古老国家，这个曾经的世界老大，在进入21世纪以来，以其在经济社会发展上的光辉成就，一次又一次地将全世界的目光吸引到自己的身上。中国改革开放的成就，不仅改变了中国的经济社会面貌，而且也为世界的和平与发展作出了巨大的贡献，在很大程度上影响了世界的政治经济格局。近些年来，中国经济的发展一路向好，2005年年底，中国经济总量超过了英国，成为全球第四大经济体，2007年中国成长为世界第三大经济体，占世界GDP约5%，2010年中国GDP超过日本，成为世界第二大经济体，如果保持现在的发展态势，那么超过美国成为世界的第一大经济实体，可能为期不远了。

中国在历史上曾经辉煌过，曾经稳居世界老大地位长达上千年之久。然而历史上的1840年，号称“日不落帝国”的大英皇家王朝，四处出击，称霸世界。就是这个老牌帝国，将其军舰开到中国的南海，用炮火轰塌了中国的海疆要塞，使中国从此逐步沦丧为国外列强的殖民地、半殖民地。至此之后，无数中国志士仁人，复兴图强，前仆后继，最终在中国共产党的正确领导下，建立了社会主义新政权，迅速改变了鸦片战争之后一穷二白的落后局面，尔后又取得了改革开放的阶段性伟大成就，终于在2005年经济总量超过了英国，将中国建设成为一个经济上强大的独立国家。这中间历经了170多年的艰苦奋斗，经过数不清的失败与牺牲，当然也取得了难以忘怀的经验与教训。

中国人民的伟大领袖毛泽东，曾经以其历尽艰难而最终获得胜利的豪迈气概感慨道：“天若有情天亦老，人间正道是沧桑。”中国所取得的胜利来之不易，中国未来的发展充满曲折艰难，中国面临的国际局势千变万化，面对着各种危机和机遇。因此，昨天的时间老人和明天的飞翔天使，险象环生的危机和前景广阔的机遇，都要求中国人民深刻地思索，回忆过去，策划未来，以争取更大的胜利。物质世界要求万事万物都必须遵循客观规律，按照客观规律行事，才会成功，反

之，就会受到规律的惩罚，民族国家的兴旺发达何尝不是如此？

20世纪70年代末和80年代初以来，由邓小平及其战友们设计并执行的改革和开放，为我们伟大的祖国带来了翻天覆地的巨大变化。中共十七大报告在纵论改革开放的伟大历史进程时指出："改革开放是决定当代中国命运的关键抉择，是发展中国特色社会主义、实现中华民族伟大复兴的必由之路"。今天，一个面向现代化、面向世界、面向未来的社会主义中国巍然屹立在世界东方。中国的发展，不仅使中国人民稳定地走上富裕安康的广阔道路，而且为世界经济发展和人类文明进步作出了重大贡献，被国际社会普遍地看好。民间有句俗语，"火车跑得快，全靠车头带"，中国共产党及其领导集体，就好比是火车头，社会发展的列车奔跑得快与慢、好与坏，很大程度上取决于我们的政党。奥巴马在美国大选中的成功连任，于中国而言，是机遇也是挑战。

显然，在世界格局正悄然发生改变的今天，21世纪的国际社会的确处于"多事之秋"。中国已然超过日本成为世界第二大经济体，随之而来的是坐二望一，由此也引发了世界各国的暗流涌动。从率先走出国际金融危机的阴影而为世人惊叹，到美国、欧盟对中国企业进出口贸易频频设置不公平障碍，再到中国周边诸国日本、菲律宾等与中国的岛屿之争，最后各国又开始重提"中国威胁论"、"中国经济责任论"等，这一系列的事件都暗含了中国这个世界大国在向世界强国过渡时，所需要面对的诸多挑战。而中国共产党第十八次全国代表大会正是在这样的背景下顺利召开又胜利闭幕。

胡锦涛同志代表中共中央在十八大报告中指出："当今世界正在发生深刻复杂变化，和平与发展仍然是时代主题。世界多极化、经济全球化深入发展，文化多样化、社会信息化持续推进，科技革命孕育新突破，全球合作向多层次全方位拓展，新兴市场国家和发展中国家整体实力增强，国际力量对比朝着有利于维护世界和平方向发展，保持国际形势总体稳定具备更多有利条件"。

党的十八大报告中所做出的庄严承诺和所发出的强烈呼吁，既表明了中国的立场和态度，也表明了坚决维护世界和平稳定的决心；既看到了当前世界局势好的方面，也看到了不利世界局势发展的各种因素。中国的发展对世界发展有着深刻的意义。中国人民有着强烈的责任意识，中国人民热爱和平、珍惜和平的态度，中国国际影响力越来越大、国际声望越来越高的发展地位，将给世界和平稳定带来积极影响。只有看清形势，携手合作，共同维护世界来之不易的和平局

面，才能创造更加安定、美好的世界。

2012 年不但是中国的选举年，也是美国的选举年，一个是新兴的发展中国家，一个是老牌的发达国，位居世界第一、第二的世界经济体同时开始选举，受到全世界的人的关注也就不足为奇了。表面上看，中国的选举更为严肃，而美国的选举则更像是一场全民“派对”。将大选实质进行对比不难发现，美国的选举强调变革，甚至是彻底的改变；而中国的选举则更强调继承和发展，既有以往经验教训和方法的传承，又有审时度势、因地制宜的创新。无疑，在中国日益强大的路途中，美国一直都是个强劲的对手。中国是一个发展中的大国，同时也是一个负责任的大国。继续促进人类的和平与发展，是每一个有责任意识的国家应该牢记的使命。中华人民共和国自成立以来，始至不渝地奉行独立自主和平外交政策、始终保持与周边国家的睦邻友好关系、始终保持与欧美发达国家的友好关系、始终保持与第三世界国家之间相互扶持、互帮互赢的友好关系。

我们必须明确地看到，当前中国在国际社会上的地位处于一种十分微妙和尴尬的境况：一方面中国的经济强大了，国力增强了，理应在国际上享有一定的话语权；另一方面由于中国与世界，特别是与西方国家，在文化传统和价值观系统范畴等领域又有着很大的差异，因此而受到许多不公正的责难。面对这种尴尬，我们应该怎么办？这不仅是中国的领导人需要考虑的问题，也是每一个普通中国人应该考虑的问题。中国的经济发展了，在经济总量上已经成为世界第二，按照目前的发展态势，中国很可能在不久的将来，在经济总量上超过美国，成为世界老大。对此似乎无人怀疑。

但关键的问题在于，中国在经济总量上能够成为老大，在国家的综合实力方面是否也能够真正成为世界老大？即便具有潜在的综合实力，中国又应当怎样才能成为世界上的真正老大？中国真的成为老大之后，世界又会怎样？国际政治格局是否会得以重新调整？新的国际经济新秩序会建立起来吗？中国怎么来当好这个世界老大？能否以实力服众？本书就是我们对这些问题在深入思考之后所形成的一些观点和看法。我们将自己的观点和看法整理成书，目的在于抛砖引玉，期待着更多的国人与我们一道来讨论这些重大的问题。

本书分上中下三篇共 15 章。上篇主要阐述关于中国是否能够真正成为世界老大的种种战略猜测和构想，所讨论的内容包括中国何以担当世界老大的责任，中国在走向世界老大的地位时，所必须承担的国际义务和责任，所必须面对的国际局势，以及由此可能带来的新的国际政治经济格局重构及可能。中篇主要回顾中国作为一个多民族国家，曾经拥有的世界老大地位及其辉煌历史，所探讨的内容包括中国曾经成为世界老大的历史成因，中国在政治、经济、军事、科技等多方面的成就，以及中国后来之所以衰落的各种因素和再度担当老大角色时所应汲取的教训。下篇主要论述在当前的国际国内发展态势下，中国所应采取的国家发展战略，所阐述的主要内容包括，深度揭示中国主要竞争对手美国和日本的战略意识与布局，中国走向世界老大宝座之前所应采取的务实战略思路和战略目标。

恩格斯在其光辉著作《反杜林论》中，曾经这样嘲笑那些自认为掌握了绝对真理的人："整个人类历史（指从摩擦生火到开始使用蒸汽机时代——作者注）还多么年轻，硬说我们现在的观点具有某种绝对意义，那是多么可笑……"我们深深感到，限于自己的阅历和知识结构，要对本书的主题进行全面深刻的阐述，并且给出一个令各个方面都满意的答案，如果不是根本不可能，至少也是非常困难的。国际和国内各个方面对这个重大话题，有着不同的认识和见解，我们在书中所展示的观点和看法，纯属我们自己思考的结果。虽然我们也引用了许多参考资料，但始终都围绕着我们自己的基本思路加以引用和展开论述。因此，我们对书中所有的错误负完全的责任。最后，本书的正式出版发行获汕头大学出版基金资助，特此鸣谢！

田广　戴琴琴

2013年10月于汕头大学

目 录

上篇 中国成老大的“哥德巴赫猜想”

中篇　中国曾经是老大

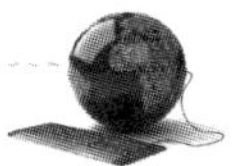

下篇　不当老大，又能怎样

上篇

中国成老大的“哥德巴赫猜想”

第一章　中国能成老大吗

当前，中国经济总量跃升为世界第二的事实，已经向全世界展示了“中国式崛起”的奇特效应。在这样一个国际社会普遍对中国经济发展看好的前提下，中国经济何时超越美国便成为国内外广泛热议的焦点话题，而且每隔一段时间就会被预言家们拿出来热炒一下。

中国能否成为老大？其实这个问题早在金融危机过后不久就有人提出。因为近年来中国经济的发展有目共睹，尤其是在金融危机中表现出的应对能力。2009 年 9 月，当时的北京大学校长助理、北大光华管理学院院长、经济学家张维迎曾经在一次会议上就非常有信心地表示，金融危机过后，尽管依靠出口拉动经济增长的方式不可能再继续，但中国经济仍可保持高速增长。未来 30 年甚至可能取代美国，成为世界上最大的经济实体。尽管当时的中国经济总量还只是排在世界第三位，而在此之后的两年，形势是否有所变化呢？

2011 年 4 月 7 日，社科文献出版社在京举办了“金砖国家崛起与全球发展及治理”研讨暨 2011 年《新兴经济体蓝皮书》发布会。会议探讨了新兴经济体的发展变化规律和全球发展与治理变革的新趋势，并正式发布了新兴经济体蓝皮书《金砖国家经济社会发展报告（2011）》。蓝皮书预测，到 2020 年，中国经济总量有可能超越美国居世界第一，而印度 GDP 则将跃居世界前 5 名①。自己夸自己，难免会

① 林跃勤，周文．金砖国家经济社会发展报告（2011）［M］．北京：社会科学文献出版社，2011.

让人觉得有“王婆卖瓜，自卖自夸”之嫌。所以，光是中国人自己说中国经济将成为老大，是不足以使世人信服的。那么，我们不妨听听外国媒体的声音。

国际货币基金组织（IMF）曾在2011年大胆预测，指出到2016年，美中两国在世界经济中所占份额也会发生变化。中国的比例会从现在的14%增加到18%，而美国的份额将会从现在的略低于20%下降到17.7%，稍低于中国，名列世界第二。当然，国际货币基金组织 并非第一个做出此类预测的国际声音，诺贝尔奖得主福格尔很早就做出中国在2020年前成为世界经济总量第一的预测。与IMF预测最相似的是英国老牌杂志《经济学人》，该杂志曾经发表专论，假定未来10年中美GDP的增长率各为7.75%和2.5%，双方的通货膨胀率各为4%和1.5%，人民币兑美元一年升值3%，那么中国GDP超过美国的时间则提前到2019年。几乎同时，世界银行的经济学家则预测称，中国经济规模在2030年将超过美国和欧盟，成为世界最大的经济市场，届时中国和美国、欧盟、印度、日本将成为共同拉动世界经济增长的“5条龙”。可见，国外机构对中国经济是否将超越美国的预测，真是一浪高过一浪[①]。

中国能否成为世界老大，这是一个客观性的问题，我们固然需要考虑到现实的可能性。在机遇和挑战并存的情况下，是机遇多一点，还是挑战多一点，都会影响到这一问题的最终答案。除此之外，我们还必须考虑到中国的历史性问题，比如中国和平崛起的渊源。自古以来中国就是一个爱好和平的国家，而且始终坚持“不称霸”的外交原则。那么我们所提的“中国能成老大吗”这一问题是否与国家的大政方针政策相违背呢？这就需要我们进一步探究了。最后，我们还需要考虑一个主观性的问题：中国想成老大吗？就像经济学中所讲的“需

---

① 尹晓琳，杨雯．IMF预测中国经济五年超过美国引发外媒关注［N］．法制晚报，2011-05-29.

求”一样，首先要有购买意愿，然后是购买能力，最终才能成为真正的“需求”。对于中国是否能成为世界老大这个问题也是一样，只有主观与客观都达到了，我们才能下最后的定论。

和平崛起是可能的吗

国防大学危机管理中心副教授赵景芳博士曾经指出，近年来，随着中国经济实力相对于美国形成“坐二望一”的态势，以及美国加速“重返亚洲”的战略，中国在周边地区遭遇的危机不断增多，中国和平崛起的战略困境明显加大。对中国来说，这是一个不容忽视的重大战略环境变化。面对已经变化了并且正在加速变化着的战略环境，认清并克服我们关于和平崛起的理论误区，适时调整既有战略思路与策略，势在必行。唯如此，中国才能真正涉过和平崛起的暗流与浅滩，走上和平发展的康庄大道。毫无疑问，中国的和平崛起不仅仅需要依靠经济和外交力量，也要统筹兼顾好军事力量的发展。因此，中国的和平崛起不单是经济和外交的崛起，更应该是军事力量的崛起。这种多重的崛起，方能构成中国和平崛起的完整内涵。换言之，没有经济和外交力量的支撑，和平崛起是空洞的、虚妄的；而没有军事实力的保障，和平崛起必将是脆弱的、不可持续的[①]。

对于中国经济的现实发展，国际社会可谓是谈“中”色变。各种有关中国崛起的“威胁论”不胫而走，甚至将中国经济上的发展夸张到政治和军事层面，认为中国最后必然会走上战争的称霸道路。其实，持有这种观点的人，不论是中国人还是外国人，只能说明他们对中国历史研究得还远远不够。纵观历史上的中国，既不是美国那样的好战

① 赵景芳．中国和平崛起语境下的四大战略误区［J］．中国评论，2012年10月号。

民族——即使有也是被迫的自卫反抗，也没有欧洲那样的殖民扩张——即使是在鸦片战争前，无限风光的中国也从没有动过要用战争来保住自己老大位置的念头。所有的这些，与中国的历史文化是分不开的。

中国的崛起，最理想的当然是和平崛起。那么，什么是崛起呢？根据阎学通的定义：崛起不同于一般意义上加快国家经济发展速度，崛起是指一个大国的综合国力快速提高并对世界力量格局、秩序和行为准则产生重大影响的过程[①]。历史上，中国在曾经有过数度崛起：第一次崛起是以秦朝统一中国为主要标志，中国首次实现大一统状态；第二次崛起是唐帝国的建立，故此有了唐朝盛世；第三次崛起是明朝，标志性事件是郑和下西洋，郑和将中华文明的影响带至中东和北非地区。冷战结束后，中国进入历史上的第四次崛起时期[②]。以上的崛起，几乎每一次都是温和的、友善的，显示出来的都是中国作为一个“礼仪之邦”的风范，丝毫没有看出“战争”、“杀戮”的痕迹。

中国历史上，自汉朝的“罢黜百家，独尊儒术”以来，以孔子为代表的儒学思想就一直被历代统治者奉为治国“宝典”，而且影响至今。儒学思想的核心是“礼”与“仁”，在治国方略上，主张“为政以德”和“礼治”，这些在当今社会也就是体现为“以德治国”和“依法治国”，只是现如今的策略更为开明、平等，摒弃了一些等级思想的观念。“己所不欲，勿施于人”的仁爱思想，也成就了中国“四海之内皆兄弟”的和平理念，儒教兴国的中国向来主张德治教化，求同存异和以和为贵。中国的历代帝王也是保有儒家做派的，比如一想到中国帝王的画像或者雕塑，立刻映入脑海的一定是清一色身着长袍正襟危坐的儒雅典范。

不同的文明造就不同的政治观念。古代文明中只有中国一脉相传，

① 阎学通．中国崛起的国际环境评估［J］．战略与管理，1997（1）。

② 何兰．冷战后中国对外关系［M］．中国传媒大学出版社，2005：201.

两千年来没有中断过，而中华民族也是唯一不崇尚武力的民族，文弱而不扩张。相比较而言，西方人则信奉"性恶论"，从而崇尚法治，更崇尚"丛林法则"。罗马帝国的辉煌，拿破仑时期法国的称霸欧洲以及打破冷战均势后的美国"一强独大"，都无不验证着西方人的武力称霸思想根深蒂固[①]。可喜的是，在当下的复杂的文化背景中，以孔子为代表的儒家思想文化正在进一步地走向世界，并且为世界上越来越多的国家、人们所理解和接受，从而将把人类带入一个和平、稳定、繁荣、进步的新时代的愿望成为可能。

在当代，我们比较容易陷入一个感性的思维定式，即在国际关系及其外交战略的解释上基本都是沿用西方的套路，固执地认为强国争夺霸权地位的这种交替轮换是世界历史中的正常现象。因为西方人的思维是：既然强大了，为何不称霸？在他们看来，一个国家强大之后却不称霸实在是让人难以想象的"怪异"景象。

但是，中国的领导人在国际社会上不断宣示，要打破这种固化的思维定式。比如，温家宝总理于 2003 年 12 月 10 日，在哈佛大学进行了一次题目为《把目光投向中国》的演讲，据报道，这次演讲是温家宝首次代表中国政府，对国际社会公开透明地阐述中国和平崛起立场，其演讲的核心内容就是突出了中国是一个和平崛起中的国家。温家宝在演讲中还指出了中国崛起的途径、方式以及价值指向等，都将以和平为取向。这是中国高层首次使用"和平崛起"来诠释中国崛起的形象，以"和平崛起"为中国的角色定位，这标志着中国和平崛起成为了一项有着根本意义的国家战略[②]。

很明显，我们认为中国的崛起和发展不会妨碍或威胁到任何国家、

---

① 陈向阳．务实王道　睦邻外交——21 世纪中国和平崛起的民族传统战略文化资源［J］．江南社会学院学报，2004（4）．

张新民，蒋庆．儒家思想与王道政治：关于外王学现代性发展问题的对话［J］．阳明学刊，2011.

② 顾磊．论中国和平崛起［J］．法治与社会，2012：146－147。

任何人。如果世界上还有个别国家或个别人在叫嚣“中国威胁论”，我们就不禁要反问一句：是不是中国要回到弱国无外交的时代，回到“人为刀俎，我为鱼肉”的屈辱年代，中国才是不具有“威胁性”的，才是你们所认可的“安全的”？如果是这样，世界的公平、公正又将置于何地？“若能一世安稳，谁又愿颠沛流离？”这句话尤其适合述说中国现在所处境遇。中国人民是爱好和平的，厌恶战争的，这是世世代代流传下来的，是深入骨髓而无法改变的。而且，我们也乐于将这一美好的文化传统继续传承下去。

当然，当我们无法和平崛起的时候，当我们的崛起受到打压的时候，我们不会也不可能为了和平而放弃崛起。换言之，如果在和平中不能崛起，那么我们也不会放弃民族振兴和崛起的其他方式。因此，对中国来说，除了和平崛起的战略意志和布局之外，最重要的还是要看自身是否具备维护和平崛起的实力和能力，即是否具有足够的军事实力和战略意志来遏制住对手的战争挑衅。我们深信，中国的军事能力越强，以美国为首的西方国家集团就越不可能将战争强加给中国，这样我国周边地区的稳定与世界的和平才能有实实在在的保障[①]。

中国经济发展的机遇

“马车走得好，还要靠领头马带得好。”对于拉动中国经济增长的三大马车而言，我们可以将其并称为是同一马车的三头战马，那么，到底是“出口”是领头马，还是“投资”是领头马，学术界、理论界都众说纷纭，并无统一的答案。但是，可以肯定的是：从未有人说过“消费”这架马车是拉动中国经济增长的主力战马。故此，中国未来经

① 赵景芳．中国和平崛起语境下的四大战略误区［J］．中国评论，2012.

济发展的机遇也就浮现了出来：消费。近年来，我们一直强调刺激内需，稳定增长。但是内需的最大部分来源于哪呢？中国消费群体呈现一个两头小中间大的分布，而这个大号的中间阶层，便是内需增加的主要突破口。

现如今中产阶级的消费不活跃，钱到哪里去了呢？储蓄？扯淡。现在谁人不知人民币放在银行里贬值的速度啊，看看中国的 CPI 就知道了。一点储蓄利率根本就弥补不了目前通货膨胀预期所带来的收入“流失”。那中产阶级的收入到底流向何方了呢？总不会不翼而飞吧？纵使工资水平不高，但也足以维持生计了，为什么消费就是活跃不起来呢？其实，要找到问题的根源并不难。先来看看教育吧，恐怕这算是一个普通的工薪阶层最大的支出投入了。现在的教育已经完全“变味了”，而且教育有被“产业化”的势头。且不说中国的教育体制的各种弊端，你去看看教育收费就能明白一二了，一个高中生一年的学费竟然上万！本来教育就是造福人类的公益性事业，如今倒好，成了牟利的工具。老百姓有什么办法，除了勒紧裤腰带，为了孩子的教育而省吃俭用以外，还能如何？

再来看看房地产，这可是比教育还让中产阶级们喘不过气啊。房子本就是个安身立命之所，怎么一到中国，又成了赚钱的工具？那些房地产的投资者也好，投机者也罢，可能会说了：中国股市不行，不打点房地产的算盘，那我们的资金总不能闲置着吧？

最后再看看社会保障。人固有生老病死，中产阶级必须考虑到自己退休后的生活安置，尤其是在面对大病大灾的时候，一点预备都没有只会让自己更加焦头烂额。

多的不说，且就以上这三点，就能花费掉中层收入者大半生的积蓄了，还谈什么消费？谈什么内需？需求是有了，可是没有那能力不也是白搭嘛。所以，中产阶级这一块，有潜力可挖，有文章可做，也必然可以成为中国经济发展的一大机遇，关键就看政策制定者们怎么权衡了。

除了工薪阶层以外，还有另外一大群体是我们不容忽视的：农民群体。中国是个农业大国，长期以来，“三农”问题在我们着力改善之下已有显著成效，增加农民收入已然成为中共中央刺激内需的另一重要举措。而且，中国城市化进程的加快将有助于推动中国农民收入的增长。农民在务农之余，会找机会去附近的城镇或县城打工，成为所谓的“农民工”。这一群体是推动城市化进程的重要力量，逐步地，在完善户籍制度、用工制度的措施下，城市化将继续给力。曾有人说过，中国的城市化远远落后于工业化，所以才会有各种“用工荒”，那么，这一“荒”也就成了中国经济发展的另一历史机遇。

中国经济要想发展，单纯靠 GDP 的硬实力是远远不够的，因此，文化的软实力也就必然会走上促进经济发展的舞台。20 世纪 80 年代末，哈佛大学肯尼迪政治学院院长约瑟夫·奈（Joseph S. Nye Jr.）教授发现，美国的软、硬实力在其整体实力中不对称，给美国造成危害，并率先从战略的高度提出软实力的概念。约瑟夫·奈的软实力理论出现后，立即引起我国理论界和学术界的关注。我国学者和政治家比较普遍一致地认同和接受了约瑟夫·奈的基本理论，赞同文化是软实力的重要来源，并对软实力在国家发展中的地位和作用给予充分肯定，认为随着时代的发展，软实力来源也在不断拓展，如信息时代对信息的掌握与把控能力，也是国家软实力中极其重要的部分①。

中国经济社会发展在区域之间是相对不平衡的，总的来说是东部的发展水平远远高于西部。据统计，中国东部地区沿海 200 千米范围内涵盖了全国 60％以上的大城市、工业生产基地和出口加工基地。东部沿海人口占全国的 36.1％，1979—2008 年吸纳了全国利用外商直接投资总量的 81.2％，2005—2008 年地区生产总值平均约占全国的 55.6％，工业增加值约占 59.8％，出口总额约占 89％。2009 年，东

① 王沪宁．作为国家实力的文化：软权力［J］．复旦学报（社会科学版），1993（2）；倪世雄．当代国际关系理论［M］．上海：复旦大学出版社，2001.

部沿海十一省市GDP占全国总量高达近六成。相对而言，西部地区的经济社会发展就差很多。据统计，我国西部地区12省、市、自治区，约占全国人口的1/3，土地面积的71%。但由于自然、历史、社会等原因，西部地区经济发展相对落后，人均国内生产总值仅相当于全国平均水平的2/3，不到东部地区平均水平的40%。西部地区不仅人口众多，而且资源丰富，市场潜力大，其战略位置重要，加快西部地区经济社会的发展，使其经济社会发展水平达到或者接近东部地区，对中国来说无疑是一个非常巨大的经济发展机遇①。

中国文化软实力可以说是一片有待挖掘的“沃土”，只要被有效利用起来，便可转化为强大的现实生产力。美国文化产业创造的价值早已超过了重工业和轻工业生产的总值。中国文化如何走向世界？只有民族的，才是世界的！在本书的第七章，我们将全面阐述中国文化的宏大与局限，并就中国文化软实力的发展与建设提供一些具体意见。

中国经济要发展，单靠自己内部的力量也是远远不够的。因为在这样一个全球化的趋势下，任何国家的发展都是与世界环境密不可分的。无疑，和平与发展是当今时代的主题。所以相对来说，中国未来经济发展的外部环境依然是有利的。尽管有美国的霸权和武力威胁，但全球的舆论导向还是正义的，美国要一意孤行，全世界人民都不会答应。即便是美国的本国公民，也是反对战争的，毕竟，没有人愿意在战争中过着提心吊胆的日子。

对于中国经济发展的机遇，以上列举并不全面，我们也没有想过要长篇累牍的将其一一列举。总之，只有经济发展的内外部环境都符合发展需求，经济发展才会一路向好。而事实往往不尽如人意，凡事也不存在十全十美之说。所以，说完了中国经济发展的机遇，接下来的论述就必将涉及中国经济发展的挑战了，这是俗套，但也是看待问

---

① 纪尽善．现阶段中国西部区域经济发展现状与战略对策研究［J］．经济界，2011（4）．

题的全面性所要求的。毕竟，每一硬币都有两面，我们不能只见树木不见森林，犯了学术界之大忌。

中国经济发展的挑战

既然说到中国经济发展的挑战，那么对于那些全世界共有的问题我们就暂且略过不说，主要还是说中国独有的、具有中国特色的挑战。唯有此，我们才能更清楚地知道中国与世界的差距，才能真正明确地回答“中国是否能成为老大”这个问题。

中国的行政干预主义是一个令人尴尬的经济现象。不可否认，这一威权体制在某些方面的确非常有利于经济发展，可以弥补市场缺陷。当然，在一个充分的完全市场化的经济环境中，我们就有必要多尊重市场规律而适当减少行政干涉。有经验显示，以威权体制、政府主导为特征的经济发展模式，对于完成经济积累和起飞可能是有效的，但它作为一种非均衡的发展模式，为经济成就也付出了沉重的代价。这种非均衡表现为：经济发展的短期行为、贫富悬殊问题、腐败问题、民权问题。具体来说，政府在某些方面是代表一部分利益集体的，而且大部分利益既得者为官为政，对于市场经济发展来说也是有失偏颇的。

一旦经济涉及政治、权力，就会产生一系列具有中国特色的内部问题，而且容易滋生利用权力谋取私利的腐败问题。用“关系”这个词来说，可能外国人根本不知道中国意义上的“关系”是什么意思，但我们自己是了然于胸的。这并不是有意贬低或者调侃本国人民，而是想有所告诫或提醒：减少不必要的行政干预，市场经济会发挥其独特的魅力。当然，减少并不代表完全消除，必要的宏观调控是不可缺的，只是，凡事物极必反，关键还是在于一个“度”的问题。举一个

曾经闹得沸沸扬扬的广药与加多宝争夺“王老吉”商标的例子，就因为广药是国有企业，加多宝是民营企业，最后就把商标权判给了广药，否则即认为是国营资产流失，岂不是太儿戏了一点。著名经济学家郎咸平教授指出，“这本是个可以双赢的事情，加多宝生产‘红罐王老吉’，广药生产‘绿盒王老吉’，而现如今呢，居然成了一个零和博弈。如果都偏袒国有企业，那以后谁还敢和国有企业往来啊?”这一问题，值得深思。因此，转变政府职能，将势在必行!

与行政干预主义相联系的还有一个“官本位”思想，这也是对中国经济发展提出的一大挑战。说是挑战，其实就是一大阻碍，是影响社会公平正义的“毒瘤”。“官本位”思想当然是有其历史根源的，中国两千多年的封建思想就是根源之一。谈到官本位，有人说它是一种意识；有人认为它是一种文化；也有人认为它是意识形态；还有从其他不同的侧面定义的。其实合而观之，官本位含义不外两个：一是存在于人们头脑中的官本位意识，二是由官位意识驱动而形成的官本位现象[①]。官本位奉行官员利益至上，以官员的利益为出发点和归宿。好在我们现在倡导的是“以人为本”，而不是“以官为本”。等到哪一天，中国不再有强拆，不再有滥用私权，民告官可以顺利实现的时候，中国的“民本位”才算得上是真正意义上的“扶正”了吧。

谈及中国经济，必然要谈到中国的房地产，因为中国经济的很大一部分力量来源于房地产市场，而且大有“牵一发而动全身”之势。当前对楼市的调控还不能放松，否则极有可能引起房地产的井喷。表面上看，中国的房地产如此炙热，原因是中国人口多，所以物以稀为贵。其实，看待问题若只看表象不看内在就错了。事实上，中国地大物博，而且由于住房的空间利用率的上升，中国居民每家拥有一套住房并非不可能实现的事情。但住房问题在中国如此之严重，问题的根

---

① 朱向东，贝清华．官本位批判论纲［J］．中南大学学报：社会科学版，2008（4）：379－482.

源在于体制问题，而政府的“限购令”就是对于这一体制缺陷的最好弥补。

中国人自古以来都讲究安身立命，房子是公认的“稳定的标志”，而且对于大多数人而言，房子代表的是一种安全感。而中国的富人阶层正是抓住了这一观念，开始疯狂购置房产，利用住房谋利，最终受苦的是那些“房奴”们，而这一群体大多是工薪阶层或大众意义的穷人。由此，便进一步加速了两极分化，富人利用房地产谋取更多的利益，穷人却要为此背负沉重的代价。当务之急，必须严格调控房地产市场，压缩地产泡沫，让经济发展速度放缓，回归经济理性。同时，与房地产相配套的法律也应该进一步健全，一个国家只有立法和执法手段都健全了，经济发展才不会大起大落，国家才能匀速前进。

较之美国经济而言，中国经济的发展大多靠的是实体经济。而实体经济的发展潜力是十分有限的，不像虚拟经济那样拥有巨大的纵向和横向延展空间。中国的经济发展有一部分被美国的虚拟经济剥削和掠夺了。为什么这么说呢？你看中国的发展模式，“制造业大国”，“Made in China”，说的都只是实实在在的产品加工制造，而美国呢，拥有品牌、知识产权等虚拟经济，再利用其本国的自主创新技术，以及美元的垄断地位，便可坐收渔翁之利。所以，在虚拟经济这一方面，中国仍任重而道远。

加速国际交往，经济向外扩展，对中国来说既是一个机遇更是一种挑战。目前，中国已经在全球174个国家和地区设立境外直接投资企业12000余家，海外劳工总数超过400多万。2009年，中国实际使用外资总额达900.3亿美元，出口总额达12016亿美元，跃居世界第一位。2011年，中国累计进口原油2.54亿吨，对外依存度达到56.5%。与此同时，中国的海外投资还在不断增加，中国的经济发展显著依赖于海外的资源与市场。因此，如果中国无法对国外资产、国际能源与贸易通道、海外劳工进行有效保护的话，中国的经济发展和

向海外拓展的经济利益就会受到极大的挑战[①]。

就中国能否成为老大这个问题而言，除了谈及自身发展的优势之外，还需要问问现如今的世界老大——美国。对手的强大，会或多或少削弱中国经济发展的竞争力。美国是一个极具自然资源禀赋的国家，国土面积居世界第三位，森林面积居世界第四位，人均可耕地面积居世界第五位，探明石油储量居世界第十二位，天然气储量居世界第五位，煤炭储量更是高居世界第一位。而且美国对中国经济发展的态度，也会影响到发展的外部环境。2012 年 6 月 5 日，美国发表《涉华军事力量发展报告》，6 月 16 日、18 日神九飞天并与天宫一号对接，引起美、日、韩等国的嫉妒和新一轮“中国威胁”的论调。可以说，正是由于中国与西方这种利益的不可调和性，导致中国无论怎样对外宣传，都无法获取国际社会对“和平崛起”的真正认同[②]。

除以上所论述的挑战之外，中国还有人口老龄化问题、经济粗放式增长问题、就业问题、廉价劳动力优势丧失问题……这些问题都会影响到中国经济未来发展走势，中国需要将转变经济发展方式、加强自主创新、完善就业体制等一系列的政策号召落到实处，将挑战转化为机遇，实现经济上质的飞跃。

当老大的诱惑

世界上的各个国家为什么削尖了脑袋地想成为经济强国，希望像美国一样成为全球经济霸主？当然是因为当老大充满了各种诱惑，拥有其他国家望尘莫及的经济权利。不然，谁会那么傻，甘当这个出头鸟啊？

① 赵景芳．中国和平崛起语境下的四大战略误区［J］．中国评论，2012.

② 赵景芳．中国和平崛起被误读的原因［J］．学习时报，2012.

美国的金融霸权给美国人带来了巨大的利益，而且超过了美国实体经济增长给美国人带来的好处，这主要还是得益于美元的霸主地位。因为美元是世界货币，只要美国想要发行，便可坐拥世界各国的产品。另外，政府通过发行美国债券，美国企业通过股市交易，这些都可以在全球圈钱。而对于美国而言，增加的只不过是一串串麻木的数字而已，美国对于负债从来都是泰然处之，因为这丝毫不会影响到美国经济发展的实质内核。美国曾通过美元的霸主地位，干涉日元的汇率问题，《广场协议》便是铁证。一场让日元升值的“阴谋”使得日本经济上空笼罩了一层层乌云，当今的所有国家都在担心：本国货币会不会成为美国的下一个“靶子”。以美国为首的各国集团强烈要求人民币升值，似乎也在暗示着这些发达国家要故技重施了。中国经济尚且可以说“不”，但是谁又能保证中国经济可以永远对强权说“不”？这一切的一切，都要用实力来说话！没有经济实力，就只能处于任人宰割的悲惨境地。鉴于美元的垄断地位所带来的巨大利益，人民币会成为下一个世界货币吗？我们只能拭目以待。

除了世界货币美元能够带来经济利益以外，美国的经济霸权地位还可以影响到国际经济组织的权力和威信。就贸易政策这一方面而言，美国从来不讳言自己的“双重标准”。一方面，美国毫无顾忌地对本国弱势产业给予贸易补贴；另一方面，美国贪得无厌地对贸易伙伴设置反补贴壁垒。尽管美国的这一“钟摆式”贸易政策也带来了绝对利益损失，但是却在打压对手国家的时候获取了“相对利益”优势。这种“灭敌一千自损八百”的霸权主义战略保证了美国经济的比较优势，巩固了其世界经济领头羊的重要地位[1]。可见，美国比任何一个国家都害怕被超过，害怕其经济霸主地位不保，因为他深知经济霸权所带来的各种“甜头”。在不同阶段、不同领域，美国的霸权战略和战术都是有

---

① 程实．美国经济霸权主义战略下的“钟摆式”贸易政策［N］．中国经营报，2005－08－07.

所差别的，但是概括起来有这么几种：通过建立普遍性的国际组织来领导世界；在民族自决和贸易自由旗号下达到对全球的经济控制，同时避免直接的殖民统治，以实现对全世界的统治；通过“一纸美元霸天下”的战略来维护其金融霸主地位①。

在国际秩序方面，美国从来都是号称自己扮演了“世界警察”的角色。的确，从某种意义上来说，美国在建立和维护一个起码的国际秩序上发挥了重要作用，尽管这一秩序是不公平的、有缺陷的。所以要想更好地完善这一国际经济新秩序，需要的更多的是经济话语权，我们还得用实力说话！世界经济也是遵从丛林法则的：适者生存。

当然，我们向来都是反对霸权主义和强权政治的，但是我们在此讲的是经济地位的老大，因此和政治上的霸权主义还是有所不同的。经济霸权可以为本国带来经济利益，尤其是在经济制度的制定和运行方面，这是举世公认的。中国经济是否会成为世界老大，我们需要的是一个水到渠成的结果，当然是排除其他非正常手段的。即使是面对巨大诱惑，我们依然要恪守经济发展准则。对于老大的位置，抱着“得之我幸，失之我命”的心态，或许会看到不一样的风景。

中国能成为老大吗

在一系列客观陈述之后，我们想知道的另外一个问题是：中国能成为老大吗？按照中国目前的发展态势和国际局势，中国基本上具备了当老大的一些重要因素，但并不充分。所以，我们认为中国是能成为老大的，但不是现在，而是一个比较遥远的未来。当老大除了拥有

① 李素琴．金融霸权、经济虚拟化与中美经济失衡的发生与调整［J］．国际经贸探索，2009年9月，第25卷第9期：63－68.

各种光环之外，还要承受各种压力。所以，世界老大的不易，个中滋味，也只有当过老大的才能体会得到。“天上不会掉馅饼”，对于世界老大而言，这一道理是再寻常不过了。无疑，当老大是要付出代价的，有时甚至是血的代价。美国的金融危机也可以看做是这一经济霸主地位所带来的潜在伤害，只是积累到一定程度的时候才会爆发，其威力是超出正常经济范畴的。而且，在成为了老大之后，坐稳这个位置就变得更加不易了。正所谓“打江山容易，坐江山难”。老大的地位，得到难，保住更难！在这种荣辱与共的情况下，中国还会想成为老大吗？

拿破仑曾经说过，“不想当将军的士兵不是好士兵。”对于中国而言，经济的发展本就不应该受到过多的人为因素的干扰，中国能否成为老大并不是想或不想就能左右的。套用一句时下的流行语：你想或不想，老大就在那里，不快不慢。

我们都知道，中国想要超过美国，或者说取代美国成为世界经济老大，并非一朝一夕之事。就目前来说，中国依然需要在美国主导的经济秩序下稳步前进，唯有如此，中国才能尽心尽力谋发展。近年来中国经济的发展也应该感谢美国，毕竟美国还是为中国维持了一个相对稳定的发展空间，从这一点来说，美国这个世界老大还是比较“地道”的。

其实，在面对“中国何时超越美国”这个话题时，最恰当的态度应当是多谈问题而少谈赶超，多一点忧患意识而少一点骄傲自满，多一点锐意进取改革创新少一点唯唯诺诺、故步自封。有时，有心栽花花不开，无心插柳柳成荫。想必拥有数千年文化内涵的中国人，不会不明白这个道理的。

中国，作为一个传统东亚强国，在中华民族和平崛起的过程中试图恢复大国地位，本无可厚非，但遭到各方面的排挤或打压，根本原因在于其他各国认为的强大后的中国是称王还是称霸？是给这个世界带来和平还是战争？或许将这一问题再次回到“中国经济和平崛起”那一部分，我们就会得到明确而有力的答案。

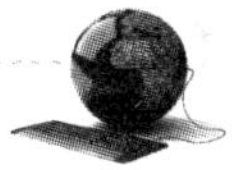

第二章　当老大是要付出代价的

动物世界也好，人类世界也罢，都有一个非常有趣的共识，那就是总是会有意或无意地产生一个所谓的“老大”，譬如万兽之王，譬如阶级领导，成为大小群体的“领头羊”。当然，我们更希望的是这个世界没有老大，没有阶级，没有层级，各个国家都能互敬互爱、平起平坐，但遗憾的是，这只是部分国家的一相情愿罢了，达不成共识，美好愿望也只能注定落空。在这个由几百个国家组成的世界里，理所当然，需要一个具备领导能力和实力的“老大”。只是，老大是谁？哪个国家可以担此重任？却并不是一家之言就可以决定得了的。当老大不易，因为要想让诸多国家臣服自己，就必然要有强大的硬实力和软实力来服众。否则，这个国家不服，那个国家不悦，这个老大的位置恐怕也坐不安稳了。硬实力主要有经济实力、政治实力、军事实力、科技实力等可以容易被看见和发觉的实力，软实力主要就是文化实力、品牌实力等不易察觉却又具有摧毁性价值的实力。当今的世界，无疑是以美国为老大的世界，因为首先美国的硬实力是不容置疑的，而除此之外，其软实力，比如好莱坞文化实力，肯德基、麦当劳的品牌实力等，也是享誉全球的。

除了美国之外，还有哪个国家可以充当世界老大的角色呢？或者说中国有可能超越美国成为世界老大吗？中国有资格做这个世界老大吗？天下没有免费的午餐，对于世界老大的位置，更是如此。中国现在已经是世界第二大经济体了，如果要向世界老大的宝座发起冲击，那么，中国准备好了吗？想好了在这条奋起的道路上可能遇到的艰难

险阻吗？分清了敌我友吗？凡此种种的一系列问题，都将接踵而至。也许当我们真正地能够回答好了上述这些问题的时候，中国离世界老大的位置也就更近了一步。

尽管各国都知道，当世界老大是要付出代价的，但是让人觉得非常矛盾的是，所有国家又都削尖了脑袋地想成为世界老大。如若不信，先来看看美国，一直自我标榜“世界警察”，不管哪个国家发生什么事情，好像都能和美国扯上关系，这种当老大的野心还不够明显吗？而且事实上，美国也确实是当今世界的老大，因为就目前而言还是无可争议的。再来看看日本，这个大和民族一直躲在美国的这棵“大树”下养精蓄锐，韬光养晦，这不就是卧薪尝胆的典范吗？谁愿意永远依附于另一个国家一辈子？日本的策略是先忽悠美国与中国斗，上演“螳螂捕蝉，黄雀在后”的戏码，然后日本再以中国为基地，剑指俄罗斯和美国，实现其军国主义时期没有实现的霸权野心。在日本，无论自民党，还是民主党政府，已是既定策略。他们的野心自然也是等待良机摆脱美国、超越美国，成为世界老大。

还有一个可以与美国分庭抗争的经济体，那就是欧盟。但是由于欧盟是由许多独立主权国家组成的，所以要想以一个联盟的形式成为世界老大，还是相当困难的。所谓心有余而力不足恐怕就是欧盟现在的状态吧，且不说其内部经济体制的种种缺陷在短时间内难以克服，但就现在的欧债危机就足够让欧盟头疼的了。事例不在多，其他国家也是无一例外的，有机会当老大的话，是没有任何一个国家会主动让贤的。所以，说来说去，中国也是必然要加入这个“抢魁”阵营了，而且就目前来看，中国也是具备相当实力的。经过 30 多年的对外经济发展，中国的进步可谓是突飞猛进。在世界经济的地位，也由微不足道的发展中国家一跃而成为能够与美国相并列的世界经济发动机之一，成为世界第二大经济体，最终走上了超日赶美的道路。

中国成为世界老大，这种梦想是合乎情理的。就好比在赛跑中，没有人会想当最后一名，谁都想战胜对手。但是，所谓“商场如战

场”，而大规模的全世界的“商战”可能最终引起的就是一场颇费代价的经济竞争，甚至是军事竞争。因此，我们必须自问：要当世界老大，中国准备好迎接挑战了吗？

被C形圈包围还是O形圈包围

2008年的那场全球性金融危机把中国推向了国际政治舞台的中心，又因为中国经济总量超过日本，更加引发了全世界对中国战略走向的关注。中国著名军事专家戴旭提出，中国正被C形圈包围着。这个C形圈主要指的是，美国以日本为起点，经南海周边国家和印度，再到阿富汗对中国形成的战略包围态势。在冷战年代，美国对中国的战略包围，只有第一、第二岛链，且基本处于防御状态，而新中国则挟抗美援朝大胜之威，对美呈现战略进攻态势。时移世易，今天美国不仅在原来的防线上反守为攻，还将这一进攻战线，延展到印度洋和南亚、西亚及中亚，呈“C”字形包抄、钳击之势[①]。而C形圈和O形圈的差别就在于中国的北部，即俄罗斯是否加入了这个包围圈。认为中国被O形圈包围的人自然是认为，俄罗斯对美国的态度从以往的敌意趋向缓和，间接地响应了美国的包围战略。但从国家利益的角度考虑，俄罗斯也深知与中国“唇亡齿寒”的道理，所以俄罗斯的态度也是不置可否，立场尚未明确。事实上，并不难看出，不管是C形包围圈还是O形包围圈，其幕后黑手都是美国这个超级大国。对于中国近几年的迅猛发展，美国是看在眼里，记在心里，一直都是虎视眈眈，从未放松过警惕。

若真如戴旭上校所说，中国被C形圈包围着，那么，这一包围态

① 戴旭．C形包围：内忧外患下的中国突围［M］．文汇出版社，2009.

势又是如何形成的呢？他们之间的利益链条究竟是怎样的？中国有没有可能突围呢？先来看看这个C形圈的起点，即日本。日本一直是依附于美国的，而且我们都知道，日本是想借用美国的力量来与中国相抗衡。而与此同时，由于共同的利益，美国也想借助日本的力量来稳固其在亚洲的地位。利益的共同性将日本和美国紧紧地拴在了一起，所以这两个国家的同盟关系才能维持至今。日本是美国实现对中国海上包围圈的重要一站，美国不断纵容日本战略进击，先是把冲绳让给日军，然后又联合日本准备进驻距离中国台湾只有110千米的与那国岛。钓鱼岛这个一触即发的问题，再次引来美国的围观甚至是煽风点火。

2012年8月15日，六十多年前的这一天日军对华投降，这也是一个具有纪念意义的、令国人难忘的日子，香港保钓人士通过登陆钓鱼岛的方式来庆贺，却遭到日军的围攻，甚至扣押。而与此同时，2012年8月18日，日本“慰灵团”也抵达钓鱼岛附近的海域，并有9名日本人登上钓鱼岛。将这一事件推向高潮的应该是日本对中国钓鱼岛妄图国有化的行为，且颇让人觉得可笑的是，日本首相野田佳彦在2012年9月7日接受美国媒体采访时表示，日本政府对中国钓鱼岛进行“国有化”，是“为了继续平稳安定地维持管理”。请问：不是你家的一亩三分地，你又有什么权利来耕种？日本才不管你那么多，继续一意孤行。2012年9月10日上午，日本政府举行内阁会议，决定用20.5亿日元，从所谓“土地权所有者”手中将钓鱼岛、北小岛、南小岛购入，将其“国有化”。

为了以示强烈抗议，中华人民共和国政府于2012年9月10日就中华人民共和国钓鱼岛及其附属岛屿的领海基线发表声明，各民主党派也发表联合声明。但是这些声明好像并未让日本的狼子野心有所顾忌，2012年9月11日与钓鱼岛所谓的“地权者”正式签订“买卖合约”。9月12日上午，日本官房长官藤村修在记者会上透露，钓鱼岛中3岛所谓“国有化”的“土地登记手续”已办理完毕，“土地所有

者”正式变更为国家。既然如此，诸多的疑问也就随之而来了：突然出现的“地权者”是何许人也？钓鱼岛什么时候成私有的了？你日本作为一个战败国有什么权利来瓜分战胜国的固有领土？……这一系列的挑战性行径，无疑是在激怒中国人民和中国政府。

据中国之声《新闻纵横》报道，从 2012 年 8 月 21 日开始到 9 月 26 日的一个多月时间里，根据美国海军陆战队的提议，日本陆上自卫队将同驻日美军举行联合军演。此次演习的区域以及岛屿作战环境都与钓鱼岛类似，拥有相似的两栖作战环境。不管此次军演的矛头是否直指中国，美日两国选择在这样一个时机进行军演，唱的是哪出戏，恐怕是另有所指了。是日本的“夺岛”大战预演？还是真如日本所说这次军演不针对任何特定国家？作为中国的立场，警惕是一定要有的，防备不可少，剩下的就是实力的较量了。

再来看看一直都不安宁的南海诸国。南海问题实质上是中国与某些东南亚国家在南海诸岛主权归属上的争议，其焦点是南沙群岛的主权归属。但无论从历史上看还是从法理上看，中国对南海诸岛的主权都是无可争辩的，越南、菲律宾、马来西亚等国的主权要求是在模糊界限，是不尊重事实的恶意行为。2011 年，美国与东南亚、东盟诸国针对中国在南海轮流军演，忙得可谓不亦乐乎。美国借着反恐的名义，公开挖中国的墙脚，企图把所有与中国有领土争议的国家拉在一起组成一个南海联盟。反观现在，南海数国，正在拼命地发展尖端潜艇和远程战机，而美国则悠闲地坐镇幕后指挥。

最后看看这个 C 形圈的终点，即印度、阿富汗等国。这是美国对中国 C 形包围圈的陆上基地，从巴基斯坦、阿富汗，依托印度洋基地和印度准备提供的支持，以及中亚的 18 个军事基地，美国试图把触角伸到蒙古，同时，直接威胁中国的新疆和西藏地区。而印度、巴基斯坦更是有核国家，与美国来往频繁，甚至试图打造军事同盟。由于印度这个正在迅速发展壮大的国家，除了一方面积极借鉴中国的发展实践以外，也一度患上了“中国恐惧症”。即总把中国的发展当成是对其本国的威胁，害怕中国将其“包围”，所以，美国才能够在印度的这种“患得患失”心态中找到突破点，并充当起所谓的“防护伞”作用。

从现实情况来看，短时间内，中国仍将是孤身面对由美国与欧洲、日本、印度和其他亚洲国家组成的同盟。一旦发生军事冲突，所有这些国家可能都会跟美国而非中国站在一起。居安思危，痛定思痛，除了密切注意美国这个世界老大的行动以外，中国还必须时刻警惕周围各国的情况，最大化地扩大自身的战略生存空间。坚决防止被美国的战略包围，而是应该采取转被动为主动的策略，面向整个世界寻求发展、合作的生存空间。

谁愿意将中国当作盟友

横看成岭侧成峰，远近高低各不同。从中国内部向外看，中国确实被包围了，那是因为一定程度上我们把周边环境都设想为假想敌了，却忽略了化敌为友这个策略。而如果从外部向中国内部看，事实上并不那么绝对地存在着所谓的包围圈。因为在中国的这些周边国家，各有各的利益，各有各的麻烦，他们的力量要想构成一股共同反对中国的整体势力，恐怕也是异常艰难的。每个国家都会有自己心里的小算盘：若是中国被美国俘虏了，我们国家能得到什么好处？国家处境会比现在更好吗？所以，中国并不是被绝对孤立的，我们要找到的是能够与中国成为盟友的国家，或者即使是存在这么一种可能性，我们也必须为此付出努力。换个角度看问题，或许就能找到不一样的突破点。

中国必须明白，要想成为世界老大，拥有先进的强大军事实力固然是非常重要的，但拥有自己真正的同盟军和朋友更重要。因为再强大的军事实力，若是面对多个国家的联合绞杀，其结果必然是一败涂地，寡不敌众是千真万确的道理。因此，鉴于美国当前的老大地位，

正在走向超级大国之路上的中国，今后很有可能会与美国达成某种政治上的妥协与共识。但正如自我壮大的路是非常之艰难的一样，寻找战略伙伴的道路也是异常之崎岖的。其中最大的困难在于中国如何在与美国建立新的友好关系的同时，也与其他国家保持良好的关系。也就是说，中国必须与当前跟美国友好的许多国家建立良好关系。只有当中国编织起一张复杂的新政治关系网，它才有望在经济上成为老大，同时不会遭到其他国家的围堵。同样，只有寻找到真正的战略同盟军后，中国才有可能接过美国在世界的影响力，成为真正意义上的世界老大。退一步讲，即便中国不能成为世界老大，拥有同盟的中国也不至于被“打回原形”，倒退数年。没有同盟的孤军战斗就如同以卵击石，只能是自取灭亡，因此，中国应该谋定而后动，一再反思：到底谁会愿意成为中国的盟友？

谈起盟友，现如今立场不明确的俄罗斯自然是最好的“人选”。而在C形包围圈还是O形包围圈的争议中，我们不能小看俄罗斯所能起到的关键作用。中俄的友好关系是有极其深厚的历史渊源的，在当时的资本主义和社会主义的两大阵营中，中俄也是并肩作战，互惠互利的。而且，由于中俄之间的特殊地理位置，使得这两个国家有了更大的合作意向。那么美国对中国的这个C形包围圈，使得俄罗斯被陷于怎样的一种尴尬境地呢？如果说美国在中国周边构筑了那条以日本为起点，经南海周边国家和印度，再到阿富汗、中亚的“C形”包围圈的话，那么，美国对俄罗斯则构筑了一个以阿富汗、中亚为起点，经外高加索地区、乌克兰及波罗的海国家，绕过不能生产和航行的北极带，到阿拉斯加，最后收尾于日本的另外一个“C形”包围圈，美国对俄罗斯的“C形”包围圈正好与中国的“C形”包围圈反向，将两者连接起来，于是便形成了美国对中国和俄罗斯的O形包围圈。

用“兄弟阋于墙，外御其侮”来表述一直以来的中俄关系也许不够十分准确恰当，但中国和俄罗斯的战略协作伙伴关系，却是不争的事实。虽然，中俄两国的历史纠葛常常不能让两国人民释怀，但是，

国家利益终究是国际关系的核心。美国咄咄逼人的外部压迫使中俄日益有了更多的共同利益，中俄两国都应该明确这一点。中俄有过不愉快的历史，或许也会有不愉快的未来，然而，过去和未来之间的桥梁则是现在。在中俄面临共同危险的现在的严峻时刻，一味强调过去或奢谈未来，似乎都不是明智的国家战略，毕竟，只有携手共同度过艰难的现在，才会拥有可能的未来。

在中国的北部，有俄罗斯的利益同盟，那在中国的周边其他区域是否还有潜在的伙伴呢？对于不同的国家、不同的区域，我们要区别地对待。在面临重重包围的时候，弄清楚谁是潜在的朋友、谁是潜在的敌人，这很重要！在中国的东部，就有一个随时可能爆发的竞争对手，当然是非日本莫属了。尽管韩国对中国也存在一定程度上的威胁，但是韩国却不如日本那样明刀明枪。所以这个时候，拉拢潜在的朋友来对付潜在的对手就显得尤为重要了，我们必须让俄国感到，宁可与中国合作，也不能让日本人占到便宜。日本仗着美国的保护，到处树敌，领土不大，但却野心勃勃。直到现在，每当日本向俄罗斯喋喋不休地要求归还“所谓的日本领土北方四岛”时，心里还惦念着中国的绿色沃土满洲、华北、富饶的江南和台湾，以及俄国的西伯利亚和远东。中俄两国都应该非常明确，日本是中俄两国共同的世仇和潜在的对手。

在中国的南部，撇开混乱的南海关系，中国需要加强与东盟的关系。令人可喜的是，缅甸“大选”后中缅关系似乎已经平稳过渡，越南已由亲华派上台，大打出手的泰国和柬埔寨两国都与中方关系密切，都需要中国这个老大哥对两国进行调节与安抚。特别是，柬埔寨、老挝、尼泊尔都处在以中国为首的社会主义阵营里面，这给中国创造了非常好的友谊之盟。而印度的大国沙文主义和对小国的扩张主义，一定程度上导致了自己在南亚国家中的孤立，但中印之间并不是只有冲突没有利益的，很多地方印度与中国都极其相似，比如人口，比如发展速度，以及在发展过程中可能遇到的问题等。所以，中印是可以共

同进步友好发展的，只是印度需要对中国的恐惧少一些，多一些借鉴和合作。偌大的亚洲怎会容不下两个人口庞大的发展中国家？中国应该逐渐让印度明白，有些忧虑其实只是过虑，是完全没有必要的。

中国在西部现在是属于主动和被动并存的状态。自从以中俄为核心的上海安全合作组织建立后，中国西边和北边的形势越来越好。从有关新闻看，国外有很多家媒体分析指出：在“中东风波”后，埃及总统穆巴拉克的倒台，导致美国在中东优势地位的丧失，“中俄美”有可能面临在伊朗问题和在中东地位上重新洗牌。很明显，在地理位置上，中俄将占上风。而伊朗是中东最后一个未被美国征服的国家，这意味着美国的中东战略将存在巨大隐患，这无疑给中国寻找新的盟友创造了难得的机遇。

有人大胆猜想，如果发展顺利，在今后二十年里，中国可能变得比任何一个邻国都强大，但永远不可能比它们相加更强大，更何况还有海外的美国，这是中国未来要面对的基本现实。一方面，韬光养晦或一味退缩不会改善中国的现有处境；另一方面，好斗不仅将损害中国的长远利益，还必然使邻国团结起来，又给美国可乘之机。好邻居的基础是扎好篱笆，也就是确定边界。中国需要建立一个开放社会，与邻国和平解决领土纠纷，必要时可以直接或间接使用武力，但必须师出有名[①]。中国需要软硬兼施，恩威并重，才能越来越壮大。

当世界老大，我们准备好了吗

在大致分析完了中国的外部环境之后，我们又回到了中国自身的问题上。若是在外部环境中立的情况下，也就是既不算被包围，也不

① 丁力．中国被包围了吗［N］．经济观察报，2010－09－18.

算被帮助的前提下，扪心自问一句：当世界老大，我们准备好了吗？中国是否一定程度上正在被自己的困境包围着呢？

在中国欣欣向荣，被一片看好向前发展的同时，总还是会有一些不和谐的声音出现。一些悲观预测中国经济的评论在世界媒体上就不时地出现，诸如“中国将遭遇日本经济在20世纪80年代后期的状况”，“中国正冒着吹大不动产市场和原料市场泡沫的风险来换取经济发展”等。毋庸置疑，中国经济发展路径与20世纪80年代的日本经济走势在表象上的确存在高度的相似性，诸如：出口拉动经济高速增长，消费需求明显不足；本币升值吸引境外资金大量流入；宽松货币政策保证资金充裕，实体经济投资机会相对不足；股价、房价暴涨，但物价走势平稳；国内企业海外扩张，对外投资持续增强等。

当年，日本泡沫经济的破灭肇始于货币政策的突然收紧，反观中国，虽然政府一再强调保持宏观政策的连续性和稳定性，但政策的结构性调整和事实上的微调也悄然展开，尽管调整幅度不如20世纪80年代的日本那么大。那么，在此背景下，日后的中国是否真的会步日本经济盛极而衰的后尘并陷入长期萧条，如果不是，中国又将如何避免[①]？所以，即便不会步日本经济的后尘，面对如此多的社会问题，中国做老大的准备显然做得还不够充分。我们暂且列举一二事例，无须一一赘述，就足以说明许多问题。

以中国的基础设施而言，需要发展的空间还非常之大。连日来发生的公路塌陷事故、塌桥事故等，让老百姓觉得走在马路上都是一种极大的威胁。中国经济发展速度快是好事，但是在不注重质的情况下一味地强调量，强调快，是不是犯了本末倒置、自掘坟墓的愚蠢错误？公共设施简陋，施工质量堪忧，就算是为经济贡献最大的房地产市场也同样存在此类工程问题。不错，虚拟经济是可以带来实体经济的同步增长，但到底以哪一个为基石是尤为重要的。任何一个想要成为世

① 邹新，詹向阳．日本经济盛极而衰对中国的启示［J］．金融时报，2010-01-25.

界老大的国家，首先要解决的问题就是反观本国的硬件够不够硬。因为在一个没有以硬件为依托的国家，再多的高科技软件都犹如空中楼阁，摇摇欲坠。好在我们国家是社会主义国家，比起资本主义国家，政府在基础设施建设等方面可以大有作为。但同时面临的问题又是，社会主义国家的某些领导人必须要克己奉公，体现人民公仆的素养，否则，由权力导致的腐败等问题将会成为阻拦中国成为世界老大的一块巨石。

除了基础设施方面存在严重问题以外，中国的税费也是被广泛诟病的。有人曾经断言，中国的税费是全世界最重的，是当之无愧的税费大国。我们的税重，但费更可怕，政府的税费已经影响到每个人的生活。比如 2011 年下半年，河北山东一些地方，大白菜卖不出去，烂在田地里，1 分钱一斤都没人要。但大白菜价格却并没有下降。菜农运往北京的菜，卖到一级批发市场每斤 3 毛，当天卖到隔壁二级市场每斤 7 毛，而当日卖到消费者手中的价格则达到每斤 1 块 2 毛。一级批发到二级批发再到消费者手里总共距离 1 千米，当天完成交易额，从 3 毛到 1 块 2 毛，差价九毛全是政府的税，包括城管、工商、税务、卫生加在一起，一斤菜九毛。所以说，在中国我们交的税费在全世界最高最重。

因此，在中国的众多区域，逃税已经成了国人维持生存的不得已的选择。曾有异常关心中国经济问题的金融界人士问过我们这样一个问题：在中国经济明显走下坡的情况下，中国的税收为何一路飙升？这么反常的现象是不是说明某些经济学道理在中国已然不适用了？尽管当时被问得哑口无言，但回过头来想，在经济环境恶化的前提之下，按常理来说大多数国家都是大幅度减税的，但中国的税收似乎并未受此影响，这实在让人费解。看看中国历史上，几乎每一个强盛过的王朝都是极其注重削减人民税赋的，但为何到了新中国我们还背道而驰呢？税收的作用我们是丝毫不怀疑的，用于国家公共事业也好，调节贫富差距也好，但如果普通老百姓对税费负担已到了叫苦连天的地步，中国的政策制定者是不是也应该反思？

不可否认，也无须否认，中国在过去30年的经济增长中积累了很多的问题。这种高增长本不可持续，而能够维持到今天，原因是经济问题已被转化为社会问题和环境问题。这就好比是“拆东墙，补西墙”，银行业、制造业、地产业和大国企把许多成本转嫁出去，政府也削减了教育、医疗、养老等开支，社会、环境和人口承受着巨大压力，难以为继。事物的发展总是从量变再到质变的，不难想象，在中国，经济危机发生之前必定先有社会危机、环境危机。与发达国家不同，中国不会因经济危机而导致社会问题，其顺序是相反的。这是大多数分析家们忽视的要害。经济还在正常增长不表明没有危机，况且，在统计局等部门的强力干预下，经济似乎还不错，但危机四伏①。所以现阶段我们要做的，不是一味地强调经济发展，一味地叫嚣着要做世界老大，而是应该脚踏实地的，一步一个脚印的，解决我们当下面临的各种环境问题和社会问题。

第三次世界大战

如果未来中国超越美国成为“世界老大”，美国不一定“和平地向中国移交权力”。这也就是说，在中国争当世界老大的过程中，是否会有一场战争在所难免？就算是危言耸听也好，我们也只当是来探讨探讨。当然，中国是不会对任何国家发动战争的，历来都是如此，但我们却无法阻止其他国家借由此来一场大清洗。历史上也还是有和平取代的案例的，美国在19世纪和平取代英国成为世界第一，但这并非中国崛起之后取代美国的模式蓝图，因为美国与英国当时的政治模式、

① 丁力．中国被包围了吗［N］．经济观察报，2010－09－18．

宗教信仰和语言都是一样的，而中美现在情况却并非如此。正如哈佛大学教授约瑟夫·奈曾在其题为《中国崛起并不意味着战争》的文章中指出，那种认为美中可以和平合作的想法，产生于把中国的崛起模式过于简单地想象为平稳崛起。中国是否是和平崛起，美国说了不算，中国自己说了也不算，因为其他国家未必相信。世界各国“各怀鬼胎”，所以才会有第三次世界大战即将爆发的另类猜想。中国何以就成了世界战略焦点？这也并不是无迹可循的。

翻开世界历史长卷，世界战略焦点的转移似乎也是偶然中的必然。20世纪中叶以前，世界战略焦点地区集中在欧洲，本质是各大国争夺国际工业霸权，尤其是大英帝国，这一历史时期算得上是其全盛时期了，而且那时的英国自称“日不落帝国”，也是当时的第一殖民大国；历史车轮滚到60～80年代，在这20年间，世界战略重心由欧洲转向中东地区，本质上是美苏两个超级大国，为了全球霸权，而争夺世界战略要地和石油资源，所以才使得中东地区成为炙手可热的战略焦点；到90年代后期，世界战略斗争焦点开始由中东转向亚太地区，中国渐成焦点中心。这时世界战略焦点为什么会发生这样的转移呢？这是因为世界经济结构发生了变化。经济基础决定上层建筑，经济历来都是政治的核心和基石。第二次世界大战前后，世界经济的重心都在欧洲，但自七八十年代石油危机、国际货币危机后，整个西方经济的增长势头一度陷入停滞。

与此同时，日本、四小龙的经济增长持续上升，之后中国经济发展更快。这几大综合力量不仅牵动着亚太地区经济发展，更成为世界经济发展的火车头，这也就必然地将深刻改变全球战略结构。美国、欧洲必然担心，如果放任这样下去的话，西方统治世界的地位将被亚洲强国颠覆。于是，不出预料地，美国和整个西方，便把战略重点对准亚太，准备使用各种手段，压制住亚洲的发展势头。于是便有了美国迫使日元升值，让日本经济陷入停滞的“广场协定”，才有索罗斯在东南亚制造金融危机的说道。

现在，历史的一幕仿佛在重演，美国又通过其他隐秘的手段，把中国和日本的巨额外汇变成国债攥在自己手里。由于日本已经甘于被美国全面控制，美国的战略家们于是集中全部的智慧，转向“琢磨”并折磨中国[①]。由此看来，若是真有第三次世界大战爆发，那必然是以美国为首的资本主义国家导演的一场联合围剿“大戏”。看看美国四处拦截中国购买资源，利用畸形的房地产业洗劫中国财富，同时准备利用美元陷阱，一举吞噬中国三十年发展成果的事实就知道，它们现在只是像蚂蟥一样，一边麻醉一边吸血。若要说中国可能会主动参与到这场被假想的第三次世界大战中的话，那就是什么时候中国觉察出来美国的债务陷阱，或者说民众的力量足够强大，不愿再甘心被吸食，此时，赤裸裸的战争可能就会爆发了。

其实战争是否爆发，重要的不是哪国经济足够强大到足以威胁世界安全了，重要的是中美两国是否能够以冷静和理性的心态来看待以至接受两国之间的这一经济上的竞争换位。本来任何一场战争的根源都不是某一件具体的事，而是看待这些事情的人，战争关乎的无非那些居庙堂之上的人。中美双方都是可以做得更好的，一方面，美国不应视中国为敌人；另一方面，中国更不应由经济地位的上升就骄傲自大起来。客观一点来看待，国与国之间实力地位的对比都是相对的，此消彼长是经济发展的客观规律。而且，国民生产总值固然是衡量一国综合国力的重要标杆，但却并不是唯一尺度。在两国换位之后，美国在衡量综合国力的其他许多方面仍将领先于中国，而中国要从大而不强变成又大又强还有相当长的路要走[②]。中国现在实力虽然增强了很多倍，世界任何国家都不敢轻易发动对中国的战争，但是我们现在的力量还是属于自卫性质的，是不对其他国家造成威胁的。即使有一天中国真的强大了起来，中国的不称霸战略也不会对任何一个国家发动

---

① 戴旭．C形包围：内忧外患下的中国突围［M］．文汇出版社，2009.

② 陈健等．外交：让世界走向和谐［M］．北京：中国人民大学出版社，2012.

战争，这是我们祖祖辈辈都一直恪守的优良美德。

中国真的能成为世界老大吗

如前所述，中国能不能成为世界老大，仅凭经济实力一项是远远不够的。而除了经济实力，甚至除了军事实力、科技实力等，我们更需要的是什么呢？回首两百年前，中国靠着强大的集权制度所拥有的社会控制力，维持着一个病病歪歪的身躯没有完全趴下。而两百年后的今天，国际背景产生了巨大的变化，我们在纵使经济实力超群出众的同时，是不是有相应的制度能将这个庞大的经济身躯撑起来，真正显示出国际社会领导者的风采？一个满身肌肉的中国是不是有跟国际社会相适应的政治制度和社会组织模式？如果没有，那我们凭什么相信中国能成为世界老大？如果是只凭经济实力，那是不是又犯了夜郎自大的错误了？是不是又要重蹈覆辙，妄自尊大了？

问题总归是问题，是无法回避的，所以我们也不得不一再地强调，现在的中国，从某种角度来讲，是承受着巨大的压力的，是有许多问题亟待解决的。从不同的层面上，我们都能够看到不同的发展和挑战。在交通上、城市发展上、环境治理，以及权力滥用、城乡关系等方面，可以说，现在的中国面临着不少的发展难题。问题的关键在于，能否有条理地解决所有涉及的问题，同时又保持国家的和平稳定，维持现有的发展活力？如果答案是肯定的，那么我们就可以掷地有声地朝着世界老大的位置昂首阔步了。

在世界这个大家庭中，利益和朋友永远都是守恒的。哪里有利益，哪里就有合作；哪里有分歧，哪里就有对手。对于潜在的对手，我们要加以防范和警惕；对于潜在的合作伙伴，我们同样要防止腹背受敌，被一些别有用心的国家“挖墙脚”。比如俄罗斯，这个立场并不明确的国家，谁都不能排除在不远的未来，美、日、澳、越、菲、印等多个国家与俄国形成抑制中国的统一战线联盟的可能性。就连朝鲜这个社会主义国家，都不见得一直就是与中国不会兵戎相见的好弟兄。而与中国地理位置相隔相对比较偏远的欧洲，若是中国在欧洲困难时期，比如现在的欧债危机中，能够与部分国家结下善缘，这部分国家未来在经济上对中国可能会是相对友好的，同时在军事上也有可能保持中立、不参与的态度。韩国与中国的关系就比较直白了，中国越是民主法治，两国关系就会越好。如果有一天朝鲜、俄罗斯、蒙古、缅甸等国都被美国拉了过去，那时候的中国面临的问题就更复杂了，这当然是所有中国人都不愿意看到的。朋友也好，敌人也好，告诉我们的道路无非是，中国的世界老大之路注定是不平坦的，为此付出的代价也可能是惊人的，因为树大招风，难保不会引起其他国家的联合“绞杀”。

当然，我们也不用一直灭自己威风，长他人志气。中国的成就还是有目共睹的，而且好在办法总是比困难多，中国人民的勤劳勇敢也是中国得以在历史长河中积淀下来的支撑。若是中国能做好本分，是否能当世界老大，是否能承受为此付出的代价，又何须辩驳？

第三章 中国与世界能否“一笑泯恩仇”

中国与世界的恩恩怨怨、是是非非实在是太多了。当然，这里的世界并不是指单一的哪个国家，是泛指每一个与中国有过“纠葛”的国家。我们不会把中国与整个世界相对立起来，我们也没那个能力这么去做。在国际社会上，国与国之间“团结”的力量是极其强大的，所以才有了各种联盟。有人戏称，若不是当年八国联军一起联合对付中国，仅仅单凭某一个国家的力量，鹿死谁手就很难见分晓了，恐怕中国此后也就不致沦落到半殖民地的悲惨境地。

中国与世界的发展脉络，大致可以被划分为开放—闭关—再开放这么几个阶段。在明清以前，中国与世界的往来还是比较频繁的。中国从秦始皇统一六国到明朝之前，基本上实行的是封建统治，封建统治在经济上虽然是自给自足，但当时中国在经济、文化各方面处于世界领先地位，再加上封建统治阶级实行开明政策，中国在对外交往方面取得过辉煌业绩。以唐朝盛世为例，当时的对外交通是非常之发达的，陆路以长安为中心，东西南北均有线路与外界联系，其中西路便是史上著名的“丝绸之路”；海路有去日本的诸多线路，还有到南亚诸国的海路，后期还开辟了到埃及和东非的海上交通。在交通便利的前提下，中外往来也频繁了起来，在政治上世界各国互相借鉴适合的官制，还互遣使臣参观学习；经济上的往来虽不像现在这样全面、频繁，但也算得上是互通有无了；文化交流方面涉及的面就比较广了，比如高僧玄奘去天竺取来佛经，为中印的文化交流打开了一扇窗，还有日

本等国派出留学生来华，在语言文字方面也各有借鉴。

因此，当时的唐朝也算得上是亚洲政治、经济和文化交流的中心，在当时的世界上还是享有相当高的声誉的，许多国家的使节、商贾、学者、僧侣等纷纷来到中国，进行访问、贸易、求学、交流。一位外国的历史学家曾这样写道："与 20 世纪前中国历史上任何其他时代相比，初唐和中唐时的中国人自信心最强，最愿意接受不同的新鲜事物。或许是因为来自异邦的世界性宗教使中国同波斯以东的所有其他亚洲国家建立了联系，或许是因为当时很多士族豪门为胡人后裔，或许是因为中国有强大的军事力量镇守丝绸之路，保证了商旅畅通无阻……总之，这个时期的中国人非常愿意向世界敞开自己，希望得到其他国家优秀的东西。"凡此种种，已经充分地说明了中国与世界的往来是有着深厚的历史渊源的。

凡事追根溯底就会有意想不到的发现，比如对外开放，很多人都认为这是十一届三中全会的独创，然而回过头来看，却发现原来中国早就有此萌芽了。正如美国著名的汉学家史景迁，在接受《时代周报》的访问时所表示的那样，"我在西方教中文、中国历史文化的时候，发现中国人编的课本有一个缺陷，就是当他们讲述中国近代历史的时候，总是从 19 世纪中国受的屈辱和侵略开始切入。40 年前我在开始教授中国历史时就觉得这非常不合理，如果要更好地研究中国历史，我们应该从十七八世纪的中国开始研究。因为当时的中国在世界上表现出一种更自信的姿态[①]。"所以，在研究中国与世界的恩恩怨怨时，除了要提及从闭关锁国到对外开放这一标志性的进程外，还应该提及在此之前的从开放到闭关的历史进程，唯有如此，我们才能拥有一幅相对比较完整的关于中国与世界的历史画卷。

中国近代史上从开放到闭关，是有诸多历史原因的：一是封建制

① 张润芝．美国汉学家史景迁：中国近代史课本不该从屈辱讲起［J］．时代周报，2011-12-05.

度的衰落，统治阶级的腐朽，这也是众多史学家或历史课本中常提到的。二是本国自然经济（小农经济）与世界资本主义经济的差距。在明清时期，由于生产力的迅速发展，世界资本主义开始萌芽。由于经济基础决定上层建筑，这一萌芽同时也就威胁到了中国原有的封建统治，统治阶级害怕本国反对阶级与外界相互勾结。与此同时，世界主要资本主义国家开始疯狂地对外扩张，开始了资本的原始积累。如此一来，闭关锁国便是当时的上上之策了。

从“闭关锁国”到“对外开放”

中国近代史上闭关锁国的历史渊源应该追溯至明初时期的海禁政策，人民不得擅自出海与外国互市，并封锁沿海港口，严重的时候甚至销毁出海船只，彻底截断与外界的贸易往来。当然，不管是明初时期的海禁政策，还是清初时期的闭关锁国政策，其直接原因都是为了维护本王朝的统治，防止入侵；而根本还是由中国的自然经济条件所致，那时的人们自给自足就可以了，没有强烈的对外贸易的需求。明初的海禁政策也导致了严重的后果，即妨碍了海外市场的开拓和资本主义萌芽的发展，抑制了资本的原始积累，使得中国逐渐落后于世界各主要资本主义国家。

海禁政策相对于闭关锁国政策而言，在程度上还是相对比较轻的。明代的海禁，只禁止民间私人出海贸易，但允许有官方色彩的出海宣示大明帝国的威风，如闻名遐迩的郑和七次下西洋；同时也欢迎外国商人来华贸易，只不过海外贸易必须在官方的主持下进行，即所谓“贡赐贸易”。清代初期全面禁止海外贸易，实行“闭关锁国”。那么，为什么到了清朝，中国的对外政策变得更加严格了呢？直接原因是为了遏制东南沿海地区人民的抗清斗争，防止国内的汉人与外界相勾结，

从而形成强大的反清力量。同时，西方殖民者的对外扩张也加强了清朝统治者用闭关锁国政策来进行民族自卫的决心。但我们认为最根本的原因，还是经济方面的因素，在以自给自足为主的传统农业社会中，封建统治者自我满足，且落后于世界大势，又盲目排斥外国的一切东西。

到了清朝，海禁政策就升级成了闭关锁国的排外政策了。“闭关自守”的政策对防范外来侵略在一定程度上有自卫作用，同时也保护了自然经济；但“闭关自守”的结果，却阻碍了中外经济文化的交流，阻碍了资本主义萌芽的发展，影响了科学技术进步，导致近代中国大大落后于西方。自鸦片战争以后，在帝国主义炮舰的胁迫下，我国东部沿海口岸，通过不平等条约被迫开放，即“门户开放”。此时，由于落后腐朽的封建制度已经无法抵御先进的资本主义制度，加之清政府的腐败妥协，中国的大门便被迫打开了，形成了对外开放。但我们必须强调，这种开放是被迫的开放，它与我们当前的改革开放有着本质的区别，是一种丧权辱国、不平等的开放，给我们中国人民带来了巨大的灾难。由开放通商口岸开始，中国被迫逐步卷入资本主义世界市场，成为资本主义的附庸，中国的自然经济也开始解体。于是，这一阶段便成就了中国近代史上从闭关锁国到“对外开放”的历史转变。

从近代中国到新中国成立，中国人民饱受外国列强的欺凌，同时也是内患不断。到了新中国成立之后，开国领袖们所面临的是一个大大的“烂摊子”，内部社会不仅一盘散沙，而且残余敌对势力依然在顽固地反抗和破坏，所以很长一段时间，我们无法完全对外开放，正如毛泽东所言，要“打扫干净屋子再请客人”。在国民经济渐渐好转的情况下，中国便不失时机地开始了对外的邦交活动，尤其是与苏联的来往最为频繁，因为社会主义阵营是以苏联为首的，而且当时能够与美国形成抗衡的国家也就非苏联莫属了。第二次世界大战之后，在世界范围内便形成了社会主义和资本主义的两大对立阵营，作为社会主义国家的中国，自然是站在苏联这一边了，只是这种依赖型的对外开放，

注定维持不了多久。所以后期中苏关系破裂，也一度给中国造成了不小的困惑。

直到 1978 年的中共十一届三中全会，中国才算真正实现了主动的对外开放，即在独立自主、自力更生的基础上，遵循平等互利、互守信用的原则，同世界各国发展经济合作和技术交流。这种良性的对外开放，是加速社会主义现代化发展的重大战略决策，成为开创具有中国特色的社会主义现代化建设新时期的起点。改革开放以后的中国经济获得了空前的大发展，中国经济大踏步地走向世界，融入了经济全球化的潮流。中国实行改革开放的发展战略，所取得的成就世界瞩目，但我们更重视国家的独立性，因此中国的对外开放，是在政治、经济各领域保持自己的独立性前提下的对外开放，是完全不同于被动的、被侵略的对外开放，这一点我们予以强调。

经济全球化的“笑”和“泪”

在和平与发展日益成为时代主题的国际环境下，世界各国都把对外开放作为本国发展的重要途径之一。一国不可能拥有世界上一切先进技术和管理经验及一切资源，而必须通过对外开放弥补自己的不足[①]。但是，生活的滋味从来不是只有“甜”没有“苦”，也不是只有“笑”没有“泪”的，经济全球化也正如这百般滋味的生活，身在其中，冷暖自知。

经济全球化是当今世界经济和社会发展的一个基本趋势，也是当代世界经济的重要特征之一。国际货币基金组织在 1997 年 5 月发表的

① 廉冬．从我国闭关自守的历史看对外开放的必要性［J］．赤峰教育学院学报，2000（6）：16－17.

《世界经济展望》中，曾对经济全球化下过这样的定义：“经济全球化是指跨国商品与服务交易及国际资本流动规模和形式的增加，以及技术的广泛迅速传播使世界各国经济的相互依赖性增强[①]。”这样看来，经济全球化使得世界俨然成了一个“地球村”。由于世界经济全球化的进程还处于初级阶段，它给各国经济和整个世界经济带来的影响还难以预料，但是有一点是非常明确的，即经济全球化是一把“双刃剑”。仁者见仁，智者见智。一些经济学家认为，经济全球化是一件好事，它可以使我们更加富有。但是，另外一些经济学家持怀疑态度，他们指出，如果经济全球化真的那么好，那为什么国际经济还是如此混乱[②]？容易想见，关于经济全球化的利弊问题，历来已有许多相关研究，我们也不再一一赘述。而且，需要特别说明的是，我们在此谈论的是中国与世界的关系，所以着重于经济全球化给中国经济带来的“笑”和“泪”，并不是泛泛而谈或者一概而论。

经济全球化对于每一个国家来说，都是一柄“双刃剑”，对于中国而言更是如此，所以说，经济全球化为中国提供了一次迎接机遇和挑战的机会。一方面，在中国经济发展方面，全球化带来的“利”主要表现在：

第一，有利于中国发挥本国的比较优势，提升国际竞争力。全球化完善和稳固了统一的世界市场，实现了生产要素在全球范围内的自由流动和优化配置，提高了资源配置效率。中国在全球化中的比较有劳动力优势、资源优势、市场优势等，而且，一国的比较优势并不是永久不变的，某些劣势也可能通过交流、学习得到改善，成为优势。随着经济全球化进程的推进，中国正在积极学习和积累阶段，也正在促使中国的劳动力密集型产品向资本密集型甚至是技术密集型产品

---

① 徐辉．从经济全球化看当代资本主义的新变化和发展趋势［J］．高教研究，2006（4）：24－27.

② 陈军．经济全球化的利弊分析［J］．国际市场，2010（8）：70－73.

转变。

第二，经济全球化带来的技术扩散效应，规模经济效应，发达国家产业结构调整有利于我国一般制造业水平的提升和产品出口，世界经济低速增长和发达国家低利率政策有利于我国吸引外资等加快我国经济发展的机遇[①]。也就是说，通过利用外资和对外投资，可以促使中国的出口商品结构得到优化。

第三，全球化使各国经济关系越来越密切，相互依存度越来越高，形成了“你中有我，我中有你”的利益共同体，增加了人类的全球意识，合作、对话、和平、发展，成了时代的主旋律[②]。如此一来，中国的问题将不再仅仅是中国的问题，比如环境问题、贸易摩擦问题等，都已成为全球性问题，若是没能解决好，将直接影响到全球化的进一步发展，所以，全球化也迫使发达国家把中国面临的问题予以考虑并共同致力解决。

另一方面，经济全球化是由发达国家直接推动的，游戏规则也是由发达国家主导制定的，因而在这一层面来说，发展中国家无疑是全球化最大的受害者，而中国作为最大的发展中国家，其表现是更为明显的。在中国经济发展方面，全球化带来的“弊”主要表现在：

第一，由于世界各国经济和技术发展的水平不同，因而导致它们在经济全球化中所处的地位和利益不可能均等。正所谓“胳膊拧不过大腿”，中国仍然在一定程度上受制于发达国家。比如，发达国家可以利用中国当地的廉价劳动力和自然资源，获取最大利润，并凭借自身优势和经济实力迅速占领和垄断市场。在这种弱肉强食、优胜劣汰的激烈的市场竞争中，中国在许多方面必然处于劣势。

第二，在国际直接投资方面，有相当多的研究表明发达国家利用

---

① 李利平．浅谈经济全球化下的中国经济发展战略［J］．公共事业财会，2005（4）：14－16.

② 颜士叶．经济全球化利弊分析及对策［J］．青春岁月，2012年3月（下）：213.

经济全球化，将其重型污染工业通过跨国公司转移至中国，因为中国的环境规制不像西方国家那样严格。如此一来，中国在世界各国的压力下被要求履行更多的环境责任，有关世界环境的问题已成为世界经济论坛的主要议题了。西方国家总是利用这样或那样的理由推卸责任，希望中国承担起更多的责任，由此也便有了各种“中国责任论”。

第三，上述的第三点优势，从另外一个角度来观察，无疑也会成为一种劣势。在西方媒体大肆宣扬的“你中有我，我中有你”的口号下，也隐藏着随时可能爆发的危机。因为随着各国相互依存度的增大，世界各国便形成了“一荣俱荣，一损俱损”的连锁反应。以美国爆发的全球性金融危机为例，几乎每一个国家都受到了这一危机的影响和冲击，这样一来也就降低了本国经济的安全性。除了以上三点以外，还有一点是我们必须牢记的：经济全球化并不代表“主权一体化”，国家民族利益仍然是高于一切的。西方媒体宣传，在经济全球化的条件下，“主权已弱化”、“主权概念已过时”，对这些论调我们要做具体分析，并时刻保持清醒的头脑。

不得不承认，也不得不警惕的一点是，在经济全球化中，由于实力不同，发达国家和跨国公司将得利最多，而发展中国家所得甚少。因此，发展中国家与发达国家的差距将进一步拉大，一些最不发达国家将被排除在经济全球化之外，越来越被“边缘化”，甚至成为发达国家和跨国公司的“新技术殖民地”。但不管全球化带来的是“泪”还是“笑”，它都是一个不可逆转的趋势。而中国作为一个发展中国家，只能想办法去适应它、面对它、利用它，与大多数国家一起，为建立一个公平有序的世界经济新秩序而努力。各国经济的发展也足以证明，一个国家只要具有正确的发展战略，就能在经济全球化的大趋势中获得成功。中国又何乐而不为呢?

贸易摩擦不断

中国在不断扩大对外开放，不断融入世界经济大环境的同时，矛盾也是层出不穷，针对中国的贸易保护主义、贸易摩擦、汇率问题、惩罚性关税等频频发生，中国的市场经济地位迟迟得不到美国和欧盟的承认。中国加入世界贸易组织后，合作与摩擦成为了中国与世界的主旋律。而且，在近几年，贸易摩擦呈现有增无减的趋势，令人担忧。

就以最近几年为例：2011 年，我国共遭遇 67 起贸易救济调查，同比增长 1.5%；涉案金额为 59 亿美元，同比下降 17.4%。其中反倾销 48 起，反补贴 9 起，保障措施 9 起，特保 1 起。涉案产品向高科技、高附加值产品扩展的同时，涉及体制和制度性的摩擦也日趋激烈。另外有学者认为，2012 年是美欧对中国贸易摩擦最大的一年。尤其是美欧相继对中国光伏产业采取“双反”措施，几乎要彻底摧毁该产业。上述的“双反”措施，是美欧对中国进行的反倾销和反补贴立案调查，故称作“双反”。一边是美国征收高额惩罚性关税导致出口规模骤降近六成，一边是悬而未决的欧盟反倾销调查可能带来的灭顶之灾，中国光伏产业已走到“十字路口”。

如果“双反”成立，多米诺骨牌就将一一推翻，光伏产业链上的所有产业都将受到重创。欧盟光伏装机容量大致占到了全球的 70%，美国占了接近 10%，如果这两个市场对中国关闭大门，中国光伏企业将遭受致命的打击[①]。中国企业和相关部门当然不能坐以待毙，要么就是从美欧的贸易倾销入手，看其是否在有关行业违反了 WTO 的反扶

① 陈玮英．双反或摧毁全球光伏市场专家建议做最坏打算［J］．中国企业报，2012-08-30.

持政策；要么就是从本国的市场标准以及国际标准的差异入手，对“双反”提出申诉。只有这样，才能合理地要求美欧对中国产品给予公平待遇。

当然，2012年所遭受的贸易摩擦远不止上述这一例，只是这算是规模比较大、影响比较大的一次贸易摩擦。在2012年3月23日举行的中国外贸形势报告会上，商务部副部长钟山曾经指出仅当年的头三个月中国就遭受了8起贸易摩擦，涉案金额达22.8亿美元，同上一年同期增长了80%，中国已经连续17年成为遭遇贸易摩擦最多的国家。而从6月下旬至今，中国商务部官网“预警提示”栏目几乎以每天一条的速度更新国外对华贸易救济调查的信息。除了欧盟酝酿对我国无线通信设备及光伏产业的调查之外，还有美国、巴西等国家针对我国出口摩托车轮胎、无缝钢管和卡客车用轮胎等产品启动一系列反倾销调查。据商务部7月份的统计，2012年上半年我国共遭遇来自18个国家、地区发起的贸易救济调查，反倾销、反补贴、特保等贸易救济调查40起，同比增长38%；涉案金额37亿美元，同比增长76%。从立案国别来看，巴西、印度等发展中大国对我国立案数量占总案件数的70%；从涉案金额来看，欧洲、美国等发达经济体对我国发起调查的金额占总金额的60%。不知道是我们的习以为常，还是西方国家的司空见惯，贸易摩擦问题此起彼伏，而争议双方也是各执一词。对此，我们多么希望国际组织能够有一个统一的标准，或者至少没有那么大争议，从而避免那么多可操作性的贸易摩擦案件发生。但国际社会自有国际社会的游戏规则，岂能将我们的利益放在第一？更何况中国的强大自然会动了别人的奶酪，受到不公平的对待或者反馈是预料之中的必然。因此，中国经济的高速发展，必然会遭受到其他国家不曾遭受的“礼遇”，我们不能只是被动地接受挑战，同时也必须有主动的应对。

我们不禁在想：中外贸易摩擦为何如此之多？其实，影响中国与世界经济贸易关系的原因非常多，除了一些纯经济体制因素外，比如

贸易保护主义、技术和标准的差异、WTO 体制本身的不完善，等等，还有文化和意识形态的差异，当然政治的需要也是引起经济纠纷的原因，其中以美国与中国的关系最具代表性。美国是中国最大的贸易伙伴，而美国也是对中国发起贸易摩擦最多的国家。这并不能说只是纯属巧合，个中缘由，大家都心知肚明罢了。中国上升为世界第二大经济体，作为世界第一大经济体的美国，怎能不有所防备、有所警惕？

我们深知，接连不断的贸易摩擦一直以来都是中国贸易迅猛发展过程中难以避免的现象，而且从中长期来说，将会成为伴随中国贸易发展的一种常态。中国还处于融入世界的过渡时期，中国自身也处于产业结构转型的阵痛期，摩擦是无法避免的。中国和世界都需要在合作中学习，在摩擦中理解。从理论上说，全世界都应该明白，一个经济稳定快速发展的中国将有利于世界的发展，中国不仅仅是自己的中国，中国也是世界的中国。但这个理论解释又如何能够被世界各国，特别是当今的世界老大美国所能听懂并接受呢？

中国与世界：谁也离不开谁

走过了 21 世纪后的第一个十年，中国在这十年中经历了高速的发展，经济发展水平不断提高，政治体制不断完善，综合国力稳步提升，朝着全面建设小康社会的目标不断前行。放眼全球，中国自己在不断进步的同时，在国际上的地位却并没有提高到我们所预期的地步。2008 年北京奥运会以及 2010 年的上海世博会，应该是我们向世界展示改革开放以来中国经济社会发展成就的良好契机。我们希望在世界上越来越多地听到中国的声音，希望中国在政治、经济、文化上对世界的影响力能够不断扩大。中国要当老大了特别是在经济方面，中国的一举一动都有可能会影响着世界经济的走向。我们更希望一个负责任的大国形象能够逐渐深入世界人民之心。要当老大的中国，不只是被世界改变，也在改变世界。

不过，话又说回来，对于大家总是议论的中国与世界，谁改变了谁，或者谁影响了谁，我们认为此种讨论没有任何实际意义。在国际交往中，如果认为一方只是单独被另一方所影响、所改变，那是不可置信的。所以，中国与世界的千丝万缕的关系，并不仅仅是靠某一单线映射就可以解释得清楚的。2001—2010 年间，中国出口从 2660.98 亿美元上升至 15777.89 亿美元，增长 493%，年均增长 21.9%。在出口贸易空前扩张的同时，中国进口规模也实现了大幅度提升，进口增速同样领先世界。2000—2008 年间，世界进口年均增长 12%，美国、欧盟、日本、俄罗斯、巴西、印度年均增速分别为 7%、12%、6%、21%、14%、14%（2005—2009 年数据），中国进口年均增速则高达 22.4%。2009 年，世界进口萎缩 24%，中国进口只下降了 11.2%。2010 年，中国进口增幅更高达 38.7%。时至今日，中国不仅是世界头号出口大国，而且跃居世界第二大进口国[①]。总而言之，中国与世界的关系，实质上是一种“双赢”的格局，任何一方都不应排斥这种良性关系的发展。

中国正处在现代化的过程当中，中国有丰富的资源，也有很多成功经验。但是，中国内部和外部的冲突仍然存在，中国需要面对这些。在上述提到的各种贸易摩擦也好，经济全球化的弊端也罢，这都是在发展过程中必然存在的，也是我们必须要坦然面对的。我们自然希望在这些冲突和摩擦中，大家都应该秉持着“同一个世界，同一个梦想”的原则，而不是总怀着“有你没我”或“有我没你”的独霸思想。世界大和平、大发展终将是我们每一个国家的福气，那些霸权主义、强权政治注定是会遭到万人唾弃的，也是不可能长存的。无论前途多么

① 梅新育．中国入世十年双赢路：进出口剧增拉动全球经济［J］．半月谈，2011-09-01.

艰险，中国与世界上其他国家一样，是不会隔绝于世界之外的。

当前，不论是国内的经济学家，还是国际的经济工作者，都有许多人对中国与世界的发展持乐观的态度，也是不吝称赞的。比如曾经的世界银行副行长林毅夫就认为，新的世界经济格局正在发生质的变化，中国正在国际金融危机中发挥着巨大的作用。在过去的20多年里，中国经济持续高速增长，今后仍有可能和潜力继续维持较高的增速，成为改变世界经济未来格局的新生力量。世贸组织前总干事迈克·穆尔曾说过，没有中国的世贸组织不是世界性的贸易组织，只有半个世界。联合国工业发展组织总干事尤姆凯拉说：中国入世，受益方绝不仅仅是中国，还包括发达国家、新兴工业体和非洲一些最不发达国家。10年来，中国赢了，世界也赢了①！是啊，中国赢了，世界也赢了，不过我们也希望看到另外一种情景，世界赢了，中国也赢了，尽管为此我们要付出诸多的努力。

林林总总，合作也好，摩擦也罢，这些都改变不了中国与世界在经济层面上关系日益紧密的总体趋势。当然，在这个总趋势下也会潜伏着许许多多的危机，这紧密合作的大趋势与危机并存的局面，就是当前与未来中国同世界的关系之具体写照。我们也深知；只有开放，才能发展；只有分享，才能共赢。

未来的中国与世界

凡事着眼于未来，才能把握现实。2008—2010年，源自美国的世界性金融危机及其影响，一方面加速了西方经济的衰退；另一方面又

① 郭丽君．中国与世界共赢——中国加入世贸组织十周年述评［J］．光明日报，2011-12-11.

有利于中国经济的发展。因为中国以其特有的东方民族的智慧，将这场全球性危机转变为加速自己经济发展的一次关键性的重要机遇，中国企业全力奋进，它们凭借着自己的风格、方法、工程师、高管人员、工人和机器设备等，势不可当。普华永道（PwC）报告显示：中国有望在2018年赶超美国，这主要得益于此次金融危机——它加速了权力中心向新兴国家的转移。高盛报告预测：2030年中国股市将压制美国，攀升至全球第一股市的位置，中国将成为世界最大经济体。中国权势将会覆盖全球，影响力将遍及五大洲，到那时，有的将不再只是中国，而是一个强大的中国，它将在国际上享有盛望，拥有一支现代化的军队、一个月球基地[①]。当然，这些预测也不免夸大之词，我们不可尽信。中国的影响力是在逐渐增大的，这是一个无可争议的话题，但对于中国这个古老的国度能否得到世界各国的认可，我们还是会有一丝忧虑的。

刨去夸大溢美之词，我们客观一点来设想一下未来的中国与世界。由于美国次贷危机的影响，全世界开始审视实体经济和虚拟经济脱节的问题，让实体经济发展快一点，让虚拟经济发展慢一点，成了大众的呼声。而同样是由于这场危机的后续影响，希腊等欧盟国家又开始陷入了主权债务危机，即现在所说的欧债危机。可以想见，未来的美国与欧盟，将面临非常困难的境地，未来的十年左右，主要发达国家可能会进入一个战略收缩期。而与此同时，中国却具有非常大的发展潜力，也很有可能利用这样一个战略机遇期，在经济社会全面发展方面，缩小与发达国家之间的诸多差距，但首当其冲需要解决的问题就是新经济增长点的问题。

我们都知道，在金融危机爆发之前，中国经济发展的动力大部分来源于进出口，而且长久以来中国对外贸易都是顺差的态势。但是，中国现在面对的外部环境是非常不景气的，要想扭转这一局面，就必

---

① 皮埃尔·皮卡尔（法国）．20年后中国与世界［M］．江苏人民出版社，2012.

须在国内寻找新的经济增长动力。国家已经提出要靠刺激内需来促进经济增长，所以，我们可以大胆预测，后金融危机时代的中国，在未来的经济发展中，将会相对地减少对外部需求的依赖。这并不是说中国就要与世界隔绝了，而是在与内需相平衡的情况下，减少对外部的依赖性，而且中国也很有可能出现进出口逆差的情况。与其说这会是一个坏现象，不如把它当成是非常有利的一种情况，因为未来的贸易逆差刚好可以与中国之前巨大的贸易顺差相冲抵，也不至于让大量的外汇储备被闲置。

毋庸讳言，当今两难世界新情况新问题层出不穷，具有巨大的不确定性。从闭关锁国到对外开放，从半殖民地半封建社会到独立自主的中国，一路走来，坎坷多过坦途。都说外面的世界很精彩，外面的世界很无奈。过去我们见证了太多的无奈，而今天我们终于有了实力，有了自信，有了接触的勇气，有了消化的能力，有了平起平坐的自尊，有了取其精华、弃其糟粕的辨别力。在和世界大家庭不断融合的过程中，我们并没有丧失自我。从最初的“引进来”到现在的“走出去”，中华民族正以其独特的魅力给自身的发展添砖加瓦，也不断地借助外力使自己变得强大起来。开放之路并不平坦，我们为此付出的努力是加倍的，代价是沉重的，但“英雄无悔”。我们不必总是缅怀过去，也不用沉迷现在，我们要做的，是放眼更长远的未来。

任何一个国家，任何一个民族都不能否认，中国的和平发展是巨大的世界资源，是大大有利于世界和平和经济繁荣的，反之，一旦中国经济、政治和社会出现动荡和衰退，14 亿人的不安宁也必将带来一个不安宁的世界。两败俱伤是谁都不想见到的，中国在未来的发展可以为世界贡献更多的光和热，恰如余热未散的金融危机和正在上演的欧债危机，中国都在体现一个大国的形象。而且，中国要实现伟大复兴，就要有天空一样的高度重视任何一个重要契机，也许是好的，也许是坏的，但只要我们准备好了，何所惧？

我们的中国全球战略观[①]

中华民族自古以来便是一个爱好和平、不求扩张的民族，因而是一个不具侵略野心的民族，这种民族精神和文化传统一直流传至今。在这种民族精神和文化传统的影响下，历代统治者的治国方略向来以如何提高对内统治的效率为主，以巩固统治地位和为民做主为最高原则。在对外方面则从来都奉行广积粮、高筑墙的以防为主的国策。这种防御性外务策略成为近现代中国历届政府外交和外务的主体思想，可简称为防务主义。

在人类缺乏有效解决长距离快速运输兵力的时期，在人类尚未发展出战略性远距离攻击武器的情况下，防务主义对中华民族来说不失为一个有效的战略选择。然而时至今日，随着社会生产和科技的发展，一国将兵力在几十分钟内运送到千里之外，已然不是神话，而一个军队对敌军的致命打击也已经可以操作在万里之外。1991 年出现的海湾战争，2003—2010 年的伊拉克战争，2011 年的利比亚战争等，都是最好的说明。从全球的角度来看，面对这种新的战争手段和军备条件，单纯的防御可以说是防不胜防，因此，防务主义已失去了它原有的积极意义。换言之，在当代战争中任何形式的防御都是被动的，最终逃脱不了失败的命运。也正因为如此，中国在国防战略上早已经到了应抛弃防务主义的消极国防的关键时刻，取而代之的是确立以攻为守的积极国防战略。

谈到中国建立以攻为守的积极国防战略，这并不是说我们要首先发动进攻，袭击敌军，而是在我们遭到敌军进攻袭击的第一时间，能

① 田广，戴琴琴．泛市场化批判［M］．北京：中国财政经济出版社，2012.

够即刻向敌军大本营进行战略进攻，对其予以致命的打击，消灭其再次战略进攻的战斗力，直至敌军停止对我方的进攻，可简称为积极防卫的国防战略。实施积极国防战略的前提是，首先建立正确的全球战略。20 世纪 60 年代，毛泽东号召全世界人民团结起来，反对一两个超级大国欲谋称霸世界的企图，这实际上就是中国那个时期的全球战略，它使中国成功地抗衡了外部势力图谋南北夹击或者百万大军压境的威胁，捍卫了民族利益和国家领土完整。20 世纪 80 年代以后，国际局势逐步发生了重大变化，中国放弃了原来的全球战略而改之以寻求最大的经济利益为导向的新国际战略（我们认为这不是真正意义上的全球战略）。如今国际局势又发生了重大变化，由于美国实行单边主义，台海战争的阴云一直笼罩不散，敌对势力企图由此压迫中国大陆处于战略劣势地位，因此严峻现实要求中国必须从速选择和确定自己的全球战略。

中国古代圣贤孟子曰：“困于心，衡于虑，而后作……然后知生于忧患，而死于安乐也[①]。”中国一方面要尽最大耐心、诚意实行祖国的和平统一，另一方面要以大无畏的气概迎击任何分裂国土的阴谋，以自己的全球战略对外国的威胁形成战略威慑，使其对中国不敢轻举妄动。中国全球战略布局应当分层次有步骤地实施，而且应当有这样几个要点：舆论战略、装备战略、基地战略、区域（国别）战略、太空战略、海洋战略、战略动员和战略指挥，还有对台战略。简述如下：

——宣传中国和平发展思想。要向全世界广泛宣传中国一贯奉行的不称霸的国策，反击敌对势力制造的“中国威胁论”，使国际社会了解中国建设并理解和平政策。特别要做好对美国人民的舆论工作，抵制和揭穿美国极右势力妖魔化中国的做法，减少美国人民对中国产生的“被扇起的仇视”和误解。同时，加强与欧洲朋友的联系，保持与非洲人民的友好关系，在南美洲结交新朋友，特别是主动与日本恢复

① 引自《孟子·告子下》。

友好往来。在一定的时间内，要充分利用现代传媒工具网络、电视等造势交友。

——加速发展国防工业。面对国际敌对势力用弹道导弹防御系统、航空母舰战斗群、太空激光武器等掀起的威胁，中国必须针锋相对，加速发展国防工业，重点放在发展空中与水下的远程打击的核武器上。为此，要恢复因为泛市场化鼓噪而惨遭破坏的重工业，而且国防工业的发展会带动其他国民经济部门的发展，美国的经济史已经说明了这一点。加大对生产资料生产的投资力度，特别是对科研和教育的投资，抢占信息科技高地，打赢未来的高科技局部战争。

——抓好战略基地的建设。实施积极防卫主义战略，其成功的关键在于要有一批适宜的战略基地。现阶段应主要考虑中国大陆境内的战略基地建设，必须科学选择论证基地位置。等待时机成熟之后，也应当考虑在境外建立中国战略基地，在国际斗争中温良恭谨让的儒家主义是行不通的。

——修改以往的不结盟主义外交路线。目前的国际形势与20世纪60年代大不一样，中国应当重新审视曾经执行的国际不结盟主义，不可再机械地延续下去。要深化和完善“上海合作组织”这个成功的国际联络范例，在国际上分层次地同所有可能结盟的周边国家结成不同的战略同盟，特别是大幅度加强与俄罗斯在国防工业上的科技合作和提升档次，这样可以减少国家承担的国防压力成本。要加强与世界上其他地方国家和民族的交往，以减少中国被迫用非和平手段实行统一大业时对敌军打击的阻力，实际上是降低进攻成本。在经济贸易方面也是如此，要适度减少对美国等一两个国家的依赖，加强同欧洲特别是欧盟的经济和贸易往来，减少以美元为手段的外汇储备，以现有外汇储备为动力促进我国的科技发展，也就是说动用那些闲置的外汇储备购买技术和设备。

——开始着手进行太空战略部署。信息技术和数字技术使太空成为竞争的场所，因而要像美国和俄罗斯那样尽快组建自己的太空部队，

将其作为一个新的兵种。与此同时，要加快发展以太空部队边缘技术为依托的民用太空工业，这样不但能提高中国军队的战斗力，而且也可以促进国家的经济。

——分两个层次实施海洋战略。第一层次是台湾海峡的 20 万～50 万帆船渡海准备战略，用人民战争击败侵略势力。第二层次是外海作战战略，远洋攻击船舰不拟追求体积大，而应以体积小、航速快、火力强、载机少为设计思想。这样可以避免模仿别国建造航空母舰的旧俗套，因为那样的亦步亦趋，根本无法在现实中获胜。

——切实建立战略动员体系。中国享有的和平环境已经持续了 20 多年，可是国门内的歌舞升平不能消除国门外的军事威胁，为此，必须宣传忧患意识，做好军事准备工作，建立国家战略动员体制。战略动员在目前阶段应当以战略储备的形式展开，仍然以发展经济为主要内容。如何实施，要靠战略指挥安排。战略指挥主要是最高统帅的智慧、魄力和意志问题，同时也包含了战略参谋集体的组成、锻炼和发展问题。

——强化对台战略。台湾问题是制约中国全面发展的最主要的因素。全世界都知道，美国在极力维护其在亚太地区的利益中，视台湾为永不沉落的巨大航空母舰，因此美国不希望大陆与中国台湾实现统一，台湾对于美国的全球战略利益的重要性目前比以往任何时期都高，已经成为美国钳制中国的王牌。但是，中国神圣领土绝不容许外来势力入侵，而国家只有完成了统一大业，才能实现民族复兴。中国一方面对“台独”的态度决不松软，使“台独”势力在台湾岛上不得人心；另一方面要更加务实地处理台湾问题，支持台湾的统一派势力，扩大对台湾的经贸往来，让台湾人民意识到祖国大陆才是台湾福祉的源泉。在上述各项准备完善后，台湾问题将不再成为难题。同时，自从共产党和国民党开始第三次合作之后，台湾蓝绿阵营正在发生深刻变化，自 2008 年马英九当选为台湾地区领导人以来，两岸关系不断升温，冲突明显下降。国民党从与共产党的合作中获得历史性的利益，开始走

出了逐步衰落的困境，将视野从台湾扩大到全国。但是，绝不能掉以轻心，因为台湾岛内的局势还没有发生根本性的转变，台海外围的军事形式依然十分严峻。所以，加强国防高科技研制开发，全面提高解放军现代作战能力，做好军事斗争准备，不怕与台湾进行军备竞赛，并且以军备为手段摧垮“台独”势力的经济基础。

总之，敌对破坏势力对中国的战略围剿气势逼人，已经构成了严重的威胁态势，对此不能为了避嫌所谓的“中国威胁论”，而采取什么绥靖主义路线，那无疑是卖国主义的路线。相反，中国要从速加强自己的国防建设，让若明若暗的威胁中国的密谋破产。当然具体做法应当更隐蔽，内紧外松，在可预计的前提下，减少或避免与霸权主义正面冲突，以确保自己国防加速战略。中国全球战略的目标指向是，保卫自己的国家安全和国家利益不遭受损害。可是目前能对中国的国家安全和国家利益造成最终伤害的敌对势力不仅远远没有消失，而且还在明目张胆地集结。中国自我壮大的步伐迈得越大，也就只能越来越多地引起国际敌对势力的不安，受民族国家利益的驱动，单边主义和霸权主义绝不会自动退出历史舞台。所以说，中国必须居安思危，立足于忧患，方能自强于世。

中国全球战略不仅要斗勇，更要斗智，是两者的巧妙结合。也就是说，在全球战略的布局上能够牵制住敌对势力，就能大获全胜。届时，不仅中国会民富国强，人民安居乐业，而且全世界人民也将享受到我们战略的胜利果实。虽然当今世界单边主义横行，但那只是一相情愿的想法和短期现象，历史车轮的前进方向从来没有因为强权而扭转，和平与发展是当今时代的主题。尽管上述的新式民族国家利益冲突涵盖的范围广泛，不宜掌控，但是也有很多力量可以用来制衡其中的霸权主义。在稳定世界和平方面，中国是支不可忽视的力量。因为通过 30 多年的改革开放，中国已经成为世界第二大经济体和贸易国、第一大外汇储备国，是世界唯一的超级大国美国的国债最主要的买家。中国的和平崛起是以符合现代文明的方式进行的，是在创新中加速实

现中华文明的复兴，是以文明大国的形象屹立于世界民族之林的。

2011 年 1 月 18 日，中国国家主席胡锦涛再度对美国进行军事访问，这是中国外交在 2011 年的开篇之作，也是自 2006 年 4 月后，时隔近五年第二次访美。胡锦涛主席于 18 日当晚出席了美国总统奥巴马在白宫为欢迎他到访专门举行的私人晚宴，并明确表示此行的目的是为增进两国人民相互了解和信任而来，为扩大两国交流合作而来，为加强双方在重大国际和地区问题上的有效协调而来，更为开创中美关系发展新局面而来。两天后，胡锦涛主席在华盛顿出席美国友好团体举行的欢迎宴会，发表了题为《建设相互尊重、互利共赢的中美合作伙伴关系》的重要讲话，强调我们将始至不渝走和平发展道路，继续通过争取和平国际环境来发展自己，又以自身发展维护和促进世界和平。

但是，我们要长久保持的一个清醒思维是，在当前世界各种经济政治力量急速变化和重组的多事时期，在人类生存环境持续恶化的历史性转折时期，在民族国家利益主体的前提下，在世界经济的艰难复苏进程中，国外敌对势力总是要竭力围堵中国。不仅在 2006 年美国朝野所谓的“新华盛顿共识”中，表现出继续遏制中国的意图，而且在 2009 年奥巴马访华中，仍然不忘《对台关系法》，不忘提起与美国利益无关的达赖，是否又暗含遏制之意呢？因此，中国绝不能高枕无忧，那同样是自我灭亡的幼稚思想；中国也绝不能四面出击，那是自我毁灭的愚蠢做法。认清这两点是十分重要的，这样中国就不会让其他国家牵着鼻子走，而是你围你的，我走我的，中国集中精力搞好国内的经济建设和经济发展，同时采用一切手段，坚定不移地保护民族利益、国土安全。

第四章　一超多强与群雄并起

中国能否成老大，成了老大之后又能否当好老大，仅仅由中国自己的国力是无法完全决定的，还必须认真考虑我们所面临的国际局势。那么当前国际局势究竟是怎样的呢？对此，我们要从多个角度来考察。随着中国的逐步发展壮大，各国开始纷纷讨论世界格局的最新演变问题。到底是一超多强还是群雄并起？抑或是重回到两极格局时代？这些都成为专家学者们各抒己见的又一“战场”。中国在世界格局的发展变化中又将起到怎样的作用呢？是否真如外界所说，将和美国共同承担起世界警察的角色，两分天下呢？也许历史可以给我们答案。

自第二次世界大战结束以后，以美苏为首所建立的社会主义和资本主义两大阵营，在历经冷战、东欧剧变、苏联解体等一系列国际大事变之后，已经不复存在，并使得世界进入了以美国为首的所谓一超多强的时代。而两极格局的结束还要以 1991 年的标志性事件说起。1991 年 12 月 25 日晚，在全世界的注视下，莫斯科红场上发生了最让苏联曾经的国家领导人，同时也是最让社会主义国家痛心的一幕：从克里姆林宫的旗杆上，饰有镰刀斧头和红色五角星的苏联国旗徐徐降下——它宣布着苏联作为社会主义老大哥身份的消失，作为马列主义代言人历史的结束。至此存在了整整 69 年的苏维埃社会主义联盟，走到了自己的历史尽头，从法律上，苏联作为一个国家已经不复存在了。

自此，世界形势开始由美苏争霸进入到后冷战时期一超多强的世界格局。中国国家领导人胡锦涛主席曾对此进行过这样的表述：当今世界正处于大变革大调整之中。和平与发展仍然是时代的主题，求和

平、谋发展、促合作已经成为不可阻挡的时代潮流，国际形势总体稳定但不安定因素也一直都存在，霸权主义和强权政治依然存在，局部冲突和热点问题此起彼伏，世界和平与发展面临诸多难题和挑战[①]。胡锦涛的这段表述，比较高度完整地体现了中国领导人对当前国际局势的基本判断。

马克思主义哲学原理强调，对于任何事物而言，其发展和运动都是绝对的，而静止则是相对的。同理，国际形势的运动发展也是绝对的，是处于不断的变动之中的。冷战结束，两极格局解体以来，国际形势仍然是以美国为首的西方占据全面优势，特别是美国一家独大，同时多强并列，美国作为唯一的超级大国处于全球权力的中心，欧、日、中、俄则退居其后。如此一来，新的国际关系格局就成为单极美国与多强欧、日、中、俄权力对比关系，这就是我们所说的当代国际政治一超多强的世界格局。

时隔多年，美国作为世界霸主的地位随着经济全球化的加深，以及世界其他各国的纷纷崛起而受到了严重的威胁。在一次次经济危机和一个个大国崛起的重重打击和压力之下，美国能否维持其一超的单极霸主地位，稳定一超多强的世界格局，已经成为当今人们激烈讨论的话题。有人认为当今世界仍然是美国称霸的单极时代，承认一超多强的同时否认美国地位的衰落，认为一超多强的时代并未走向终结。还有一种声音认为一超多强的时代已经接近尾声，当今世界已经开始迈入群雄并起的时代，特别是随着中国经济实力的增强，国家综合国力的不断提升，俄罗斯、印度等金砖国家的团结，以及欧盟一体化的逐步加深，美国作为世界老大的日子已经走到了尽头，将来的世界必定是群雄并起的时代，是多极而非单极，世界霸主是每一个实力相当的国家，而非其中之一。就我们自己的立场和认识来看，我们是比较

① 胡锦涛．高举中国特色社会主义伟大旗帜—为夺取全面建设小康社会新胜利而奋斗［M］．北京：人民出版社，2007.

赞成和支持后一种观点的，那么为什么会有一超多强的观点呢？为什么还会存在这种一超多强还是群雄并起的争论呢？

一超多强与群雄并起的时代背景

苏联解体，冷战结束，两极格局解体，美国成为唯一超级大国，由此带来的变化也是多方面的。一方面，使得美国政府主宰世界的欲望更加膨胀，于是加紧推行霸权主义和单边主义的对外政策；另一方面，旧的平衡被打破，新的平衡一时难以建立起来，两极格局解体留下的空间，客观上有利于多极化趋势的发展。大国之间，包括冷战期间敌对国之间的相互关系，发生了重大的变化，众多国家，包括美国的盟国，都要求美国与其相互尊重、平等互利，通过对话和合作，促进共同的发展和繁荣，从而令美国推行单边扩张政策越来越困难。

冷战结束以来，欧洲统一和自主、自强的速度及其规模，令世人关注。欧盟实施马斯特里赫特条约，扩充和完善共同市场，发行欧元，建立货币联盟，进而推行共同外交政策和防御计划，推行统一的宪制改革，以及欧盟和北约的扩大，使欧洲不事声张切实地成为多元世界里的重要成员。他们发出自己的声音，提出自己的主张，树立起了一个整体力量的形象。

再来看看中国的动作。中国自实行改革开放政策以来，按着中国特色社会主义的道路稳步前进，经济增长迅速，建设成就举世瞩目，综合国力显著增强，政治和社会保持长期稳定，从而使中国的国际地位有了很大的提高。尽管中国的国力比起西方发达国家仍有相当大的差距，但作为世界上最大的发展中国家，中国的和平崛起，以及在国际社会中表现出来的坚守原则、不结盟、不当头的严正态度，已经对世界格局产生了重大影响。

种种事实都表明，世界多极化已成为不可阻挡的历史潮流。就世界范围而言，多极化意味着存在多个“力量中心”，它们之间相互依存、相互合作、相互竞争、相互影响、相互制约。对这种趋势及其所形成的格局，我们不妨高度概括为“一超多强”。必须看到，当今承认多极化并主张建立多极世界的国家，正在日渐增多，这种现象无疑是这个群雄并起的时代写照，是由一极逐渐转向多极化时代的必然现象。在这样的一种世界格局下，人们的基本共识是：国际关系的这种具有建设性的多极化进程，有助于建立一个平衡、稳定、民主、不对抗的新秩序，这一趋势客观上符合所有国家的根本利益[①]。

表面上的发展进步并不能表明事事皆遂人愿，客观上符合大部分国家根本利益的共识并不属于世界霸主美国的共识。世界格局进入一超多强的时代之后，“一超”美国竭力宣扬由它领导的“单极世界”，千方百计阻挠多极化的进程，尽管美国为此不断做出各种努力，时时刻刻以世界老大自居，以世界警察自恃清高，但政治经济多极化的世界格局已成为大势所趋，并非美国一国之力所能阻挡的。当然现在仍不时会有否定世界多极化的论调，仍有人认为世界格局依然是以美国为首的单极格局，美国作为世界霸主的世界大国地位仍不容动摇。这一论调存在的主要原因可能是出于以下两点的考虑：一是将美国作为当今世界唯一超级大国这个事实与单极世界混为一谈；二是将世界多极化与多极世界相提并论，从而用事实上尚未形成的多极世界来否认无疑已然存在的世界多极化。究竟是一超多强还是群雄并起？究竟是美国说了算的单极还是世界大国博弈平衡的多极？想要认清当今世界格局的形势，就必须理顺当今世界大国之间的关系。

① 俞邃．当今世界局势的新趋向［J］．瞭望新闻周刊，2005-05-08.

世界格局向“群雄并起”演变

“一超多强”的国际关系自20世纪90年代初开始形成，经历了十几年的发展和演变，形成了今天的明显的多极化格局，在这一期间表现出以下两个鲜明特点：

第一，单极化与多极化并存，并将持续对抗。“一超多强”格局作为一种复合型国际关系格局，其内部同时存在着单极化和多极化两个方向相反的演变趋势。一方面，美国作为唯一超级大国，极力推动单极化，企图建立美国的单极世界；另一方面，在经济全球化的推动下，中国的崛起、欧洲一体化进程、日本谋求政治和军事大国战略、俄罗斯经济的缓慢恢复等多极化趋势对美国推行的单极化带来巨大挑战。所以，最终导致的局面是：美国不可能一国独霸天下，世界多极化趋势也在继续，而单极化与多极化的并存，在以后的很长一段时间，还将维持不变。

第二，单极多元格局的形成。当今多极化的世界格局继承了旧的两极格局中国际战略力量对抗的两元性。两极格局中，国际战略力量对抗的双方是美、苏，而在当今多级化世界格局中的二元对抗的双方变成了“一超”美国和“多强”——欧盟、中国、俄国、印度等多个世界强国，因此成为多元化的世界格局。虽然在经济全球化条件下，“一超”与“多强”的对抗并没有美苏之间的冷战那样激烈。但多强之间，多强与一超之间这种群雄并起的世界大国关系越趋复杂化，竞争对方的范围和形势也更趋广泛和复杂。

进入21世纪之后，冷战后的一超多强的世界格局逐渐出现转变，具体表现在这样三个方面：

第一，新兴市场经济国家正在兴起。借助全球化的历史机遇，一

些新兴市场经济国家，比如中国、印度、俄罗斯、巴西等，积极推进内部改革，取得了巨大的成就，国际地位和影响力也在不断加深，这些成就无一不在冲击着美国的世界霸主地位，这一系列除美国以外的其他世界大国取得的成就直接导致了美国领导下的西方世界主导地位的下降。其中最明显的表现就是G8会议向“G20”会议的演变。由此可以说明，很多全球政治、经贸和环境问题已经不能在G8体制中得到解决，所以必须邀请这些新兴经济体参与决策，这一现象标志着发达国家主导国际体系和国际议题、发号施令的时代已经一去不复返了。

第二，以美国为首的西方与俄罗斯、伊斯兰世界的矛盾出现尖锐化和长期化的趋势。美国与俄罗斯的地缘政治对立以及在安全上的矛盾由来已久，其中很大一部分是冷战时期美苏矛盾的延续。美国与伊斯兰世界的矛盾更是根深蒂固，是植根于文化、信仰和价值观的冲突。现在出现的新趋势就是：俄罗斯与伊斯兰极端势力有可能结合，某种程度上形成对抗美国的合力。如果这一结合出现，必然导致美国与外部世界的矛盾进一步扩大，美国的国际环境将更加恶劣。

第三，以美国为首的西方同盟内部关系发生微妙变化，表现出逆向演变的趋势。美国的全球霸主地位有两大支柱，即强大国力和联盟体系。美国联盟体系中欧洲是最重要的部分，北约一体化组织是最主要的机制。冷战结束后，由于外部共同对手苏联的解体，欧洲对美安全合作的愿望下降，在主要的威胁认知上与美国的差异越来越大。特别是伊拉克战争后，美国与被布什称为“老欧洲”的矛盾更加尖锐。另外，随着欧洲一体化的进展，欧盟成为欧洲政治、经济、外交和安全的主导力量，对美独立性增强。欧盟正面临着债务危机导致的严重危机，因此欧洲国家将主要精力放在自身事务解决和加强欧盟内部团结上，而无力过多地承担北约责任，这有违美国意愿。另外，美欧经贸矛盾有激化的趋势，欧元的崛起冲击了美国霸权的基石——美元霸权，影响美国利益。虽然欧元区面临着严重的债务危机，但欧元作为世界货币仍对美元的霸权地位有较大的威慑、抗衡作用。

当今时代的世界格局

由上可知，大国关系是世界格局如何形成变化的重要反映，大国关系的变化发展决定着世界政治经济关系格局的形成。当今大国关系的变化存在的特点反映着世界政治经济格局形成过程。世界大国关系的特点如下：

第一，和平与发展仍为当今时代的主题。世界各国，无论大小，几乎无一例外地以经济发展为首要目标，通过各种方式增强自身在国际上的综合竞争力。发展才是硬道理，因此各国基本上都本着和平共处、互利共赢的原则，在竞争中求发展。

第二，大国关系因其长远性、全面性和复杂性，具有非常重要的战略意义。“战略关系”、“伙伴关系”而不具结盟性质，是冷战后多极化进程中的新鲜事物，成为重建国际经济政治新秩序的一种独特的过渡现象。

第三，经济因素是大国关系中首要的、具有决定意义的因素，大国关系调整的前提是谋求、协调和平衡彼此的经济利益。在经济一体化和经济互补基础上形成的外交，也就必然带有全方位性。

第四，国际政治民主化将成为大国关系调整中的一个重要目标；反对冷战思维、霸权主义和强权政治，将是大国关系调整中不可避免的一项长期任务①。

那么，群雄并起的世界多极化趋势形成的原因是什么呢？我们认为“一超多强”的国际关系格局，不是一个静态的结构，而是一个存在着单极化和多极化矛盾的动态过程，多极化是主流趋向。综观当今

① 俞邃．当今世界局势的新趋向［N］．瞭望新闻周刊，2005－05－08.

世界政治经济形势，维护和平、促进发展已经成为不可逆转的潮流，大国之间关系逐渐朝多元化发展，自从美国史上首位非洲裔总统奥巴马从小布什手中接手美国之后，美国为世界带来了一场影响“深远”的全球性经济危机，给伊拉克和阿富汗人民带去了水深火热的战争生活，还为本国带来了巨大的财政赤字等。加上欧洲债务危机的发生使欧洲的经济和政治也受到了不同程度的影响，这种大背景中，世界大国的关系发生着微妙的变化，世界政治经济格局也在逐渐向更明显的多极化转变，群雄并起的多极化时代已经缓缓地拉开了帷幕。

世界的永恒定律：物极必反，于美国而言则是盛极必衰。新现实主义认为，推行单极霸权，控制国际体系，支配国可以获得经济收益，但它也要付出相应的成本。“在霸权体系中，占支配地位的国家一直扩张到在进一步的变革和扩张的成本与收益之间达到平衡为止。一旦达到这一平衡状态后，其维持国际现状的成本的增长就会比其经济能力的增长更快[①]。”当经济能力难以支撑扩张成本的时候，支配国被迫停止扩张。“单极结构就是霸权国家实力扩张的顶点，达到这一点后，美国的资源不可能再大幅度增长，它只能减少维持扩张的成本，也就削弱了自己的霸权地位。”冷战结束后，美国的霸权达到顶峰。先后发动了科索沃战争、阿富汗战争、伊拉克战争。特别是小布什执政时期，其单边主义气焰嚣张，霸权政策在全球发展到极致。但这些霸权活动也消耗了美国的实力。单边主义的不利因素将导致美国走向衰落。战争只会加速这一进程而不会挽救美国霸权。问题的关键不是美国是否在走下坡路，而是美国能否找出一条下坡路体面地衰落下去。

在经济全球化如火如荼蓬勃发展的条件下，美国在经济领域的相对优势则在不断缩小，经济力量开始向全球扩散。从 20 世纪 70 年代开始，世界经济力量就开始发生了三个转移：即经济力量优势从美国

① 罗伯特·吉尔平．宋新宁，杜建平，译．世界政治中的战争与变革［M］．上海：上海人民出版社，2007.

向其他大国转移、从经济发达国家向发展中国家转移、从西方国家向非西方国家转移。第一个转移造就了资本主义世界美、日、欧经济三足鼎立的局面，世界经济格局不再是“美国一家独大”。第二个转移使得广大发展中国家的经济在世界上的地位进一步提高，这也是美国经济优势所面临的挑战。同时，不结盟运动、石油输出国组织、东盟等由发展中国家结成的国际组织，正在整合广大发展中国家的力量，促进自身发展的同时，推动着国际关系经济格局多极化的趋势。第三个转移让诸多非西方国家的经济获得迅速增长，进一步挤占了美国经济在世界经济中的分量。

进入 21 世纪后，以“金砖四国”、“展望五国”（越南、印尼、南非、土耳其、阿根廷）、“钻石 11 国”（韩国、伊朗、孟加拉国、埃及、印尼、墨西哥、尼日利亚、巴基斯坦、菲律宾、土耳其、越南）等代表的新兴国家经济力量的崛起，使得国际经济格局的多极化趋势更为明朗。新兴的各个国家所形成的符合自己国情的经济发展模式，也打破了“华盛顿共识”所推广的单一的美国发展模式。发展模式的多样化也成为多极化的一个重要内容[①]。

在国际政治领域，大多数国家都是反对单极世界的。中国在解决国际事务中主张多边主义；法国声称其关于多极世界的看法正在加强；俄罗斯认为，多极世界才是“最明智、最民主的一种国际社会制度”。此外，世界发展过程中出现的环境问题、非传统安全、全球金融危机等诸多全球性问题，不是靠几个大国甚至是一两个超级大国凭借自身的能力就能摆平的，而需要各国在国际关系领域中发扬多边主义才能解决。例如，为应对当前由美国引发的全球金融危机，国际对话机制由 G8 发展到 G20，是多边主义发展的一个中要表现。而“多极化与多边主义是相辅相成、相互促进的：多极化的前提是多个力量中心平等

---

① 王新波，魏涛．“一超多强”国际关系格局与中国和平崛起［J］．学理论，2009（27）：55－56.

相处，这与多边主义的基本精神是相吻合的；就当前应对金融危机东风而勃起的多边主义来说，它为多极化发展带来了机遇[①]。”

此外，美国军事实力在维持单极世界方面似乎也显得力不从心。美国拥有世界上最为强大的军事力量。但是，仅靠军事实力的强大优势，并不能让世界主要大国就范，也不能够弥补其他领域的相对衰落。作为美国推行单极化的“王牌”——强大军事实力影响国际关系的作用已经大打折扣，伊拉克战争和阿富汗战争已经凸现美国军力的不足。同样，美国的科技优势也受到了挑战。西方著名的国际关系和国际政治学学者罗伯特·吉尔平认为，先进技术从先进社会向后进社会的转移，毫无疑问是国际体系中权力再分配的重要原因之一。美国拥有世界一流的科学技术，让具有了经济发展的强劲动力。为保持技术优势，美国采取出口管制政策，限制技术密集型产业的扩散。但是，经济全球化的条件下，以国际合作和国际分工为载体的技术扩散，只能使美国的努力变的徒劳无功。其他国家在先进技术的获取，科技创新等方面会形成“后发优势”，挑战美国的技术优势。正所谓“屋漏偏逢连夜雨”，非西方文明的复兴，也进一步动摇了以美国为首的西方文明的霸权地位。20世纪六七十年代后，儒家文明、日本文明、印度文明、东正教文明、印第安文明、伊斯兰文明等非西方文明的复兴，显示出世界软实力的多元化趋势，并将最终打破西方文明独霸天下的局面，实现世界诸多文明的百家争鸣。正如亨廷顿所说：“权力正从长期以来占支配地位的西方文明向非西方文明转移。全球政治已经变成了多极的和多文明的[②]。”

由以上原因可以看出，世界经济格局向多极化演变，是时代进步的要求，符合各国人民的利益，是在经济全球化的大背景下的必然产物。经济全球化使各种生产要素在全球范围内优化组合和资源优化配

① 刘建飞．全球金融危机背景下的世界格局［J］．当代世界，2009（8）：4－8.
② 刘建飞．全球金融危机背景下的世界格局［J］．当代世界，2009（8）：4－8.

置，促进全球经济的迅速发展，进而促进了世界多极化的进一步形成。多极化格局使世界各种力量逐渐形成既相互借重又相互制约与制衡的关系，有利于避免新的世界大战的爆发，一定程度上遏制着霸权主义和强权政治的进一步发展，推动建立公正合理的国际政治经济新秩序，最终实现各国人民对和平、稳定、繁荣的新世界的美好追求。此外，也有利于广大发展中国家抓住机遇、发展自己，对于希望在复杂的国际关系中寻求进一步发展的中国而言更是如此。

与此同时，我们也应该清楚地看到，世界多极化的最终形成将经历一个漫长、曲折、复杂的演进过程。在这个过程中，单极与多极的矛盾，称霸与反霸的斗争，将成为相当长一个时期内国际斗争的焦点。合作中的竞争和竞争中的合作也成为世界格局多极化趋势发展过程中的重要特征。在世界格局多极化与单边主义的斗争中，军事力量仍然是关键因素。世界上的大国强国，都把建立强大的国防力量作为抢占新的国际格局制高点的突破口，强化军事力量在维护和扩展国家利益中的职能和作用，谋求在世界格局多极化进程中占据优势地位，争夺21世纪国际社会中的战略主动权。在日趋激烈的综合国力竞争中，经济技术的地位越来越重要，强大的经济技术力量是能否成为世界一极的根本条件。因此，各国都把发展经济摆在优先地位。世界格局多极化能否成为现实，归根结底，取决于世界各大力量中心的经济能否迅速发展，取决于发展中国家的经济能否实现腾飞。

和平与发展依然是主题

过去和现在，世界格局是“一超多强”还是“群雄并起”？这一格局的具体状态又是怎样的？对于前者，答案可以是清晰明了的，而对于后者，学者们似乎都没有给出过于明确清晰的答案。同样，对于冷战后的国际格局的基本性质和特点，大多数学者都比较同意“两极格局已经解体，各种力量重新分配，世界已经朝多极化方向发展，新的格局的形成将是长期、复杂的过程”这一观点。学者纷纷从历史经验的角度来说明单极格局是极其不稳定的；从国际政治的现实出发点强调了目前国际格局的过渡性和复杂性，以及当前国际力量调整的不确定性；同时也认为美国单极统治世界战略的思想依然根深蒂固。但这种表述也并不是不存在问题的，因为这一观点仅仅强调了世界格局目前处于新旧格局的过渡期，而对于过渡时期的格局状态并未进行更多的分析。所以，剩下的问题就是，我们应该如何准确地定位当前的世界格局呢？科索沃战争后，学术界也出现了一些不同的声音，部分学者认为当今世界就是美国单极力量在统治着世界，而多极化只是我们的主观愿望罢了。这些不同的认识恰恰是由于对国际格局定性模糊造成的，这些方面的改进需要我们相关学者的后续努力。

我们所共知的是，世界格局必然是在各种力量对比之下才形成的，不可能出现所谓的力量对比“真空”了或者说国际格局是“空白”的这样一种模糊带过的情况。历史或现实的任何一个时期，这个世界总是有着一定的力量对比关系结构的，不可能没有定位，没有格局。换句行外话说，要说什么都没有，“蒙谁呢”？尽管从全局上来把握国际格局，我们可以说其主导形态应该是单极、两极或者多极，如果把这三种典型格局称作“红花”，我们必然就要追问那些“绿叶”是什么呢？在这之间肯定还是有很多过渡形态的格局的，而“过渡”性质的格局下的国家，就是我们所说的“绿叶”了。据此分析，我们有理由认为：冷战后国际力量对比结构就是美国作为唯一的超级大国和“其他几个强国”之间形成的“一超多强”的世界格局，即单极多元的世界格局。单极就是唯一的世界性大国，在此特指“美国”，而多元则是指若干地区性的大国或地区性的集体，如欧盟、俄罗斯、日本、中国等。这种单极多元格局既带有单极化的倾向，又具有多极化的趋势，具有明显的两重性。

无疑，在冷战后的国际格局中美国是占据着优势地位的，所以才能成为“一超”。而与此同时，冷战后国际格局的多极化也是一种强大的发展趋势。以多极世界中非常重要的一极——对欧盟来说，其战略目标是恢复和确立昔日欧洲“世界中心”的地位，注意力主要集中放在欧洲内部，继续推进欧洲一体化的进程；俄罗斯为了恢复昔日超级大国的地位也在不断调整外交政策，想当年“美苏”可是平分秋色的；日本尽管总是“躲”在美国的“遮阳伞”下，但也不忘自身的使命，其走向政治大国的目标也保持不变并越来越明确，在国际事务中逐步增加所承担的国际义务和责任，广泛地参与各类国际维和行动，争取成为联合国安全理事会的常任理事国，某种程度上也正面承认并切实实践和平发展这一重要主题；中国在国际舞台上日趋活跃，也保持着稳步发展，成为大国调整中的重要积极力量，有力地推动了世界的多极化发展趋势，而且中国是向来主张和平与发展的，这与当今时代的重要主题不谋而合。

为什么说和平与发展依然是当今时代的主题呢？除了在政治课本上我们所学的那些条条框框的一点又一点以外，我们也可以以一个置身事外的学者或者旁观者的身份看看。大局是，世界需要和平，人们呼唤和平。那些霸权主义，强权政治所做的破坏和平的事情，无一不受到世界各国人们的强烈抗议。不要说那些抗议是没用的，也不要说那些反对只是虚张声势，要知道，人民如水，水能载舟，亦能覆舟。一旦民意被激怒了，那些执政者在大众的眼里又算什么呢？各国政府也不得不考虑这个问题，就连美国也是如此，所以他们不断地给本国人们灌输“美国梦”的设想，为的是什么？就是平民愤，安民心，告诉人们，现在的不如意都是暂时的，未来是光明的。

世界和平发展是各国人们的共同愿望，也是不可阻挡的历史潮流。“顺流者昌，逆流者亡”，此乃不变之真理。局部的动荡，小范围的小打小闹，只能看做是这一“主流”中的“沉渣”，而和平发展需要的正是惊涛拍岸的雄伟气魄。

对未来世界格局的展望

当前的多极化世界格局仍在不断变化之中，多极化格局的最终形成需要一个相当漫长的过程，在这一过程当中存在着许多不利因素阻挡多级化格局的形成于发展，未来的世界格局究竟怎样，何时最终形成取决于当前世界主要大国之间的博弈较量，其中当前国际形势中存在的不安全、不稳定因素也是扰乱世界格局的主要方面，这些不安全、不稳定因素主要表现在以下几个方面：

第一，大国之间的矛盾依然存在。2011 年，国际形势发生了深刻而复杂的变化，金融危机深化蔓延，局部地区动荡加剧，亚太地区战略重要性上升。近些年大国关系虽明显改善，但利益摩擦和冲突也在发展，突出表现在单边主义上升与国际社会多边合作加强之间存在着尖锐矛盾。大国关系的发展在新的一年将进一步经受中东问题、朝鲜核问题等诸多考验，中美关系也将继续经受台湾问题、钓鱼岛问题、南海等领土问题的考验。

第二，世界经济发展前景不容乐观。目前，世界经济尚未完全走出低迷状态，仍面临着严重的不确定性。走出衰退的世界经济在 2011 年仍处于复苏阶段。早先给出较为乐观预测的机构，近期纷纷下调世界经济增长的预期。2011 年 9 月，国际货币基金组织（IMF）预计 2011 年全球产出按购买力平价（PPP）计算将达到 78.85 万亿国际美元，比上年增加 4.47 万亿国际美元，实际增长率为 4.0%，比该组织 2011 年 4 月的预测结果下调 0.4 个百分点；按市场汇率计算的 GDP 将突破 70.01 万亿美元，比上一年增加 7.10 万亿美元，但实际增长率也相应地从 3.5%下调至 3.0%，下调 0.5 个百分点。2010 年 12 月高盛集团预测，2011 年世界经济增长率将达到 4.6%，而在 2011 年 8 月的

报告中，高盛将这一数据下调 0.6 个百分点至 4.0%。

第三，一些地区热点问题局势严峻。伊朗核问题、朝鲜核问题、朝韩危机、东欧和近东前社会主义国家的国内政治矛盾、台湾问题、钓鱼岛问题、南海问题、美军在阿富汗的反恐战争等。

那么，未来的世界格局究竟是治还是乱，需要我们实事求是，根据当前的多极化趋势，世界大国之间的力量权衡对比，合理推测未来的世界格局形式。针对未来世界格局形式，各国均各执一词，以中美两国为例，2012 年 3 月份美国《时代》发表封面文章，对未来 10 年影响世界的 10 大趋势预测，其中强调 21 世纪仍是一个美国世纪，还首次将 G2 概念延伸到“轴心说”。而中国则不愿意接受美国这一说法，尤其是美国将中国拉入轴心的行列，当然中国也不会承认美国这一以自我为中心的自高自大的说辞。还有个别人士认为中国会慢慢崛起，欧洲会更加统一，战争还会继续，世界会出现美俄中欧四国鼎立的局面。

世界政治经济格局的何去何从，终究是要根据各国的政治经济实力说话的，所以未来的世界格局如何发展，取决于当今世界各国政治经济力量的对比。根据当前的各大国的经济实力对比，大国之间实力均衡，政治军事制衡最终会出现一种相对稳定的多极化世界格局。多极化世界格局能否最终形成，多久才能形成，取决于世界各国当前的政治、经济、军事等方面的实力对比，因此各国应注重发展自身的经济实力，运用马克思主义原理，经济基础决定上层建筑，无论世界经济格局如何变化，都应以不变的发展理念应对万变的世界格局变化形式。

无论是过去的一超多强，还是当今的群雄并起，最终都会形成一个趋于稳定的世界多极化格局，和平与发展仍是当今时代的主题，但这两个主题却面临着不容忽视的挑战。不公正、不合理的国际政治、经济旧秩序尚未根本改变，局部的战乱、紧张、动荡此起彼伏，南北差距进一步拉大，恐怖主义等非传统安全问题更加突出，全球安全面临的不确定因素增多，中国作为一个正在崛起中的大国，自然会面临着更多的来自世界不同方向的挑战。

事实上，当前中国正在或者已经进入到一个国际摩擦期，据有关学者估计这个摩擦期至少将长达 20 年，且这种摩擦不是偶然的，而是必然的，不是战术性的，而是战略性的[①]。有鉴于此，中国一方面需要通过对话交流来化解国际上的敌意，但同时也必须注意在国家核心利益问题上坚持针锋相对，寸步不让，敢于斗争的原则。在这方面中国第二代领导核心邓小平就做得非常好，他“该出手时就出手”，十分重视斗争策略的运用。1984 年 10 月，邓小平在谈论一国两制、和平统一台湾问题时就旗帜鲜明地指出：“绝不能轻易使用武力，因为我们的精力要花在经济建设上，统一问题晚一些解决无伤大局。但是，不能排除使用武力，我们要记住这一点，我们的下一代要记住这一点。这是一种战略考虑[②]。”邓小平的这种高超的战略理念，至今对于指导我们整体外交上也有很强的现实意义。这就是说面对国际复杂多变的局势，我们强调以两手对两手，反对一味地、片面地强调以对话、协商和合作来实现国家和平崛起的理想观念与简单做法，因为那样不仅会束缚住我们的思想和手脚，使我们丧失斗争的意志和方略，而且也将使中国和平崛起的道路越走越窄[③]。

面对新的挑战，世界各国应超越传统观念，顺应时代潮流，加强国际间的交流合作，求同存异，密切相互协调合作。应当积极推动世界多极化和国际关系民主化，努力建立适应各国经济发展水平和要求的国际经济新秩序，改革不合理的国际金融和贸易体制，保障所有国家特别是发展中国家平等发展的权利。应当充分尊重各国文明发展的多样性，各种文明和各种发展道路应和谐共存，在竞争比较中取长补短，在求同存异中共同进步。为建立公正、合理的国际政治、经济新秩序，为实现一个持久和平与普遍繁荣的世界做出积极的努力。

---

① 赵景芳．中国和平崛起语境下的四大战略误区［J］．中国评论，2012.

② 邓小平．在中央顾问委员会第三次全体会议上的讲话［M］．邓小平文选第 3 卷，北京：人民出版社，1993：87.

③ 赵景芳．中国和平崛起语境下的四大战略误区［J］．中国评论，2012.

第五章　中国成老大，世界会怎样

中国经济总量超越日本跃升为世界第二大经济体之后，在这样一个国际社会普遍对中国经济发展看好的前提下，中国能否一路高歌猛进，有朝一日超过美国，成为世界老大，成为海内外被广泛热议的话题，而且各界的回答也并不十分一致。有乐观一点的说法，预测中国会在十几年或者几十年后超越经济发展尚不景气的美国；也有悲观一点的说法，认为中国经济潜伏着巨大的问题，并将在以后的发展中逐步显露，最终可能导致类似美国、日本等国的经济危机。总之，有关中国未来的走向问题，有被日益两极分化的危险。在这种两极分化的争论下，最终的结果自然是成者为王败者为寇。

在中国，持乐观态度的主要有官方经济学界。权威的中科院国情分析研究小组预测，2020—2030 年，中国的经济总量将达到世界第一；2040—2050 年，人均 GDP 将达到目前发达国家的水平；21 世纪末，人均 GDP 和人均社会发展水平将达到发达国家的水平。报告作者以坚定而豪迈的口吻宣告，21 世纪将是中国兴起和腾飞的世纪。当然，国内外还有许多媒体也认为中国终将超越美国成为世界老大，只是预计的时间有长有短罢了。在世界上大多数人的眼中，中国是坚不可摧的。在其他国家都深陷危机之时，中国似乎丝毫不受干扰，甚至有愈战愈勇之势。看来是任何事物也无法阻挡其迅猛前进的脚步了。中国无疑会取代深陷债务和分裂泥潭的美国，成为世界上不可或缺的经济体。一些红顶商人和权贵决策者深信，中国的“国家资本主义”模式将是未来应对现代全球经济的一大法宝。对此，美国《时代》周

刊资深记者迈克尔·舒曼的回答是：请君三思[①]。在他看来，中国如果不转变其经济发展模式，不久的将来，发生经济危机势在必行。那么，我们就反其道而行之，对这样的说法进行这样的设问：如果中国转变了自己的经济发展模式，或者说如果中国认真且有效地解决了会威胁到其成为世界老大的诸多问题之后，那么是否中国就可以顺理成章地成为世界老大了呢?

若真如此，那么我们不妨暂且就按着这个思路走下去，窥一窥这一世界老大的未来，即便这个世界老大是被暂时假想的。回到现实问题上，尽管中国在发展过程中问题不少，但好在我们已经意识到问题的存在了，而且也一直都在摸索中前进，毕竟中国的发展无前例可循，遇到的问题也是非常棘手、非常具体且非常具有中国特色的。全世界公认，中国现在还没有资格当世界老大，那么未来呢？是谁把中国想象成世界老大的？谁又在妄图遏制中国的进一步发展？若真是像诸多“预言家”所说的那样，中国成为世界老大了，世界又会怎样呢？世界格局是否会得以重新调整？新的国际经济新秩序会按照新老大的意愿建立起来吗？中国怎么来当好这个世界老大？能否以实力服众？这些都是在中国成为世界老大这个设想成立之后，便会相继产生的各种现实问题。

谁把中国想象成世界老大

不管是现在还是将来，对于中国是世界老大的看法都层出不穷。中国何时超过美国成为世界老大，各有各的猜测，各有各的逻辑，这

---

① 迈克尔·舒曼（Michael Schuman）. 为什么中国将发生经济危机［J］. 美国时代周刊，2012-03-02.

时才真的显示出了“八仙过海，各显神通”的本领。但请注意，大家讨论的都是中国何时超过美国成为世界老大，而不是讨论中国能否超过美国成为世界老大。这一差别很重要，因为前者讨论的是过程性问题，而后者讨论的是结果性问题，或者说能力问题。按照中国何时成为老大的思考路径，似乎就是说中国成为世界老大是必然的，因为时间的长短显示的仅仅是一个过程而已，但结果只有一个，这样就是中国成为了世界老大。我们想知道的是：到底是谁在把中国想象成世界老大？至少在目前看来，这种预测也仅仅是想象而已。

从国际的角度来看，国际货币基金组织（IMF）就曾在2011年发表报告称“中国将在今后5年内成为世界第一大经济体”。预测还具体到数字指标上，即“到2016年，美中两国在世界经济中所占份额也会发生变化。中国的比例会从现在的14%增加到18%，而美国的份额将会从现在的略低于20%下降到17.7%，稍低于中国，名列世界第二。”对于IMF的资料有人表示怀疑，认为中国的实际经济规模含有人为的“水分”，中国经济的规模被人为地放大了。可即便是按照国际货币的实际汇率推算，也不会将美国失去老大地位的日子推迟多久。

早在2010年圣诞节前夕，英国老牌杂志《经济学人》做出的一项预测就认为，中国将在2019年成为世界最大的经济体①。而与这个预测时间相差无几，诺贝尔奖得主福格尔就做出中国在2020年前成为世界经济总量第一的预测。再来看看其他金融机构的预测时间，也都只是略有差别，总体感觉都是围绕2020年这个轴心散开。据日本媒体报道，2007年日本学者对按各国货币计算的国内生产总值进行货币换算，最后得出的结论是：中国的国内生产总值在2020年前会超过美国，成为世界上最大的经济大国。同样是关于中国何时超过美国成为世界老大的预测问题，德意志银行预测是2020年，高盛预计是2027

① 吉迪恩·拉赫曼．何黎，译．当中国成为世界第一［N］．英国金融时报，2011-06-09.

年，摩根大通则认为是2020—2025年。

此外，世界银行的经济学家则预测称，中国经济规模在2030年将超过美国和欧盟，成为世界最大的经济市场，届时中国和美国、欧盟、印度、日本等将成为共同拉动世界经济增长的“5条龙”。世界银行首席经济学家林毅夫认为是2025年，我们比较认同林毅夫的判断，中国经济在未来的十年之内不会像某些唱衰中国的人所希望的那样放缓。北京大学光华学院教授张维迎将当前的中国同100年前的美国进行了比较，认为现在的中国和100年前的美国差不多，而且认为100年前的美国和英国的关系就像现在美国和中国的关系一样。当时美国是一个新兴的市场，英国是一个老的霸主，美国人借钱给英国花，但经过第一次世界大战、1929年大萧条和第二次世界大战后，共40年的时间，美国取代了英国成为世界经济强国。张维迎认为2007年爆发的美国次贷危机，对于中国来说是国家整体崛起的机会。因为在这次大危机之后，中国很可能将逐步取代美国，最大的可能是30年后，中国将成为世界最大的经济体。张维迎预计到2040年中国的GDP应该占到世界的23%，也就是相当于1700年前的水平，超过美国的18%。

在国内，除了相关学者做出了一些预测以外，部分学术组织团体也纷纷给出了自己的预测。例如2011年4月7日，社科文献出版社就在北京举办了“金砖国家崛起与全球发展及治理”研讨暨2011年《新兴经济体蓝皮书》发布会。会议探讨了新兴经济体的发展变化规律和全球发展与治理变革的新趋势，并正式发布了新兴经济体蓝皮书《金砖国家经济社会发展报告（2011）》。蓝皮书预测，到2020年，中国经济总量有可能超越美国居世界第一①。这一预测又回到了2020年这个轴心点上了，与国外的观点基本吻合。

不过，若是细致一点观察，我们不难发现中外预测还是存在着差

① 林跃勤，周文．新兴经济体蓝皮书——金砖国家经济社会发展报告（2011）[M]．北京：社会科学文献出版社，2012.

异的。一言以蔽之，对于中国何时成为世界老大的预测性问题，国外学术界相对比较激进，预测的时间也比较近；而国内学术界相对比较保守，预测的时间自然也比较远。这是一个情理之中的结果，好在我们自己还是保持着清醒的头脑的。不论外界如何把中国想象成世界老大，我们都应该始终保持清醒的头脑，铭记自己脚下的路，切不可迷了路，乱了方向。

世界格局将重新调整

所谓的世界格局，是一个比较宽泛的概念，指的是国际舞台的各种主要政治力量，从自身的利益出发，在一定历史时期内所形成的相互制约的一种力量对比态势。而如果要更细致点划分的话，世界格局主要包括世界政治格局、世界经济格局和世界军事格局等。

我们先且从整体的世界格局来看。因为构成世界总格局的经济、政治和军事等因素都是密切相关的，它们之间的相互影响也是巨大的。而从世界格局体系的形成过程来看，战争所起到的作用是巨大的，具有决定性甚至摧毁性的特征。第一次世界大战以后，通过巴黎和会和华盛顿会议，帝国主义列强建立了“凡尔赛—华盛顿体系”，确立了帝国主义在世界的统治秩序，主要表现为英法主宰世界，美日争夺亚太这么一种战略态势。而第二次世界大战以后，“凡尔赛—华盛顿体系”随着法西斯的侵略扩张而被逐步瓦解，取而代之的是以美苏为代表的“雅尔塔体系”，这也成为了当时的战后世界新格局，也被简称为“两极格局”。

到了 20 世纪 80 年代末至 90 年代初，东欧的剧变和苏联的解体，标志着雅尔塔体系的瓦解，从此世界由两极格局向多极化趋势演变。而这个趋势的最终形成，则是一个长期而复杂的过程。当前的世界，

实际上处于旧格局已经瓦解，新格局尚未形成的过渡时期，或者说，是世界多极化与美国的“单极世界”相斗争的时期，所以我们才将这个时期的世界格局形象地称作“一超多强”态势。不难看出，在这几次的世界格局演变中，美国都是重要的角色参与者。那么，如果中国取代美国成为世界老大了，是否意味着在以后的世界格局中，中国将会起到举足轻重的作用呢？随着中国综合国力的提高，中国在世界事务中所起的战略平衡作用将越来越大。而在解决一些国际事务时，没有中国的参与将很难实现协调和保持稳定，这已经是毋庸置疑的事实。

冷战结束以来，特别是近10年来，世界经济中的突出现象是中国、印度、巴西、俄罗斯等新兴大国在经济上的迅速崛起。在这些新兴大国取得本国经济高速增长的同时，对世界经济的影响和贡献也与日俱增。据首创“金砖四国”术语的美国高盛公司统计，2000—2008年间，由中国、印度、俄罗斯、巴西所组成的“金砖四国”对世界经济增长的贡献率高达30%，而10年前，这个数字还仅有16%。高盛公司还预测，可能到2027年，中国将超过美国，成为全球最大的经济体。到2032年，“金砖四国”的经济总量可能与“七国集团”并驾齐驱[①]。可以想见，中国、印度、巴西等新兴大国的崛起，正在逐步结束短命的“单极时刻”，而这一趋势发展下去的结果，不是中美两极对抗，就是一个包括几个不平等大国的“多极体系”。美国很可能依然是最强大的国家，但其整体领导地位则已经被减弱——目前还在进一步被缩减[②]。因此，未来的世界格局，将不可能再是美国的独霸天下，成为老大之后的中国将会引领一个新的世界潮流，以中国绝不称霸的外交原则来讲，多极世界的形成将成为可能。

即便中国自身一直在强调，中国的崛起是和平的，是不损害他国

① 韦宗友．新兴大国群体性崛起与全球治理改革［J］．国际论坛，2011年3月，第13卷第2期：8-14.

② 斯蒂芬·沃尔特．美国时代的终结［J］．美国国家利益（双月刊），2011年11—12月号．

利益的。但世界其他国家对于中国的各种揣测，似乎总把中国推向风口浪尖。在形形色色的专业报告中，“中国即将成为超级大国”的声音并不鲜见。芝加哥大学的福格尔教授2011年在《外交政策》杂志上发表文章，勾画出一幅以中国为主的世界新格局：到2040年，中国成为唯一的超级经济大国，美国则成了远远落后的第二名；中国的经济总量将达到123万亿美元，中国人均国民收入将达到8.5万美元，是欧盟届时预期人均收入的两倍。换言之，那时中国大都市普通居民的生活水准将比普通法国人高一倍。曾经担任过微软首席运营官的罗伯特·赫博尔德在《华尔街日报》专栏的末尾大声疾呼：华盛顿的政客和美国选民需要认识到他们正在被击败，他们需要做出重大改变以使美国重新走上正轨……醒来吧，美国！

英国广播公司（BBC）注意到，认为中国的经济发展是好事的国家有13个，多于持否定态度的国家，但绝大部分国家对中国日益增长的军事力量感到担忧。以英国为例，超过一半的被访者赞扬中国的经济发展，但同时有高达七成的人认为中国军力不断增强不是好事。殊不知，这些认为中国将会成为一个野蛮的杀戮民族的国家，其实是将自身的好战生搬硬套到了中国身上，从历史上来看，中国从未主动侵略过其他国家。即便是在最辉煌的历史时期，那时的中国也可谓风光无限，但却从来没有将“匕首”伸向过其他弱小国度。因此我们完全可以说中华民族是一个爱好和平的民族，但爱好和平并不意味着惧怕战争，必须严正声明的是，当面临外来侵略者时，当我们民族的核心利益受到侵犯的时候，我们不仅不惧怕战争，而且一定能赢得战争。就算是兔子急了还咬人呢，更何况一个有着五千多年文明的强大民族，岂能犯那种任人宰割，任人鱼肉的愚蠢错误。无论中国能否成为世界老大，中国都将会有更多力量进行自我保护。“人不犯我我不犯人，人若犯我我必犯人”，中国可以拍着胸脯讲，我们不会主动侵略，但也绝不会被动挨打。这才是中国走向老大之路的坚定立场。

除了政治、经济、军事等实实在在的改变之外，思想改变的作用是潜移默化的。宇宙万物之中，没有一样东西能像陈旧的思想那样顽固；宇宙万物之中，也没有一样东西能像超越陈旧思想的追求那样富有魅力。中国成为世界老大之后的世界新格局，将会把思想的元素包括进去，即便不是约定俗成的，也并没有明确条文的，但是中国的坚持会让世界公认，思想是世界体系中不可或缺的重要元素。对于中国而言，走和平发展道路，既不能无视重重敌意、置国家核心利益于不顾，也不能受外部干扰打乱前进的步伐。这意味着我们要以强劲的发展势头打破既有力量格局，意味着我们必须以特有的定力和执著把握国际关系走向。走大国崛起新路，是丰富国际关系路径选择的艰难探索。中国需要坚定的信心，也需要足够的定力。

超级大国的意义将发生变化

什么是超级大国？这个概念至今尚无绝对统一的标准，不同的资料来源会有不同的说法，不过我们可以通俗地将超级大国简单地定义为，世界上最强大，且富有侵略性的并自认为是世界警察的国家。20世纪作为美国的世纪，留给人们的概念是，世界最大的经济体应该是世界上最富裕的国家，而生活在世界最富裕之国家的人民，也理应是最富裕的人民。这或许就是在中国成为世界老大之前，人们关于超级大国的理解和认识，但如果中国真的成为世界老大，将意味着超级大国的概念也随之发生变化。因为在中国崛起成为超级经济强国的同时，国家的富裕和个人富裕却未必呈现出正向联系。从这一意义上说，中国与西方社会相比，在富裕的同时也在变得贫穷。比如，中国在手握

3万亿美元外汇储备的同时，人均收入却是美国的1/10[①]。所谓的国富民强，在中国成为世界老大之后，似乎也只是一句口号罢了。

我们上述观点的形成，是建立在一系列事实之基础上的。比如，在中国以GDP衡量的经济翻了一番又一番的时候，全社会工资总额占GDP的比例却在不断下降，例如，根据国家统计局所公布的官方数据测算，2011年中国公共财政收入为10.37万亿元，比上一年增长24.8%，增幅分别是城镇居民人均可支配收入名义增幅的1.76倍和农村居民人均纯收入名义增幅的1.39倍。在绝大多数非公职就业人员的工资并没有与经济增长同步的情况下，却奉行什么高薪养廉，连续给公务员加薪，纵容或默许国有和社会共有企业管理层自己给自己制定年薪，于是便出现了平安保险马明哲年薪曾经高达6800万元的明火执仗公开抢夺的丑恶现象，使得每一个国有银行的高管年薪都超过百万，一些民营银行的高管年薪超过千万，而银行高管与员工的收入差距最高竟然达到80倍。

这些愚蠢且野蛮又毫无人性的按权或者按部门及职位进行分配的制度，在我们看来无异于公开地掠夺，它所带来了一个十分严重的问题就是：社会贫富差距迅速扩大。就是在GDP不断增长的情况下，我国的普通民众在医疗、教育、养老、住房这几座大山下，被压得近乎喘不过气来。而反观政府的许多官员，腐败之事时不时被曝光，哪一起贪污受贿案件所涉及的金额不是惊人的？动辄就是几百万元、几千万元甚至上亿元。所以，我们认为，按照目前国内社会这种畸形状态，即便成了世界老大，中国也不能成为大众心目中所认可的“超级大国”形象。或者除非大家的观念也随之发生变化，认为超级大国并不绝对代表国富则民强。万事万物都在变化，所以，大众的观念会不会变，只有交给时间了。

---

① 吉迪恩·拉赫曼．何黎，译．当中国成为世界第一［N］．英国金融时报，2011-06-09.

超级大国，除了在经济方面的影响之外，自然还必须谈到政治这个“孪生兄弟”了。可能有人会说军事也是一个方面，但于我们而言，军事的实质还是政治方向的，所以就不再细分了。当然，文化也是一个重要因素，只是我们就不一一赘述了，因为在后面我们会更细致的谈文化的重要影响。回到政治这个话题上，各国经济的互动让“和平与发展”这个世界主题变得越来越重要。若世界各国都能接受中国成为老大这样一个现实，且中国也能够“和平崛起”而成为世界老大，那么世界各国就需要联合起来，响应中国“和平崛起”的号召，以期建立一个全球的机制来保护世界和平，防止各种冲突的发生。但这种理想中的格局并非一定能够成为现实。

尽管经济与政治实力并不是一件事，但两者仍然是密切相关的。对于中国的经济实力所引起的政治问题，其近邻国家的感受将是最为强烈的。日本、韩国与澳大利亚如今发现，它们与中国在经济与战略利益上出现了分歧。这三个国家都与中国有着最重要的经济关系，与美国有着最重要的军事关系。于是，在经济和军事关系上，又不可避免地把中国和美国联系在了一起。政治上，随着中国变得更加富有，其影响力也会与日俱增，而且这种影响力的增长，无疑有利于中国走向世界老大的地位，但当今的老大是否会心甘情愿地拱手相让，恐怕还会在政治经济方面，甚至军事方面与中国一搏。中国如果真的成了世界老大，被改变的可能不仅仅是超级大国的这个意义，还有更深层次的观念上的东西。

在美国“风景这边独好”的时代下，许多国家的民众对于美国的美好想象，主要源自于大家所共同认知的“美国梦”的美好构筑，而且这种梦想又是具有可实现性的，也因此成了许多国家普通大众坚持下去的无限动力。美国的自由与民主，是其本国的民众基石，且每次面临总统大选的时候，必然要被提及并加以强调。中国的自由与民主也一直是被美国所诟病的，而如果中国成为世界老大，全世界是不是都要开始怀疑：是美国的民主自由主义更胜一筹，还是中国的特色社

会主义更胜一筹？也许，改变的还有很多很多，套用一句哲学术语来说就是：世界上唯一不变的就是变。

中国如何当好世界老大

显然，外界对于中国是否能成为世界老大具有种种预测，而中国一旦真的成了世界老大在客观上完全有可能会改变世界的格局，但中国对于当世界老大有无相关的战略布局和具体的行动计划，则是我们需要认真探讨的话题。当世界老大，自然要有当世界老大的形象和姿态。过去的 30 多年，中国为世界输出了大量廉价的劳动力、廉价商品，而且为此受到种种诟病和质疑，被称作是世界人口老大、发展速度老大、世界加工老大，西方发达国家，特别是美国，甚至把中国当成世界加工厂以及环境污染转移天堂。但是未来的 30 年，中国发展潜力无限，一旦中国成为世界经济老大，真正当好这个老大就需要真正实现国富民强、和谐发展，推动世界进步，唯有如此方能赢得世界尊重。此外，我们还必须向世界输出中华民族优秀的文化价值体系、创新的机制环境以及富有号召力和高信誉的世界级品牌！

要当老大，就要让中华文化能对人类社会的发展做出更大的贡献。改革开放以来，中国的经济成就举世瞩目，但中国的悠久历史和灿烂文化，却并没有像经济那样富有成就，更不用说成为主宰世界的主流文化了。一般而言，每个国家都会有一个标志性的文化产物，比如美国有好莱坞文化和肯德基、麦当劳品牌文化等；欧洲有古典浪漫文化和奢侈品消费文化等；日本有动漫文化和精益文化等；韩国有饮食文化和“快速时尚”潮流文化。这些年来此类外国通俗文化在中国就像病毒一样，迅速蔓延、传播，直至扎根。但提起中国，似乎我们并没有口碑那么好、口号那么响的标志性文化产物，这如果不是一种大屈

辱的话，至少也是一件非常遗憾的事情。要说以上所提及的各国文化标志，中国看似都有，但大多都只是打“擦边球”。

在中国，叫得非常响亮的文化恐怕要数“山寨文化”了，中国的“复制”“粘贴”能力在这一方面可谓发挥得淋漓尽致。而对于“山寨文化”的是非争论，在此我们也不想多加阐述，只是希望除了在“学习”国外文化的同时，是否可以在自身的文化上、思想上、制度上、科技上有所建树呢？比如中国的儒家文化思想，正在崛起的“汉字文化圈”就为此提供了一大契机。“汉字文化圈”是以儒家文化构建基础社会的区域统称，也被称作“儒家文化圈”。日本学者西嶋定生给出的“汉字文化圈”的构成要素是：以汉字为传意媒介，以儒家为思想伦理基础，以律令制为法政体制，以大乘佛教为宗教信仰等作为共同的价值标准。这一归纳也得到很多学者的认同。我们想说的是，在“汉字文化圈”内的国家，包括朝鲜、韩国、日本、越南等，都是在历史上受过中华文化影响的国家，中国在此可以担纲起主导作用，在“汉字文化圈”内，使用筷子餐饮、品茶、使用瓦来建筑以及使用毛笔来书画等类似的生活文化，成为共通的思维框架，也成为“汉字文化圈”的共同特征。当然，我们所列举的“汉字文化圈”仅仅是中国当老大所需奋斗的一个方面，我们期待看到更多的创举。只有当中华文明成为世界文明主流的情况下，中国才能成为真正意义上的世界老大，而且一旦成了老大才能当得稳、当得理所当然。

仔细审视当今的老大美国，其之所以能充当世界老大如此之久，很大一部分原因在于美元的世界货币地位。有人戏谑，只要美元还是世界货币，那么美国就不可能会退出历史舞台，其老大的位置也就不可能被撼动。这话虽说有些夸张，却也是部分事实。所以，于中国而言，成为世界老大以后，是否就应该加速人民币国际化的进程呢？不应否认，人民币国际化应该算是国际金融体系的一个重要部分。

与此相关，2012 年 9 月 17 日，国际金融论坛学术报告会在北京召开，金融危机之后世界金融体系格局如何变革成为本次论坛的主要议题。一些学者认为，随着对人民币国际化的期望不断提升，我们更要关注国际化以后的可持续性。中国现在应该着重解决未来长期的经济发展问题，而不是分析如何维持经济增长的问题。一些金融界人士在这次会议上直截了当地提出，中国现在需要转向真正的大国经济。因此，人民币成为储备货币不仅是中国经济发展的需要，更是世界的需要。我们必须注意到这样一个现实，即宏观政策对社会的影响越来越大，所以对如何制定宏观决策的要求也越来越高。随着中国成为世界老大之可能性的增长，人民币的国际化必然也会逐步实现，且会成为老大中国改变世界格局另一历史性举措。

稳定并非一切，突变才能发展

中国要成为世界的老大，内部社会的和谐与稳定无疑是非常重要的。一直以来，中国历届领导都在强调的是：求稳定，求发展，并将之概括为稳定压倒一切。没错，在这样一个人口大国，谁都无法想象稳定对于中国而言是多么的重要。但我们认为，稳定并非一切，它只能是一种治理国家的结果或者目的，而不能成为国家治理的一种手段或者措施。如果我们错将目的当做手段，那么必将自食恶果，只能遗憾地与世界老大的地位擦肩而过。实际上，稳定与否，在于民心，只要执政理念和重大方针政策与人民的利益相一致，社会自然就会稳定。这些年来所关注的各大民生问题，也足以显示中国领导人对于解决民众诉求的坚定决心。在面对外来冲击甚至侵略时，中华儿女的团结一致，便可抵挡一切，八年抗日战争的胜利便是确凿的证据。

反观现在，试想想，如果中国再次面临这样一场对外战争，中国人民是否还能同仇敌忾呢？的确，大部分国人还是能分得清大是大非的，但不乏一些浑水摸鱼的挑事之人从中作梗。就拿近期面对钓鱼岛

问题国人的反应来看，不可不谓之心痛！外乱没乱起来，看看我们自己，烧日本料理店，砸日系车，打日系车车主，哪一件事情不是在伤害自己同胞的感情？事实上对这种社会现象稍作分析，我们便可以发现，这些行为的针对性并非都是冲着日本而来的，是有潜在目标的，也可以说是一种借题发挥。但问题是为何会有这么多的人借题发挥？这恐怕得从根本上谈起。

平日里积压的愤怒，一旦找到一个宣泄口，便一发不可收拾。当然，在中国，各项制度都是比较好的，但是执行起来为何就“变了味”？往往都达不到预想的效果呢？必须承认，任何一种体制都不是完美无瑕的，只是相比较而言哪种更好罢了。中国共产党领导下的多党合作和政治协商制度，有着其本身的优势，而这种优势在中国成为世界老大以后可能会得到更广泛的承认。可以想见，中国的实力，加之人们对美国、欧盟（EU）及日本越积越高的骇人公共债务的担忧，将会挑战西方有关民主与经济成功之关联的遐想。

自从19世纪末左右美国成为世界最大的经济体以来，世界上实力最强大的经济体一直是一个民主国家。随着中国威权主义的再次流行，西方自信的“自由行得通（freedom works）”的口号将面临挑战。这一改变可以用一句俗语来概括，就是“成者为王，败者为寇”。万一中国发生经济与政治危机，西方有关中国的描述就会突然发生改变。一些人可能会指出，过去30年的“中国奇迹”只是海市蜃楼罢了，正所谓“墙倒众人推”，这才是世界生存的永远亘古不变的法则。因此，中国需要担忧的是，一旦中国发生了危机，这种威权主义恐怕是要受到各种抨击和诟病的，所以只能在成为世界老大之前，寻求发展的新模式，坦然面对国际与国内社会的种种突变，在突变中取得新的发展，很好地将民主与专政结合起来，并切实的付诸行动，或许可以成为新的社会发展模式。当然，这个新的发展模式对中国而言，特别是对当前的顶层设计者而言，无疑是非常艰难的选择。对于中国这样一个人口大国而言，许多事情，一传十，十传百，传着传着，就“变了味”，这也正是我们所担心的。

毫无疑问，中国当前既处于重要的战略机遇期，同时也处于改革开放的攻坚期，以及社会矛盾积累并突发期。在这样一种特殊的阶段，需要高超的战略布局和策略手段，把握好国内国际两个大局，处理好两者间的互动。我们特别要提醒决策层高度注意的是，一定要避免重蹈历史上一些封建王朝不惜代价保守国内稳定，而“守内虚外”的战略覆辙。该战略原则始于北宋初年，宋朝开国皇帝宋太宗认为“国家若无外忧，必有内患。外忧不过边事，皆可预防；惟奸邪无状，若为内患，深可惧也。”提出了国内各种矛盾的激化，必然引起内乱，从而危及政权稳定的治国理念。因此，军事上“守内虚外”便成为北宋战略布局的基本原则。

虽然“守内虚外”的战略使北宋统治集团避免了分裂割据，但却也造成了北宋王朝内部的积弱和对外的软弱。正是在这样一种战略原则的指导下，宋真宗在澶州打了胜仗，却心甘情愿地与辽国签署了以岁贡买和平的“澶渊之盟”。北宋的这种战略原则，在以后的中国历史上也不乏存在。比如，慈禧太后出钱买太平，为了维持清政府摇摇欲坠的统治，提出国土“宁予外人，不予家奴”；国民政府时期的蒋介石，在东北沦陷、日本发动全面侵华战争之际，不顾中华民族的存亡继绝，一味主张“攘外必先安内”，坚持先剿共后抗日。即使在国共第二次合作之后，他仍然念念不忘反共，甚至假借抗日名义进行剿共。客观上讲，对于后发国家来说，在处理外部问题时，首先保证内部政权的稳定和社会的团结是十分必要的。但是，我们也看到，对内消极地保稳定，对外放弃捍卫国家利益机会，乃是战略上的大忌，这种做法从长远看得不偿失①。

因此，我们认为，中国除了在自身发展中求稳定，在突变中求发展以外，还必须将全世界看成一个整体，共同来应对国际性问题。所

---

① 赵景芳. 中国和平崛起语境下的四大战略误区［J］. 中国评论，2012.

以，于经济而言，全球经济治理便成为了各国的共同诉求。当前，面对欧债危机、经济放缓、金融动荡等严峻形势，各国也都开始意识到全球治理的重要性。全球经济治理的核心不是一种利益的交换和平衡，而是为了维护人类的共同安全，促进人类的共同发展而出现的一种对新秩序建构的过程，其根本目标是推动全球化朝着均衡、普惠、共赢方向发展。实现全球经济治理，理当放弃霸权和冷战思维，国与国之间要相互尊重、平等互利，各国包容性增长，创建和谐世界①。在这一层面上来说，就无所谓老大与否的问题了，任何国家都可以是老大，任何国家也都可以不是老大。

中国当了老大，可能会改变的是第三世界的声音，因为中国当年曾经是第三世界所共同拥戴的领袖。此外，中国当了老大之后，伴随着第三世界的再次拥戴，国际经济新秩序将会更加快速地建立起来。中国从未有过当老大或者称霸的念头，但是当中国有了这个实力之后，虽然不会自封为老人，这个事实上的老大地位一定会非中国莫属。当然，成了老大也不是“无冕之王”，如果不继续努力，老大的地位就难以保持，历史上中国不也曾经是老大吗？我们希望，中国的各项进步，在世界看来都是积极的，都是对世界有利的。我们更希望中国能够被世界各国善待，而我们自身，也必须致力于可持续的发展，从而为全世界的和平与发展贡献力量。

① 曾培炎．2012年全球经济格局大演变［J］．瞭望新闻周刊，2012-01-07.

中 篇

中国曾经是老大

第六章　曾经的老大历史辉煌

在我们热烈讨论着中国能否成为世界老大的时候，蓦然回首却发现，中国曾经也是当过世界老大的。虽说“好汉不提当年勇”，但曾经的辉煌从某种程度上也可以说明中国成为世界老大的“哥德巴赫猜想”并非完全是空想，而是有一定的历史积淀的，也是曾经我们引以为傲的。风水轮流转，曾经的老大是否能够成为未来的老大，皆没有定数，笑到最后的也未必是笑得最好的，因为对于历史长河而言，永远没有“最后”这么一说。

尽管历史属于故人，当下才属于我们自己。但是每每当我们回望中国古代的历史时，中华民族璀璨厚重的文明都会令炎黄子孙们倍感骄傲和自豪，而且这种骄傲也并不完全是夜郎自大，孤芳自赏的，也是得到世界认可的。不可否认，辉煌灿烂的古代文明将永远是中华民族引以为荣的巨大财富，而如何将这种曾经的巨大财富发扬光大，则是现实的摆在我们面前的大难题。以史为鉴，可以知荣辱，我们希望得到的是：以史为鉴，可以鞭策我们更好地稳步向前，并用行动告诉世人：中华民族的伟大复兴并非空口无凭。

从世界历史的角度来看，人类文明可以分为东方文明和西方文明两种完全不同的文明形态。而对于人类文明从何时开始有了东方文明和西方文明之分的概念，就无从考证了。被广泛认可的西方文明主要包括以古希腊文明和古罗马文明为根基的，又综合了基督教文明发展而来的，代表地区有爱琴海、欧洲大陆、美国等国家；东方文明则是以中国文明和印度文明最为古老，代表地区和国家有中国、印度、阿拉伯、日本、朝鲜和埃及。

毋庸置疑，在这些人类文明当中，中华文明是历史最为悠久的，也是最有历史价值的。中国曾长期以来处于东方文明的核心，是东方世界的龙头老大，包括日本、韩国等在内，对当时的中国，也都只有顶礼膜拜的份。一个开放包容的文明和民族，必然可以带来一种持久向上的、积极进取的精神和力量，而反之，一个故步自封、保守退让的文明和民族，是无论如何都打不下更受不住世界老大的位置的。显然，中华文明正从“内向”转为“外向”，从保守转为开放，这也是我们中华文明得以进一步向前发展的重要原因。细数曾经老大的种种辉煌，也算是温故而知新，站在厚重的历史画卷上重新出发了。

曾经的老大历尽“盛世”

翻开世界史不能不令中国人感到骄傲，我们曾经稳居世界老大的地位长达上千年之久。我们常说中国历史悠久，人口众多，地大物博。的确，中国是世界四大文明古国之一，是世界文明最早的发源地之一。众所周知，世界四大文明是古埃及文明、古印度文明、古巴比伦文明和中华文明，令世人讶异的是，前三大文明因异族征战、社会变迁、自然灾难等诸多因素先后中断，古印度人、古埃及人、古巴比伦人早已不在，文化早已断层，只能通过考古去感受这三个古文明的魅力了，唯独古中国人却一直延续至今，中华文明连绵五六千年，生生不息，数千年一脉相承并不断向周边扩大影响，最终形成一个庞大的中华文化圈，成为世界文明中独特的风景线。

中华文明从传说中的三皇五帝时代开始相传，伏羲是中华民族人文始祖，是我国古籍中记载的最早的王，所处时代约为新石器时代早期，他根据天地万物的变化，发明创造了八卦，成了中国古文字的发

端，也结束了“结绳记事”的历史。他的活动，标志着中华文明的起始。约公元前2070年，夏朝建立了中国历史上第一个国家，也是第一个奴隶制王朝——夏朝，中国开始进入奴隶社会。随后的一千多年里中国经历了辉煌的夏、商、周三朝，辉煌的商朝留给今日中国乃至世界最大的两件礼物是“甲骨文”和“司母戊鼎”。

“甲骨文”是中国的一种古代文字，是现代汉字的雏形，也被认为是汉字的书体之一，是现存中国古代最成熟的一种文字；“司母戊鼎”则是目前世界上发现的最大的青铜器。充分显示出商代青铜铸造业的生产规模和技术水平，令人叹为观止！周朝是中国奴隶社会逐步瓦解，封建社会逐渐形成的时期，是一个社会大动荡、民族大融合的时代，是战争纷飞、学术争鸣的时代，在中国乃至世界历史上留下了浓重的笔墨。周朝的辉煌盛极之处莫过于后期的诸子百家。“百家争鸣”形成了此后影响中国整个封建王朝乃至当代人的思想、文化、政治观、道德观等各个方面，奠定了中国人的性格特征。“百家争鸣”的学术思想至今还深深地影响着后人，孔子、老子几千年了也并没有渐行渐远，正如在当下的中国，国学又逐渐地热了起来。

公元前221年，秦始皇先后扫平六国，开辟了中国长达数千年的封建王朝，中国成为世界上最早建立封建社会制度的国家，在四大文明古国中第一个成为一个统一的多民族国家，并且秦朝的万里长城、兵马俑至今还位列世界八大奇迹之中。到公元1世纪左右时，中国已经成为当时世界上最发达的国家之一。在历史上，中国有着几段辉煌时期，有几个“治世”和“盛世”。比较公认的盛世有三次，即从“文景之治”到“武帝极盛”再到“昭宣中兴”的西汉盛世、从“贞观之治”到“开元盛世”的大唐盛世和清朝的“康雍乾盛世”。在这三个盛世时期，中国都消除了内忧外患，军力国势强盛，国家统一，疆域辽阔，周边没有相抗衡的力量；社会总体上比较安定，经济发展，国家富足，国力领先于世界；文化繁荣，对周边地区有巨大的影响力。

汉朝的文景两帝以道家的“无为”思想治国，实行休养生息。采取了轻徭薄赋，与民休息的措施。国内政治安定，只要不遇水旱之灾，百姓总是人给家足，郡国的仓廪堆满了粮食。太仓里的粮食由于陈陈相因，致腐烂而不可食，政府的库房有余财，京师的钱财有千百万，连串钱的绳子都朽断了。这是对文景之治十分形象的描述①。

唐朝唐玄宗在“贞观之治”的基础上采取了一系列积极的政治、经济措施，加上广大人民的辛勤劳动，社会经济得到进一步发展，唐王朝在各方面都达到了极高的水平，国力空前强盛，唐朝成为当时世界上最发达最为文明强盛的国家，是当时世界的经济、文化、贸易、政治中心，首都长安是世界性的大都会，就像今天的美国纽约一样。国内交通四通八达，城市更为繁华，对外贸易不断增长，波斯、大食商人纷至沓来，长安、洛阳、广州等大都市商贾云集，各种肤色、不同语言的商人身穿不同民族的服装来来往往，十分热闹，中国封建社会到了全盛阶段。这即为“开元盛世”②。

康乾盛世，指清朝的康熙、雍正、乾隆三代，从公元 1662 年起，到公元 1795 年止，历时 130 多年，在此期间，政治上他们先后削平三藩，收复台湾，平定准格尔部、回部、罗卜藏丹津、大小金川土司叛乱等。生产上大兴水利，屯垦，先后颁布“盛世滋生人丁，永不加赋”、“摊丁入亩”等赋税、土地、人口政策，耕地面积迅速增加，至雍正时已达到 9 亿多亩，超过了以往任何一个朝代。实行了调整工商业的政策，使商品经济有了较大的发展，出现了许多新兴城镇，促进了经济的全面繁荣。全国 50 多个民族和睦相处，政治稳定，社会久安，文化昌盛，清朝也成为当时世界上最强大的帝国之一。

中国五千年的历史长河中，大部分时间里都曾处于世界领先地位，在整个中国古代史的发展进程中，虽然不断有改朝换代和政权的更替，但中国一直处于世界文明发展的高峰，走在世界的前列，无论在经济、

① 赵冬梅．“中华民族盛世”古今谈［J］．成才之路，2008（8）：51－52.

② 张景木．中国古代历史上的盛世［J］．中学政史地，2007（03）：24－26.

政治、军事、外交、科技、思想、文学和艺术方面都做出了令世人瞩目的成就。西方史学家普遍认为：在近代以前时期的所有文明中，没有一个国家的文明比中国更发达，更进步[①]。

曾经的老大军事实力威震天下

中国是世界上古老文明的发源地之一，的确，没有哪一个民族和国家，能像中国这样，长期保持如此广阔而又大致稳定相同的疆域。当然，历史上的中国版图并非一成不变的，而是在不同历史时期有伸有缩，总的趋势是在民族融合中凝聚与发展，在反分裂、反侵略中巩固与稳定。中国版图以中原为中心，在历史的进程中，在各民族的相互交融中，由中原不断向四方扩展，逐渐形成了博大广阔的中国版图。先秦时期，夏、商、周实际统治的疆域主要在黄河、长江流域，大体上相当于大禹划分的九州范围。公元前 221 年，秦始皇一统天下建立秦朝后，遣将军蒙恬率军北击匈奴，北渡黄河河套，进攻纵深达到今天的阴山河套以北，戈壁以南，秦大胜匈奴后，置九原郡，治所在今天的包头。从此，黄河河套地区，永归中国。随后蒙恬在燕、赵、秦长城基础上，修筑了万里长城，史载其时疆域，东至海暨朝鲜，西至临洮、羌中，南至北响户（北回归线以南），北据为塞，并阴山至辽东。

汉承秦制，不仅在制度上，在领土上，汉朝在秦朝疆域的基础上进一步开疆拓土。汉武帝一生征战，不断开拓疆土，建立了不朽的功业。他巩固了河套地区，并向北向西占领了漠南、河西走廊、青海。向南纳入了华南，越南北部，开发了西南。向东占领了辽东和朝鲜北

---

① 陶莉．辩证地看待中国古代历史［J］．辽宁师专学报，2003（2）：117－118.

部。其后人西汉宣帝、东汉光武帝、东汉明帝亦打下了相当惊人的国土，现在的大半新疆，包括中亚相当大的土地都在汉的西域都护府范围中，还有全部的四川和云贵的大片土地，辽宁的全部土地和吉林的一片土地，内蒙古相当大的土地都在汉朝的统治管辖内，国土约为1040万平方千米。在盛唐时期，中国的版图进一步扩大。在北方设立安北都护府，其北部辖界在贝加尔湖以北。在东北设立室韦都护府，其北部辖区包括外兴安岭和黑龙江流域。在西北设立安西都护府，其西部辖区延伸到今咸海、波斯东部等地区，总面积达1251万平方千米。

人类历史上版图最大的国家，不是罗马帝国，不是大英帝国，也不是俄罗斯帝国，而是由中华民族的蒙古族英雄，一代天骄成吉思汗及其后人建立的蒙古帝国，即中国历史上的元朝。元朝时，中国版图之大为当时世界之最。1279年元世祖在建立元朝后南灭南宋，一统南宋地区，当时的疆域是北到西伯利亚南部，越过贝加尔湖，南到南海，西南包括今西藏、云南，西北至今新疆东部，东北至外兴安岭、鄂霍次克海、日本海，包括库页岛，总面积超过1200万平方千米。1310年元武宗时期，元朝和察合台汗国先后攻灭窝阔台汗国，元朝取得窝阔台汗国东部部分领土，领土达1400万平方千米。此外，元朝还拥有众多藩属国，包括高丽、缅甸、安南、占城、爪哇及钦察汗国、察合台汗国、与伊儿汗国等国。北有漠北诸部、南有南洋诸国、西有四大汗国。

作为中国的最后一个封建王朝，虽然留给炎黄子孙的大都是屈辱史，但其疆域仍然非常广大，并奠定了当今中国版图的基础。清朝统一全国后的疆域是北起蒙古唐努乌梁海地区及西伯利亚，南至南海，包括“千里石塘、万里长沙、曾母暗沙”（即今西沙群岛、南沙群岛等南海岛礁），西南达西藏的达旺地区、云南省的南坎、江心坡地区及缅甸北部，西尽咸海与葱岭地区，包括今新疆以及中亚巴尔喀什湖，东北抵外兴安岭，包括库页岛，东南包括台湾、澎湖群岛。极盛时总面

积达 1300 万平方千米。当然，每一个时期疆域的开拓都是以强大的军事实力为依托的，南征北战，东拓西进，哪一次边境纷争不是以胜者王败者寇为最终结局的？在中国拥有既定版图之后，同样需要威震四方的军事实力来抵御外来侵略，在这方面，我们有正面的全盛时期的例子，同样也有没落王朝时失败的例子。所以，正反两方面的经验都告诉我们：没有强大的军事实力作为基础，任何一个国家都是不可能独立存在于世界民族之林的。

曾经的老大科技教育领先

中国古代的科技在 16 世纪以前（明代以前）一直领先于世界。中国古代的科技发展主要包括中国古代的四大发明及外传，中国古代的大文历法、建筑、医学、数学成就及著名的科技著作等。商文化、秦汉文化、隋唐文化和宋元文化是中国古代科技文化对世界做出巨大贡献的几个典型。

在天文学上，商朝时中国留下了世界上最早的日食、月食、太阳黑子的记录。天文学家石申，用赤道坐标记录八百多颗恒星的位置，后人辑成《石氏星表》。这是世界上现存最古老的星表，对天文研究具有重要参考价值。战国甘德、石申的《甘石星经》是世界上最早的天文学著作。春秋鲁国天文学家留下世界上关于哈雷彗星的最早记录——公元 644年到公元 646 年成书的《晋书・天文志》载有：“彗体无光，傅日而为光，故夕见则东指，晨见则西指。在日南北皆随日光而指，顿挫其芒，或长或短。”而在欧洲直到公元 1532 年才有类似的认识。沈括的“十二气历”比英国早 800 年。元朝郭守敬编订的《授时历》与现行立法相差无几，但比现行公历的颁行早了 300 年。

在欧洲，赤道坐标系的广泛使用却是在 16 世纪开始的。古希腊最早的星表是希腊天文学家依巴谷（约前190年—前125年）在公元前2世纪测编的。依巴谷之前还有两位希腊天文学家也测量过一些恒星的位置，但是那也是在公元前3世纪。他们都比石申的工作晚了很多。此外，早在公元前3世纪和公元前1世纪，古希腊的天文学家曾先后两次进行确定子午线长度的工作。但是，他们并没有全部经过实际的测量，天文学家僧一行在世界上首次实地测量了子午线的长度，它开创了我国通过实际测量认识地球的道路，彻底破除了日影千里差一寸的谬见，它把地理纬度测量和距离结合起来，既为制定新的历法创造了条件，又为后来的天文大地测量奠定了基础。

我国古代数学以计算为主，取得了十分辉煌的成就。其中十进位值制记数法、筹算和珠算在数学发展中所起的作用和显示出来的优越性，在世界数学史上留下了浓重的笔墨。同时期的其他文明，文化比较发达的古希腊，由于看重几何，轻视计算，记数方法十分落后，用全部希腊字母表示一到一万的数字，字母不够的时候就用在字母旁边添加符号“‘”。印度在公元3世纪以前使用的记数法是希腊式和罗马式两种，都不是位值制，真正使用十进位值制记数法出现在公元6世纪末。由此可见，我国古代的十进位值制记数法和筹算比之早了很多，先进了很多。编写于前1世纪的《周髀算经》比西方早500年提出勾股定理的特例。西汉《九章算术》有些内容是世界上最先进的。数学家刘徽在中国首次创立了求圆周率的科学方法，奠定了我国圆周率研究在世界长期领先的基础。

此外，刘徽注关于体积问题的论述已经接触到现代体积理论的核心问题，指出四面体体积的解决是多面体体积理论的关键，而用有限分割和棋验法无法解决其体积。为了解决这个问题，他提出了一个重要原理“邪解壍堵，其一为阳马，一为鳖臑。阳马居二，鳖臑居一，不易之率也”，今称为刘徽原理。近代数学大师高斯、希尔伯特才讨论这个问题，已是近100多年以来的事。三国两晋南北朝的祖冲之在世界上第一个把圆周率准确到小数点后七位数，比欧洲早1100多年。祖

冲之提出的密率也是1000年后才由德国人奥托（约1550—1605年）和荷兰人安托尼兹（1527—1607年）重新得到。

成书于公元1世纪的数学专著《九章算术》标志着中国古代数学体系的形成，它在代数学方面有许多世界首创的成就。《九章算术》在世界上最早系统叙述了分数运算，其中盈不足的算法更是一项令人惊奇的创造；“方程”章还在世界数学史上首次阐述了负数及其加减运算法则；其他方面的数学成就包括：比例问题、双设法、一些面积体积的计算、一次方程组解法、开平方、开立方、一般二次方程解法等。书中记载了当时世界上最先进的分数四则运算和比例算法。书中还记载有解决各种面积和体积问题的算法以及利用勾股定理进行测量的各种问题。

《九章算术》中最重要的成就是在代数方面，书中记载了开平方和开立方的方法，并且在这基础上有了求解一般一元二次方程（首项系数不是负）的数值解法。还有整整一章是讲述联立一次方程解法的，这种解法实质上和现在中学里所讲的方法是一致的。这要比欧洲同类算法早出1500多年。在同一章中，还在世界数学史上第一次记载了负数概念和正负数的加减法运算法则。《九章算术》及后来的大数学家刘徽对其做的注的出现，标志着从公元前1世纪开始，中国取代古希腊成为世界数学的中心，为此后中国数学领先世界1500多年奠定了基础。今天，随着计算机的出现和发展，它所蕴涵的算法和程序化思想，仍给数学家以启迪。

在物理学方面，公元前5世纪的《墨经》一书最早记述了秤的杠杆原理。最早讨论滑轮力学的还是《墨经》。汉代成书的《尚书纬·考灵曜》中说道：“地恒动不止，而人不知。譬如人在大舟中，闭牖而坐，舟行而人不觉也。”在一个封闭的惯性系统里，无论什么样的力学实验都不能判断这一系统是处在静止状态还是在做匀速直线运动。这个原理又称“伽利略相对性原理”。可是，在伽利略之前大约1500年，中国人就提出了这个原理的最古老的说法。这是中国科学史上最伟大的理论成就之一。沉浸在液体中的物体都受到液体的浮举作用。在中国关于浮力原理的最早记述见于《墨经·经下》，《墨经》的这段文字，对浮力原理表达不确切。但是，纵观整段文字，表明墨家已懂得这种关系。他们是阿基米得之前约200年表达这一原理的。

对晶体最显著的外表特征、晶体的有规则的几何形状的认识，特别是对雪花晶体的认识，我国比西方人至少早15个世纪。早在公元纪元前后，我国就发现了雪花是六角形的（《太平御览》引《韩诗外传》）。在西方，直到1611年，开普勒才发现这个奥秘。我国古代有关人工磁化的方法，基本上有两种：一种是如沈括所说的用天然磁石摩擦钢针的方法。另一种方法是利用地球磁场的作用使钢针磁化。这种磁化法完全是凭经验得来的，但是它是磁学和地磁学发展的重要一环，比欧洲用同样磁化方法早了400多年。东汉时候杰出的自然科学家张衡发明了世界上第一架观测地震的仪器——地动仪。张衡地动仪是利用惯性原理设计制成的，它的基本构造符合物理学的原理，能探测地震波的首先主冲方向。和外国相比，张衡地动仪要比西方类似仪器的出现，早约1700年。

至于生物学和医学，中国先民聪明、勤奋，早在原始社会时期就开始种植水稻和粟子了，是世界上最早种植这两种植物的国家。无性杂交的嫁接技术，也是我国首创的。汉朝的《氾胜之书》有对嫁接的记载，而汉以后嫁接技术发展到不同种的植物之间的嫁接。而公元304年，嵇含著的《南方草木状》是我国第一部记述南方植物的著作，也是世界上现存最早的地方植物志。早在2000多年前，我国医学家已把针灸的临床经验进行了系统总结。成书于春秋战国时期的《黄帝内经》是我国现存最早、内容比较完整的一部医学理论和临床实践相结合的古典医学著作，它的诞生标志着祖国医学由单纯积累经验的阶段发展到了系统的理论总结阶段。

东汉三国时期的华佗以杰出的外科手术著称于世，他并发明了麻沸散，使得华佗1700年前就成功地进行了高明而成效卓著的腹腔外科

手术。而颁布于唐朝的《唐本草》是世界上第一部由国家编订和颁布的药典，表明了国家对医学的重视，这比欧洲早了 800 年。此外，在我国医学史上，免疫的概念很早就有了。在祖国医学里，有一种“以毒攻毒”的治病方法，在这种思想的启示下，很早就有近似疫苗的记载。据确实可靠的记载，我国种痘法大约是在公元 16 世纪下半叶发明的。

200 年后，公元 1796 年英国种人痘医生琴纳（1749—1823 年）接种牛痘预防天花试验才成功。《本草纲目》这部编成于明神宗万历六年（公元 1578 年）的巨著，记载药物 1892 种，收入方剂 11000 首，共分成 16 部。书中对生物的分类法已具有初步的生物进化论思想萌芽，还应用比较解剖的方法对动植物进行分类研究。这部书涉及古代自然科学许多领域，诸如动物、植物、化学、矿物、地质、农学、天文、地理等学科。它对后世的影响很大，在世界上广泛流传。

最使整个西方世界为之震惊、最能代表中国先进的科技成就、对人类历史进程贡献最大、最广为世人所知的还要属中国的“四大发明”了。我国西汉前期，已经有了纸，东汉蔡伦改进造纸术。隋唐之际，出现了雕版印刷术，印制于唐朝的《金刚经》是世界上已知最早的雕版印刷品。北宋平民毕昇发明了胶泥活字印刷术，比欧洲早 400 年，活字印刷术的发明大大促进了文化的传播。在公元前 2 世纪到公元 18 世纪初的 2000 年间，我国造纸术一直居于世界先进水平。印刷术传到欧洲后，改变了原来只有僧侣才能读书和受高等教育的状况，为欧洲的科学从中世纪漫长黑夜之后突飞猛进发展，以及文艺复兴运动的出现，提供了一个重要的物质条件。唐末，火药开始用于军事，推动了欧洲火药武器的发展，使骑士阶层日益衰落；指南针应用于航海，促进了远洋航行，迎来了地理大发现的时代。

中国人民不仅勤劳且富于智慧，中国的冶炼技术也长期处于世界前列。夏、商、周三代就被称为中国的“青铜时代”，显示了中国当时高超的青铜冶炼技术，闻名世界的司母戊鼎和五羊方尊便是这一时期

的产物。后来青铜器逐渐被铁器所取代，西周晚期中国已有铁器，战国时期铁器使用推广。我国人民在钢铁冶炼方面有非常多的发明和创新，东汉时杜诗发明水排用来鼓风冶铁，创始于魏晋南北朝时期的灌钢法，是中国冶金史上的一项独创性发明，也是我国早期炼钢技术一项最突出的成就。另一个显著的创新是 11 世纪时用焦炭取代了木炭，这非常有意义，因为欧洲中心论坚持认为，这是由几个世纪后的英国人首先实现的[①]。罗伯特哈特韦尔在其很有影响的一篇论文中估计，公元 806 年—1078 年，中国的人均铁产量增长了 6 倍，就年生产总量来说，公元 806 年生产了 1.35 万吨的铁，到 1078 年差不多有 12.5 万吨，这种增长率英国人在约个世纪后才能与之相媲美。

在 16 世纪以前，我国的炼钢技术长期居于世界领先地位，受到各国的普遍赞扬。公元 1 世纪时，罗马博物学家在其名著《自然史》中说："虽然铁的种类很多，但没有一种能和中国来的钢相媲美。"灌钢技术在宋以后不断被改进，减少了灌炼次数，以至一次炼成。在坩埚炼钢法发明之前，灌钢法是一种最先进的炼钢技术，它使钢的产量和质量大大提高。欧洲许多地方的块炼铁是公元前 1000 年前后发明出来的，但是直到公元 14 世纪才有生铁。中国冶炼块铁的起始年代虽然迟至公元前 6 世纪，约比西方晚 900 年，然而冶炼铸铁的技术却比欧洲早 2000 年。中国铸铁的发明出现在公元前 5 世纪，而欧洲则迟至公元后的 15 世纪。由于铸铁的性能远高于块铁，所以真正的铁器时代是从铸铁诞生后开始的。社会发展的历史表明，铸铁的出现是社会生产力提高和社会进步的主要标志。中国从块铁到铸铁发明的过渡只用了约一个世纪的时间，而西方则花费了近 3000 年的漫长路程。中国古代炼铁技术发展得如此迅速是世界上绝无仅有的。英国著名科学史家贝尔纳说，这是世界炼铁史上的一个唯一的例外。

---

① 约翰·霍布森．中国历史上的奇迹［J］．国学，2010（11）：28-29.

曾经的老大工商社会兴旺发达

埃及有金字塔，印度有泰姬陵，中国在五千年的历史长河中更是为世界留下了诸多令世人叹为观止的工程，秦有万里长城和兵马俑，隋有大运河，前者是两千多年间中国各族人民智慧和辛勤劳动共同创造的历史丰碑，被誉为“世界第八大奇迹”；后者是铁路出现以前中国南北交通的大动脉。除了这些，中国古代的桥梁、塔寺以及园林建筑等也是令世人钦羡的。

隋唐的赵州桥是现存世界上最古老的一座石拱桥，被英法联军烧毁的圆明园美轮美奂，宛如人间仙境，苏州园林形态各一，至今令中外游人流连忘返。中国古代的陶瓷和漆器亦是被世界其他地区和民族视为珍品，它精致的造型和绘画令世人叹为观止，直到今天它们仍被人们当做珍品广泛收藏。中国古代的丝绸以其轻盈、柔软打扮了人类，被西方视为珍宝，只有贵族才有资格享受，并因丝绸开辟了文明世界的古代东西方之间的丝绸之路。

中国古代，国力强盛，长期为世界的中心，与其先进和强大的经济是分不开的。早在公元前 5 世纪，封建经济就逐渐在中国形成，公元 221 年建立了世界上第一个封建经济为基础的统一的国家。之后更是出现了三大封建经济的“盛世”：西汉文景之际，据载“京师之钱累百巨万，贯朽而不可校，太仓之粟陈陈相因，充溢露积于外，腐败不可食”；武帝时，大兴水利，农业更趋发展；盐铁官营，财政愈益加强；唐代贞观年间，经济由恢复而发展，到玄宗开元全盛之时，诗称“小邑犹藏万家室，稻米流脂粟米白，公私仓廪俱丰实”。

唐朝时的长安是世界大都市，万国商人云集，唐朝晚期还出现了夜市，当时，唐朝经济远超过了同一时期的拜占庭以及阿拉伯。历史

上汉、唐并举，无疑都证明汉、唐是当时亚洲乃至世界上最富强的国家。宋朝一项非常重要的革新就是以货币为基础的税收体系的创立，12 世纪初北宋就发行了当时世界上最早的纸币——交子，这个具有开创性的发明后来被欧洲人所模仿，但英国的广泛使用却晚至 1797 年。

据历史学家的计算，宋朝我国的 GDP 占当时全世界经济总量的 75％，人口不过 15％，这个成绩连现在美国都达不到。难怪当今有的西方学者说当时一位欧洲君主的生活水平还比不上东京汴梁一个看城门的士兵。来自当时西方最繁华的城市威尼斯的商人马可·波罗来到仅仅是吸收了很少一点宋人文明的元朝大都城时，竟然感到眼花缭乱，宛如身处人间天堂，无一不说明了宋朝的繁华。

清代乾隆时，农业、手工业和商品经济均兴旺发达，财政收入之丰，达到了我国古代社会的最高水平，经济规模和总量居当时世界之最。直至 1800 年，中国仍然是世界经济的中心，生产能力和出口能力为世界其他地区望尘莫及。

曾经的老大国际经济往来广泛

中国古代经济发达，国力强盛，文化先进，对外部有很大的吸引力和影响力，对外开展了广泛的国际交往，并形成了东亚文化圈。

早在秦汉时期，中国就对外开展了积极的对外交往，以中国为中心的东亚文化圈影响远及欧洲和非洲。向东与朝鲜半岛南部的三韩（马韩、辰韩、弁韩）及隔海相望的日本有密切交往。向南与越南有经济技术交流。向西通过陆上丝绸之路，与中亚、西亚、南亚诸国进行交流。中国的铁器、丝绸、养蚕缫丝、铸铁术、井渠法和造纸术（应该是唐代）先后西传。佛教也通过丝绸之路传入中国。丝绸之路的开辟是世界交往史上开天辟地的大事，丝绸之路东起长安，经河西走廊，

过玉门关、阳关，分南北两路到疏勒（今新疆喀什）会合，越过葱岭（今帕米尔高原和喀喇昆仑山），北上大宛（中亚费尔干纳盆地）和康居（锡尔河流域）到里海北岸，南下身毒（印度），西行大月氏（阿姆河流域），经安息（伊朗）转运到条支（阿拉伯半岛）和大秦（地中海东岸）。

汉武帝以后，开辟海上丝绸之路，从广东沿海港口出发，最远抵达印度半岛南端，它加强了中国和东南亚、南亚各国的联系，从水路沟通了东西外交圈的联系。安息在汉与大秦进行转手贸易，班超派甘英出使大秦，甘英至波斯湾后返回。166 年，大秦安敦王朝派使者从海道来见东汉桓帝，这是正史中国与欧洲直接往来的最早记载（《后汉书》）。南北朝时法显西行取经，13 年后回国，将旅行经历写成《佛国记》，这部书是研究中国与印度、巴基斯坦等国的交通和历史的重要史料。

隋唐经济文化繁荣，对各国有很强的吸引力，唐朝对外持开放的态度，政府鼓励外商来华。陆路从长安出发，向东可达朝鲜，向西经丝绸之路可达天竺（印度半岛各国）、波斯（伊朗）、大食（阿拉伯半岛）和欧洲（如拂林即东罗马）等许多国家。水路从登州、扬州出发，可到韩国、日本；从广州出发，最远可到波斯湾。唐与朝鲜有商贸、制度、教育、物种、技术、风俗等方面交流。那时中国文化影响到周边诸国，以日本为代表，派遣遣唐使，学习中国文化。在文字、服饰、建筑和思想方面，日本历史上著名的“大化改新”就是留学中国的日本学生回国后策划的，日本奈良城是仿照长安建立的，日本还大力推行儒家文化，对日本产生的影响，至今可见。首都长安有三间最高学府为尚书省礼部的“国子监”，其学生有来自东方的高句丽王国、新罗王国、百济王国、渤海王国、日本帝国、西方高昌王国，后来还有吐蕃王国，南方的南诏王国，成为世界上最可观的高等学府。

隋唐与东南亚的骠国（缅甸）和南亚的天竺有使节、技术、宗教等交流。隋唐与中亚的波斯和大食有交往。唐朝时中国人学习了天竺的熬糖法、东罗马的医术、杂技和周边邻国的乐舞风格。唐朝人杜环在非洲留下了行踪。史载东非索马里使者在唐太宗时来到中国。

早在世界地理大发现，哥伦布发现美洲之前，明朝初年的郑和下西洋就已起程了，郑和等人最远到达红海沿岸和非洲东海岸，加强了中古与世界各国的联系与交流。它揭开了世界大航海时代的序幕，是中国拥抱外部世界的象征，将中国的航海事业铭刻在世界航海史的里程碑上。

中国人喜欢以史为鉴，对历史特别钟情，中华民族是世界上最善于记录历史、历史记录最全的民族。汉武帝时诞生了中国第一部纪传体通史《史记》，北宋宰相司马光编写了中国第一部编年体史书《资治通鉴》，中国二十四史更是代代相连，这些史学巨著均气势磅礴，不仅记录了历史，更是文学巨著，其中《史记》被誉为“史家之绝唱，无韵之离骚”，更使中国成为四大文明古国唯一一个年表完整相连的国家。

五千多年来，中华文明如滔滔不绝的黄河，一气流转，奔腾而下。曾经的世界老大，古代中国雄踞世界的东方，国力强盛，经济文化繁荣，长期作为东亚乃至世界的中心，辉煌灿烂的历史是中华儿女永远的骄傲，更是中国再创辉煌，重新坐上世界老大宝座的历史底蕴。

第七章　文化的宏大与局限

中国曾经是老大，指的不单单是军事实力、科技实力、经济实力等硬实力，文化的软实力也是发挥着重要作用的。而且，在中国能否成为世界老大这个问题上，软硬实力缺一不可，都扮演着各自重要的角色，起到了不可替代的重要作用。

在人类历史的长卷中，中国文化无疑是其中浓墨重彩的一笔，令人眩目。一提到中国文化，我们心中无不洋溢着自豪之情，因为我们拥有灿烂辉煌的五千年文明。我们暂且不提推进和改变了世界进程的“四大发明”，就单从文学方面来说，唐诗、宋词、元曲这三块文化瑰宝都曾各领风骚，一首首脍炙人口的经典让人废寝忘食，三月不知肉味。备受追捧的大型历史长篇小说《甄嬛传》里的“愿得一心人，白首不相离”，便是出自中国古代著名才女卓文君的《白头吟》。不仅如此，大家耳熟能详的文学家如鲁迅、郭沫若、张爱玲、曹禺、巴金等都是实力不俗、才华横溢的“大家”。近些年来，全球范围内更是不约而同地兴起了一股“汉语热”，孔夫子等人的魅力也开始“漂洋过海”。在岁月的洗礼之下，中国文化的积淀越来越深厚。对于中国来说，要想让中国文化在新时代能够继续绽放异彩，为中国成老大这个既定假设添砖加瓦，我们便需要先对中国文化有个更加全面、清晰的认识。

虽然目前全球并没有对文化的概念，形成完全统一的理解和共识，但是我们比较多地认同，文化是一种历史的产物，在很大程度上会受到地域地理、气候环境、生产方式、历史背景等因素的影响，文化是人们认知、信仰、艺术、道德、法律、习俗等的一个整体，无不打着

明显的民族印记，如特色鲜明的印度文化、中国文化、古埃及文化等就是其中的代表。作为四大文明古国之一，中国不仅资格老，更是以其绚烂多姿的文化和浓厚的文化底蕴而为世人所熟知。中华文明酝酿于黄河中下游这片辽阔、肥沃的土地之上，中原之地成了古代中国的中心，虽然中原现已辉煌不再，但逐鹿中原是当时当权者们的梦想。当然，中国文化虽然气势恢宏，但众口难调，人们对中国文化的评价和理解也是各不相同。有的人认为中国文化可居世界文化之首，独领风骚；有的人则认为中国文化已然过时了，难以紧跟时代大潮。综合以上两种极端的意见，而大多数“折中”人士则认为中国文化既有其宏大之处，又受到其局限性的影响，对此我们要有更为清醒的认识，断不可剑走偏锋，有失偏颇。

昔日老大文化辉煌

古语有云，“海纳百川，有容乃大”。秦相李斯在他的名篇《谏逐客书》中曾说，泰山不让土壤，故能成其大；河海不择细流，故能就其深。泰山和大海用包容的心态成就了自身的宏大，中国文化同样如此。这其中也有许多例子可以凸显，佛教在中国的发展就是其中之一。对于佛教，我们最熟悉的莫过于“阿弥陀佛”了。中国的佛教起源于印度，由印度传入后在中国本土得到广泛传播。从我国四大名著之一的《西游记》中可知，中国取经须往西行，其中的玄奘法师取经在唐朝历史上也确有其人其事，取经一般艰辛，两样历程。

此外，中国文化中还有“三教九流”这么一说，其中“三教”指的是儒、释、道；九流则包括儒家、道家、阴阳家、法家、名家、墨家、纵横家、杂家和农家。虽然这三教九流思想各异，却能够在中国历史中和谐的共存着。儒家学说后来被尊为正统学说，孔子、孟子等

人的著作也被后世视为圣贤之书，“见利忘义，枉读圣贤之书”，这圣贤就包括孔孟二老。道家虽然是边缘学科，但也有众多的粉丝。道家所提倡的“无为而治”对于战乱之后恢复生产力有很强的指导意义，道法自然，就拿道家的庄子来说，从古至今，有多少人为其倾倒?《天龙八部》里边的“逍遥派”其派别和武功是从庄子的《逍遥游》所演化出来，唐朝的李商隐在其名诗《锦瑟》中说，“庄生晓梦迷蝴蝶”，说的便是庄子化蝶之事。道家老子据说后来修炼成仙，坐着老青牛直奔仙界去了，电视里常见的天庭里的太上老君便是他了，人家可厉害着呢，负责炼仙丹，吃了可保长生不老。儒道两家对于中国历史文化的影响，由此可见一斑。

儒教学说作为整个社会伦理道德体系的重要组成部分，维系着人际关系的进展，因此可以说儒家学说给封建社会提供了一个良好的社会秩序。儒家极其强调修身、齐家、治国、平天下，注重通过个人修养来为国家、为社会贡献自己的一份力量；在这方面道家则很不同，道家注重的是个人的修炼成仙。在儒道之外，颇受重视的还有佛学。我们常听到“佛门广大、普度众生”，指的便是只要有佛心，人人皆可成佛，“放下屠刀，立地成佛”“救人一命胜造七级浮屠”便和这是同样的意思了。道家注重的是修身之人的慧根，但凡目前流行于市面和网络的修真小说中的厉害角色，无不是有极好的慧根，再有极厉害的师父指导，或是吃了什么仙草、灵药等增强了功力，在诸多奇遇之下在深山老林里练就了绝高的法术。这样一比，佛教倒有些像我们的九年义务教育，只要自己愿意便都可以修行，道教就像稍难些的高等教育，要有些慧根、出类拔萃的人才能获得成功，而儒教则强调通过自身的努力和学习来获得心灵的平静和解脱，“腹有诗书气自华”大概就是儒家所强调的修身自法，多读圣贤之书，行圣贤之事。虽然中国的儒释道三教有许多相异之处，但都主张要克制感官上的欲望，不受身体本能的控制和奴役。释教有诸多清规戒律，道教强调清心寡欲，儒教也强调一切要“止乎礼”，心灵的平静是三教的共同追求。

除了儒释道三教互相辉映之外，百家争鸣也使得中国文化无比灿烂。春秋战国时期，既涌现出了享誉国际的《孙子兵法》，又有墨家的“兼爱、非攻、尚贤”广流于世，“清静无为”和“君子无所不用其极”为人们提供了多样的选择。正是中国文化的包容性，才使得诸多哲学思想能够并行于世。

要说起中国文学，大家便会想起一首首令人“口齿留香”的、脍炙人口的佳作，单表中国文学的题材就丰富多彩，自然山水、人伦感情、历史未来无不涉及。拿唐诗、宋词来说，虽有“日出江花红似火，春来江水绿如蓝”、“露卧一丛莲叶畔，芙蓉香细水风凉”、“水光潋滟晴方好，山色空濛雨亦奇”的江南风景，倒也不乏“大漠孤烟直，长河落日圆”、“塞上秋来风景异，衡阳雁去无留意”、“北风卷地白草折，胡天八月即飞雪”等壮丽的大漠风光。中国既有稳重的山文化，又有灵动的水文化，在山水之间自有一番天地，一片自由。对于中国的锦绣河山，古人已用数不尽的好词好句形容过了，表达出了对大好河山的赞美之情，从小学课本上的“飞流直下三千尺，疑是银河落九天”到高中课本上的“黄河之水天上来，奔流到海不复回”，从“会当凌绝顶，一览众山小”到“五岳归来不看山，黄山归来不看岳”，这些熟悉的句子无不勾起人们对壮丽河山的向往。我们不禁感慨，或许只有将山水文化融于一体的文化才算得上真正的宏大，也才配得上世界老大这个拥有广阔胸襟的名号吧。

有人可能会说，要那么多诗词歌赋文化作甚？又填不饱肚子。这么说便错了，舌尖上的中国文化较之其他文化也是毫不逊色的，2012年中央电视台播出的美食纪录片《舌尖上的中国》也着实让中国的饮食文化“火”了一把。中国历来崇尚“民以食为天”，连圣人孔子也说，“食色，性也，”中国的饮食文化可谓色、香、味俱全。经过长期发展，中国饮食中形成了特色鲜明的八大菜系，分别为鲁菜、川菜、粤菜、苏菜、浙菜、湘菜、闽菜、徽菜，这八大菜系各有风味，颇具佳肴。

鲁菜有齐鲁风味、胶辽风味、孔府风味等，其中九转大肠、八仙过海闹罗汉就广受喜爱；川菜是中国最有特色的菜系之一，有辣椒、花椒、胡椒、豆瓣等众多调味品，不同比例搭配造就了鱼香肉丝、宫保鸡丁、夫妻肺片、麻婆豆腐和回锅肉等在内的名菜；作为宫廷第二大菜系的江苏菜系有淮扬、南京等风味，代表菜包括霸王别姬、沛公狗肉、清炖狮子头、糖醋排骨、太湖大闸蟹等；粤菜的风味有广府风味、潮汕风味和客家风味等，其中白灼虾、脆皮乳猪、爽口牛丸、酿三宝、东江盐焗鸡等都是去广东游玩的必尝美食，而由于广东地处沿海且对外开放较早，因而粤菜成为了国外的中国代表菜系；闽菜即福建菜系，其中最有名的莫过于“佛跳墙”，“坛起荤香飘四邻，佛闻弃禅跳墙来”这两句诗便充分展示了这道名菜的魅力，此外，沙县小吃在闽菜中也享有较高的知名度。浙菜、湘菜、徽菜也都有不少的拥护者，浙菜讲究清淡、精致，西湖醋鱼便是其中一例，看着西湖美景，吃着口齿留香的美食，岂不快哉！同时，盛产“辣妹子”的湖南则以麻辣仔鸡、红烧腊牛肉、火宫殿臭豆腐等颇受欢迎；至于徽菜，包括皖南风味、沿江风味和沿淮风味三种，代表菜品有黄山炖鸽、八大锤、老蚌怀珠等。这代表着中国饮食文化的八大菜系，风味各异，在世界也享有较高知名度。对于这丰富的饮食文化，我们深感自豪，不只是菜品多样，中国的酒文化也源远流长，“何以解忧、唯有杜康”、“人生得意须尽欢，莫使金樽空对月”，古人的诗意和才情往往都伴随着美酒，“葡萄美酒夜光杯，欲饮琵琶马上催”，喝酒爽快的人往往是个豪迈的汉子，大碗喝酒，大块吃肉，梁山好汉的形象便这样留在了读者的心中。中国文化的宏大在这里也有所体现，求同存异，不外如是。

文化视野还有局限

既然中华文化如此博大精深，历尽辉煌，那为何又会从老大的位置上“跌足”呢？说及此，也就必须要进行自我批评和自我反省了。在文化视野方面，中华文化是有着自身的局限和不足的。

作为倡导戊戌变法的重要代表之一，梁启超在1904年的《新民丛报》上，曾提出这样的疑问：“郑和的航海远在哥伦布发现新大陆以前六十多年，更在达伽马发现印度新航路七十多年前，为什么哥伦布和达伽马等人的发现能使得世界面貌焕然一新，开创了一个新纪元，而郑和的壮举，随着郑和的去世也就随之消失了呢？哥伦布之后有无数的哥伦布，达伽马之后也有更多像达伽马样的人开始航海壮举，为什么我们只有一个郑和，而没有他的接班人呢？这难道是郑和的错吗？”除了梁启超提出疑问之外，李约瑟在其撰写的《中国科学技术史》一书中，也曾疑惑：“如果我的中国朋友们在智力上和我完全一样，那为什么像伽利略、斯蒂文、牛顿这样的伟大人物都是欧洲人，而不是中国人或印度人？为什么中世纪以后的中国逐步落后于欧洲，而让欧洲比中国强大太多呢[①]？”这些疑问和困惑应当如何解释，为什么会发生这种情况？这和中国文化的局限性不无关系。

众所周知，指南针、造纸术、印刷术、火药这四大发明来自中国，并给世界带来了巨大的影响，指南针使航海变得更加安全和高效，造纸术促进了文化知识的传播，印刷术传播了宗教经典，火药更是将西方的骑士阶层炸得粉碎，可以说，没有这“四大发明”，我们无法想象

① 宋燕辉，张树林．辩证解读“李约瑟”难题［J］．景德镇高专学报，2009年9月，第24卷第3期：41-42.

今天的世界会是怎样的面貌。但这四大发明给我们中国带来了什么呢？我们的祖先发明了指南针，却只用来看风水，传入欧洲以后指南针被广泛运用于航海中，便有了之后的哥伦布、达伽马、麦哲伦等航海先驱，新大陆被发现了，新航线被开辟了，世界隔绝被打破了；另一大发明火药同样有着相似的命运，我们的祖先用火药制造了鞭炮和焰火，所以我们的传统节日如春节、元宵等总是在爆竹声中热闹、喜庆地度过，“爆竹声声辞旧岁”就是生动写照，而西方人呢，用火药来制造大炮，颇为讽刺的是，近代中国就是在西方列强的船坚炮利攻击下才被迫打开封闭的国门。指南针让入侵者不至于在茫茫大海迷失方向，而火药让他们的大炮能轻而易举地战胜中国的冷兵器。“落后就要挨打”，其中固然有清政府腐败无能的因素，但究其更深层的原因，还是源于中国文化的局限性。

当然，中国文化的局限性并不是因为孔子、朱子等个别大家的提倡才出现的，这与我们的文化基础紧密相关。中国文明植根于农耕文明，牛郎织女般男耕女织的生活便是那时的写照，低下的生产力和对自然的无知和不解，让人们对自然心存敬畏。人们一年的生计便都指望着那一亩三分地，一年收成如何大部分是要看老天爷的心思，天可怜见，才能让贫苦的大众百姓有口饭吃，因此，古人必须处理好人与自然的关系。对于古人来说，顺应自然是唯一的生存路径，即便是古时的天子也称自己是真命天子，圣旨中的第一句话往往便是“奉天承运，皇帝诏曰”。正因中国长期处于农业经济，而古代的农业又是典型的“看天吃饭”，因此中国文化主张尊重自然也就理所当然了。

古代中国曾长期是世界潮流的领导者，从秦始皇统一中国以来，中国发育良好，虽然事实印证了“天下大势，分久必合，合久必分”，中国历史倒也是没敢停了前进的车轮，前有“光武中兴”，后有“开元盛世”，彼时中国虽算不得极度富庶，倒也是经济、政治、文化等全面开花的世界强国。中国文化并没有出现明显的断层，但为什么在历史悠久、幅员辽阔、人丁旺盛的时候竟被小小日寇逼至几欲亡国的困境？

中国虽有佛、道等宗教,但为什么我们宗教观念淡薄?佛教最初是为了禁锢人们的思想,同时为广大沉沦苦海的老百姓提供心理解脱,而并未成为社会各阶层的共同信仰,因此,从古至今的中国人又靠什么为自己的人生意义提供支持呢?我们一直认为西方人是个人本位,中国人是群体本位,那又怎么解释中国人的"一盘散沙",乃至是"社会公德缺乏"等现象呢?

纵使千般不想承认,但我们知道当代中国人的素质的确是亟须改进的。我国许多旅游景点往往都留有"某某到此一游"的字迹,在文物古迹上乱涂乱画早已不算是什么稀罕事。我们不应当妄自菲薄,却也应当认清本国的实际情况和自己的缺点,切不可讳疾忌医。中国文化虽然提倡维护群体利益,便如"苟利国家生死以,岂因祸福避趋之"所言,我们希望国人能够爱国,并密切团结,但实际情况是,在物质生活极端丰富的今天,要抵制物质诱惑,守护心灵净土很不容易,国家的利益和荣耀也似乎感觉很遥远,因此人们逐渐变得如一盘散沙。如何提升整个社会的公德水平,重新建立合理的道德体系,制止道德的沦丧,是中国文化的使命,也是值得我们深刻思考的问题。

我们可以为自己辉煌灿烂的文化而感到骄傲和自豪,但如果因此变得自我封闭和自满可就糟糕了。经过了鸦片战争近代史的屈辱后,中国又曾出现了一些全盘否定传统文化的现象,打倒孔夫子,要"德先生"和"赛先生",一味地推崇西方国家的民主和科学,这当然也是欠妥当的。中国文化发展到今天,虽然我们未曾有文化上的断层现象,这点和古埃及、印度等文明很不相同,但我们文化中的一些矛盾和缺陷却没有随着时间的流逝而自行消失。相反,中国文化的这些缺陷很有可能在中国人的思维里根深蒂固,要想真正祛除需要下大工夫,花大力气。历史文化的传承需要"去粗取精,去伪存真",一味肯定或全盘否定都是不可取的。然而,我们当中仍有许多人对中国文化不屑一顾,而一味地去学习和模仿他国的路径。有许多学生不记得"唐宋八大家"是谁,不知道"新乐府运动",很多人不知这"关关雎鸠,在河

之洲”出自哪一诗篇，这充分说明我们对于中国文化知识的普及还远远不够。当然，在电视媒体等的普及下，对于清朝的几任皇帝我们知道的还算多，其中有“微服私访”的康熙，那个多次下江南、文笔画作都不错的皇帝乾隆，还包括近期大热，频繁见诸电视屏幕的“四爷”雍正等。虽然如此，中国文化的局限性还是应当引起大家的深思。作为中华民族的一分子，我们要怎样给力，才能 Hold 住未来中国文化的发展？

中西文化对比与交流

在中心文化的对比交流中，中国文明对于外来文明向来是抱着开放态度的，对宗教的管制也不是很严，人们大多一视同人地对待本土和外来的宗教，因此当“菩萨们”传入时我们便以宽容的心态欣然接受了。当然，在佛教刚传入中国之初，其与中国本土文化难免有所冲突，如中国文化历来主张“孝”，不少君主都以“孝”治天下，这是儒教正统思想，“不孝有三，无后为大”对当今中国社会的影响也极大；而佛教，提倡人们“出家”，当然此处出家不是单纯离家出走，而是要摒弃红尘，六根清净，佛家弟子要守清规戒律，为了获得生存的空间，佛教就不得不韬光养晦，尽量迎合社会主流的道德伦理观，同时，佛教也保留了自身的特色，终于得以“普度众生”。虽然佛教在中国曾经历了几次毁灭性的打击，其生命力还是顽强的，形成了诸多分支，如禅宗、净土宗、华严宗、天台宗，并创造了自己的诸多经典，有禅宗的《金刚经》《楞伽经》《维摩经》，净土宗的《佛说阿弥陀佛》，华严宗的《华严经》，天台宗的《法华经》《大般若经》等，这些经书可谓是佛教经典。当然我们普通读者中印象最深的当属各种寺庙，比如在各种武侠小说、电视电影中常见的“武林泰斗”少林寺，七十二般绝

技高深莫测；法海和尚所在的，曾被白素贞、小青二蛇以水所淹的金山寺；传说顺治帝出家，皈依佛门的五台山清凉寺等，这些毫无疑问都体现着中西佛教文化在对比交流中得到的发展进步。

较之西方文化，中国文化还十分强调伦理道德，有较强的群体意识和集体意识；“不患寡而患不均”这话不仅搁在古代很准，放之现代也有一定的现实意义，个中的平等意味可见一斑。贫富差距过大容易导致社会分化，古时有陈胜振臂高呼“王侯将相宁有种乎”以反抗暴秦，而现代中国曾一度改吃“大锅饭”，降低了个人的积极性。中国文化重义轻利，提倡与自然和谐共处，缺乏科学探究精神，因此我国的自然科学也没有得到充分的发展。孔夫子领军的正统儒学尚礼，提出了人们要遵守的“三纲五常”：“三纲”即君为臣纲、父为子纲、夫为妻纲；“五常”便是仁、义、礼、智、信。这些伦理道德一方面教养着人们，使得不少地方民风淳朴，出现“路不拾遗、夜不闭户”的佳境；另一方面也制约着人们的自由和思想，不少悲剧也就因此发生，愚忠的大臣在历朝历代屡见不鲜，受封建思想迫害的女性更是命运凄苦，便如六院名妓杜十娘一般，遇人不淑，在遭到心爱之人的背叛后与自己的一箱妆奁共沉水底。而与之对比的西方文化更提倡个人的拼搏和奋斗，像拿破仑等英雄式主义的人物很受推崇，当然，过分强调个人作用既促进了社会整体生产力的进步，也使得人情关系变得冷漠，同时，对个人利益的角逐让这个物欲横流的社会盛行着享乐主义和拜金主义等不良价值观。

中国文化较多注重宏观方面的总结，而忽略了原有基础上的创新。在自然科学和人文科学方面，中国有许多集大成者，如《本草纲目》、《天工开物》、《水经注》、《四库全书》等都是经典之作，但对于自然万物更深层的奥秘却鲜有探索，而是代之以膜拜、敬畏，如我们对于月球不甚了解的时候便编织了“嫦娥奔月”这一美丽的神话。虽然我们提倡“格物致知”，但在实践中却缺乏真正的探究精神，我们以经验为主，忽视科学。便如我们的祖先在看到了下雨前燕子会低飞、蚂蚁会

急匆匆的搬家一般，将这些口口相传或诉诸笔墨，因此我们后代知道了这些经验，但几乎无人去研究蚂蚁、燕子等动物是怎么知道要下雨，地震是如何让自己被乱飞的鸡、狂吠的狗所感知的等，我们不得不承认，中国的自然科学更多是经验性的总结。另外，西方文化则更加注重研究人与自然的关系，主张改造自然为己用，满足人类的需求，因此西方的自然科学较为发达，达尔文等生物学家的涌现也就不足为奇了。

正如我们前文所提及的一样，中国文化中有许多经验型的总结，但较之西方文化，中国文化忽略了科学、宗教、文化、艺术等的独立发展，而更加注重将千般学问融会贯通，十八般武艺，样样精通便是我们的目标了。虽然中国文化在文学上有过多次高峰，如以“蒹葭”为首的诗经，以屈原为代表的楚辞，唐代的“李杜”、“小李杜”、“元白”等都给中国文学贡献了许多佳作，宋词、元曲、戏剧、小说等都曾风靡一时，但为什么在诺贝尔文学奖成立了这么多年以来，从未有中国人问鼎该奖，这是值得我们思考的问题。幸而国人已经逐渐意识到中华文明的局限，也在不断地通过对外交流和对比，“取其精华，弃其糟粕”，使中华文明成为真正世界第一的辉煌文明。

中国文化，路在何方

既然意识到中国文化的气势恢弘宏，意识到中国文化还有局限，也同时意识到中国文化应该在交流中寻求长远发展，那么，作为一名骄傲的炎黄子孙，我们首先应当有这样的自信，中国文化是有着其自身独特的魅力和生命力的，中国文化的一些核心内容符合当今时代的主题，能很好地促进中国乃至世界的发展。中国文化所提倡的“和”在这个“和平与发展”为主题的时代，能很好地被世界人民所认同和

接受；中国文化所注重的天人合一，尊重自然和保护自然符合可持续发展观的要求，完全有可能引起世界人们的共鸣。此外，中国文化有着悠久的历史，文化的多样性使得中国文化不同凡响，中国有着许多文化瑰宝，如“一言以蔽之：思无邪”的《诗经》，为外国朋友所熟知的“床前明月光，疑是地上霜”的唐诗，有唐三彩、青花瓷，有京剧、皮影戏等颇具魅力的艺术，有少林寺绝技和博大精深的中国功夫等，中国文化越来越受到世界人们的喜爱和关注，便是中国也更加注重对自身传统文化的挖掘和培养。

当然，如前所述，我们必须勇敢承认中国文化是有其不足之处的，如过于中庸和隐忍，缺乏西方的“鲁滨孙”类的冒险精神，执行力不行，过于因循守旧，缺乏创新精神，中国文化中迷信的伪科学等。对于中国传统文化中的糟粕内容，我们一定要摒弃之，中国文化中的一些巫术、鬼神之说有大部分已经经科学证实了便不应当再信。再如中国儒家正统所提倡的三纲五常，也是有悖人伦，现代社会讲求平等，因此我们同样也需要摒弃这种落后思想，做新时代的新思想的平等公民。

当然，许多传统思想已经根深蒂固，不少人像“老古董”一样呆板，这需要耐心教化。好的传统我们要继续保持，比如勤俭节约、艰苦奋斗的优良品质我们仍要不抛弃、不放弃。在新时代的形势下，要想真正实现中国文化的新发展，使之适应时代潮流，我们要做好中国文化的跨时代工作。

立足现实，才能更好地展望未来。那么，中国文化的现实意义又是什么呢？中国文化是中国的标志，是中国实力和潜力的重要载体。中国有着悠久文化，而如何让中国文化在新时代焕发出新的生命力和活力是我们需要思考的问题。中国儒家思想所倡导的“仁、义、礼、智、信”符合我们修身立命的基本要求，因此也应当成为现代中国所倡导的道德标准体系和人们的价值观的一部分。“仁者爱人”，我们应当有颗仁慈、善良的心；“己所不欲，勿施于人”，做事不能损人利己；

"谦卑为怀"，做人要懂礼貌，遵守规章制度，做一名谦谦君子；"海岳尚可倾，口诺终不移"，要活在当下，做好每件事情，以诚信作自己的安身立命之本。

总之，在对待中国文化的态度上，我们既不能扬扬自得而认为天下唯我中国文化独尊，又不能妄自菲薄、一味崇洋媚外。对于有利于我们修身养性、治国安邦的文化我们要继承和发扬，而对于那些怪力乱神的无稽之谈便是听过、看过、笑过便也罢了。中国文化与世界老大的差距，我们自知，也会不断努力缩短这种差距，我们对中国文化是有信心的，相信我们凭借自己的努力能够再次让中国文化辉煌灿烂，在世界上留下绚烂夺目的身影。

软实力还需再发展

文化建设是一个民族不断发展的不竭动力，中国文化软实力再发展，需要各民族的共同努力。

中国是个多民族的国家，正如歌词所说，"五十六个民族，五十六枝花，五十六个兄弟姐妹是一家，五十六句语言，汇成一句话——爱我中华。"中国的少数民族不仅是中华民族的组成部分，深受汉文化的影响，其自身也有多彩的文化。少数民族的人们大多能歌善舞，热情大方，他们的传统节日和他们的人一样美，像大家所熟知的"泼水节"便是傣族的一大传统节日，鄂伦春族、高山族、苗族、藏族、壮族等许多民族还保留有自身的文字和语言，当然，普通话现在已经成为各个民族之间相互沟通的重要纽带。这些民族的发展历史不尽相同，但他们同样都受着中国文化的熏陶，作为炎黄子孙的他们同样也热爱这个国家。早从春秋战国时期开始，各民族融合就已经大规模开始，每逢战乱，人口便会出现大规模的迁移，各民族的相互融合进一步推动

了中华文明的进步，历史上更是有不少的少数民族建立了属于自己的政权，如元朝和清朝，北方的游牧民族大多骁勇善战，马背上打的天下，对于元朝和清朝来说就毫不夸张。在汉文化潜移默化的影响下，很多少数民族学会了汉族先进的技术和文化。

文化这个东西，说起来好像很玄乎。人类学家也都认为文化是看不见的，但是文化的一些基本元素，以及从文化当中延伸出来的很多表象是看得见的。比如说我们的建筑风格，中国的建筑和西方的建筑就有文化风格上的、文化本质上的、文化内涵上的、文化表现形式上的差异。又比如说饮食，中餐、西餐有什么区别？怎么区别？为什么有区别？中国人典型的就是用筷子，这是很典型的中华民族的智慧，但是这筷子并不是谁都能用的。它要平衡，它要技术，你能不能用筷子夹两个黄豆，你试试看。但是西方人就是一个刀、一个叉。对于食物，我们是上桌之前先切好，他们是上桌以后当着你面来切。我们饮食习惯当中的很多现象都可以从文化的角度进行分析研究，再比如服饰，我们一讲到少数民族文化，便会很快联想到不同少数民族的服装了，在此，民族服饰也就是少数民族文化的表象与象征。如此多的文化软实力都需要继续发展，不能说有了筷子就不要刀叉了，也不能说有了西服就不要汉服了。

我们还可以从中国的文化内核中寻找动力，比如中国历来就讲究“以和为贵”，“和”可谓是中国文化的重要内核。中国“和”的思想很多，如“以和为贵”“君子和而不同，小人同而不和”，和是一种人与人之间的交流方式和状态，也是一种放之四海而皆准的追求。中国的和文化是其宏大性的绝佳体现，中国讲究天人合一，构建和谐社会，因此我们可以心平气和地接受外来事物，甚至对外来的新事物充满了好奇。中国文化这种对于外来文化的接受和融合能力在外国人看来大抵是不可思议的，也是外国文化所不具备的。

此外，中国文化并不局限于特定方面。在中国文化的熏陶下，大多古人讲究“门当户对”，有极深的门第观念，但彼此之间还是不断地借鉴和学习，这一点在文人之间表现更明显。虽有文人相轻之说，但友谊仍很常见，如李白和杜甫为莫逆之交，元稹和白居易友谊深厚。“三人行，必有我师焉”，诚不我欺。既然中国文化能够包容和吸收这么多新的、先进的东西，那为什么在近代我们会严重落后于西方国家，为何“康乾盛世”成了大清帝国回光返照的辉煌，为何我们中华泱泱大国险些落入日本的掌控之中，为何中国文化并未在国际上获得更高的文化认同，为何中国人被人视作“一盘散沙”？我们或许能从中国文化的局限性中找到线索。且先不论中国能否成为世界老大的问题，即便是在这样一个全球文化繁荣发展的大环境、大背景下，我们中华文明也要学会在文化的激烈碰撞中，既不丧失自我特色，又不孤芳自赏。只有兼收并蓄，才能分外享受这世界馈赠于我们的饕餮文化盛宴，才能在文化上成为真正的世界老大。

第八章 教育的尴尬害了谁

谈起中国的教育，社会各界人士都有话要说。最有发言权的学生们可能首先要说了，“中国的应试教育可把我们害惨了，眼看着书包沉了，压力大了，休息没了，近视深了，青春耗了，要是好不容易毕个业了，还要面临找不到工作的尴尬境地。”最近网络上火速蹿红的一段源自民间拍客的视频，应该可以说明部分问题。一名小学生对着镜头声泪俱下地哭诉着，他不想上大学，因为上大学回不了家，就算高中、初中，甚至小学他也觉得可难。这么幼小的孩子就开始惧怕未来的各个阶段的教育了，不知道这算不算是教育之奇耻大辱？为了学习，学生和家长之间有时竟变得水火不容，最可笑的是，为了让孩子安心高考或中考，一些家长竟然长期对学生隐瞒亲人过世的噩耗，这算不算是家庭之悲哀？许多学生除了读书，似乎其他什么都不会，连生活都不能“自理”，无法自立，这又算不算是人类“进化”之大不幸？

为此，进退两难的家长也倍感委屈。家长们说，“孩子的考试与其说是考他们，不如说是考我们这些当家长的。中考要陪考，高考也要陪考，在家里还要陪读。孩子的分数每每都成了家里一根紧绷的弦。”有时候也不得不说，中国的父母有时就是虚荣心太强了，总是喜欢攀比，就连孩子的成绩也不例外。“望子成龙，望女成凤”固然没有错，殊不知，过度的强求最后只会导致孩子的疏远和叛逆。我们理解家长的苦楚，他们要么就是自己吃过没有文化的亏，希望孩子可以通过“学而优则仕”这条路实现他们的愿望，毕竟应试教育在某种程度上来说也是公平的、重新“洗牌”的机会，给了那些没有背景的家庭一丝

希望的曙光。要么就是自己本身地位显要，非常注重家里的“门面”，不希望孩子比自己差，总是喜欢比较来比较去。不管是哪种家长，对于教育，他们都是热情追捧的，对教育的投资也是从不吝啬的，而这，似乎也正助长着教育产业化的“邪风”。

在当今教育体制面前，老师们也是深受其苦。他们可能会大吐苦水，“上有学校领导施压，中有家长施压，下有学生反向施压，我们的日子也好过不到哪里去。”事实上，老师们的尴尬处境也是可以想见的，一边是少得可怜的工资，另一边是硬性规定的高升学率、就业率。在工资面前，教师行业注定很难留住人才，且不说郊区、山区等边远地区，就算是县城学校也只是被众多老师当成一块“职场跳板”。如果有更好的职业发展，他们就会义无反顾地舍弃三尺讲台，投身社会洪流之中了。在升学率、就业率面前，老师们只得兢兢业业，陪着学生熬过一个又一个的晚自习，勤快地进行着一次又一次的家访、家长会。所有的压力当然不是一个人给的，而是这个社会的教育给的。

凡事总是有人欢喜有人愁。中国的教育一方面苦了学生、家长、老师；另一方面又肥了各类辅导机构、补习班。学生们在课堂之上争分夺秒，你追我赶，课堂之余自然也是“兵家必争之地”。一到寒假暑假，各类辅导机构、补习班等都是门庭若市，座无虚席，而且收费要远远高于正规学校的学杂费。考研班、考证班，一个个的开得不亦乐乎。其实，大部分师资都是来自普通高校的老师，他们通常是为了赚些外快，而牺牲寒暑假来给这些“求知若渴”的学生补习，有面授的，也有远程视频的，还果真是实现了“双赢”啊！

综上几家之言，我们可以肯定的是，造成这种现象的原因在于中国教育体制本身的问题。目前而言，我们的教育体制还没有体现出“受教育者”为主体的现代教育原则，学校依然是为国家培养“合格接班人”的主要场所。在最有效的“应试教育”的指挥棒下，学校只能是鼓励单一发展，学生和家长只能是接受统一评判，让学生成为“容器”，让毕业者成为“标准件”。这种“千人一面”的教育方式，严重阻碍了青少年个性的张扬和创造力的培养[①]。诚然，没有任何一国的教育体制是完美无缺的，只是中国的教育尴尬在某些方面来说更突出罢了。而且在这样一个历史悠久的、文化积淀浓厚的国度，教育的问题自然是有迹可循的。

教育的尴尬，由来已久

说起中国历史上的教育体制，就不得不提后续影响深远的中国科举考试了。科举考试是中国历史上一种十分重要的选拔官员的制度。它创始于隋而确立于唐，完备于宋，而延续至元、明、清，前后经历了1300年之久[②]。科举考试制度一方面体现了公平竞争、择优录取的原则，给普通民众提供了改变命运的希望，一些有志之士也的确通过科举考试成为了国家的管理者或建设者，为安邦定国做出了相当贡献；另一方面，科举考试也是弊病百出，“万般皆下品，唯有读书高”，多少人都是冲着升官发财去参加科举考试的，产生了“官本位”的思想，那时的教育已经开始功利化了，而且科举考试禁锢了人们的思想，学术完全不自由，摧残人才，也给以后的教育产生了非常大的消极影响。正如胡适先生所言：“人的心思并不是独立于耳目五官之外的。耳目五官不灵的，还有什么心思可说？中国古来的读书人的大病正在专用记忆力，却不管别的官能。到后来只能变成一班四肢不灵，五官不灵的废物[③]！”在我们今天的各类考试使用的方法中，科举制的试卷封弥制度、对号入座制度、禁止怀挟、传义、代笔制度、监考制度、以考试

---

① 魏羽中．从中国教育体制看青少年的“偶像崇拜”现象［J］．中北大学学报（社会科学版），2007年第23卷第3期（总第93期）：86－89.

② 张希清．中国科举考试制度［M］．北京：新华出版社，1993.

③ 胡适．中国古代哲学［M］．安徽教育出版社，1999.

成绩取舍高下制度等仍旧在继续使用[①]。以上这些都可以看出，古代教育除了带来了积极意义，同时也带来了现代教育的尴尬。

古代教育的功利化仅仅是表现在升官发财的浅层次，而现代教育就出现了变异形式。教育产业化就是一个极具热点的词汇，也体现了教育日趋功利化的错误方向。不论是乡村还是城镇，都存在着“义务教育不义务”的尴尬现象，教育的公平性备受质疑。此外，教育乱收费现象也是屡禁不止，一些高校竟然出现了“明分标价”的行为，差多少分补多少倍数的钱。这种不道德的敛财行为，已成为教育界公开的“秘密”，也成为部分重点院校的“潜规则”。之前看过这样一则报道，“据教育专家保守估算，10 年来教育乱收费超过 2000 亿元。而这些乱收费项目，还没有包括指定教材和辅导的回扣在内，如果再加上这个数字，10 年来的教育乱收费就不应当是 2000 亿元，而应该是约为 5600 亿元了。”学校从什么时候开始变成变相的“收费站”了？

不得不承认，由于市场经济的发展，学校非常“合时宜”地搞起了各种赢利性质的项目，从一直追求升学率、就业率的一个方向，转向了既追求升学率、就业率，又追求经济效益的多方向发展。除了各种名目繁多的费用之外，学校还利用场地、设备开办工厂和企业联合搞各种经营项目，把学校的学术氛围搞成了商业氛围。就连老师也逐步转变了思想，将大部分时间用在课外有偿性辅导上。有些学校虽然明令禁止本校老师在寒暑假开办业余培训班，以此牟利，但中国的“上有政策，下有对策”总是在“关键时刻”会起作用。对于本校老师一些非常“低调的”、不张扬的开办辅导班的行为，学校领导也乐于睁一只眼闭一只眼。对此，家长们除了感叹辅导费用之贵以外，也只得无可奈何将孩子送进辅导班，因为“不能让孩子输在起跑线上”。在现如今的学术界看来，近些年来中国教育体制改革所奉行的产业化思路，

---

① 王淑霞. 中国科举考试制度的创立、流变及时代意义 [J]. 兰台世界，2007 年 9 月上半月：70－71.

已成为了目前存在的中国教育问题的根源，也就是将“把市场关系引入到了不应当引入的领域”①，由此产生了教育产业化。

除了教育的功利化以外，古代教育中的“八股文”思想至今毒害着广大学生。有人不禁感叹，“中国教育已经病入膏肓，最荒唐的是他们把几千年的腐朽教育方式，当做‘传统的教育模式’延续着。高考于八股文有什么不同?”这一问问得好！看看我们现在填鸭式、灌输式的教育吧，在被动学习之外，有多少主观能动性得到了发挥？体制问题与观念问题的双重发酵才是最为致命的。在体制上，我们习惯于老师教，学生听，“教学相长”在很多时候俨然成了一句口号。在观念上，没有端正好学习动机和学习态度，就拿研究生入学考试来说吧，多少人是根本不具备科研能力，只是为了混个一纸文凭，或是为了逃避当下的就业压力而选择考研的。

其实，现代教育还有一个尴尬是，中国人现在过分崇尚对英语的学习，而传统文化则面临逐渐没落的境地。非常滑稽的是，近代中国，我们实行的是“闭关锁国”政策，完全无视国外的发展，更何况是国外的语言。而现代中国呢，我们将英语学习能力当成了职场取胜的法宝，即便有些工作岗位根本不需要用到英语。多少人为此感叹“八股文”时代的美好，至少不用被勉强学习他们不会用到的语言，同时也发出“我是中国人，不学外国文”的无声抗议。没错，我们现在走的是国际化路线，而且全球化也让我们不得不与国际接轨，我们并不否认一些国际型人才应该掌握好一门世界语言，但是对于志在国内事业上发展的人来说，这一门语言的必要性也就大大降低了。

退一万步来讲，我们不懂外语并无大碍，因为我们还有强大的翻译部门，若是人人都能说一口流利的国际语言，那他们又岂不是要失业了，当然，这只是一句玩笑话而已。我们该反思的是，为什么中国人这么喜欢走极端？要么就是完全不学，关起门来搞建设；要么就是

---

① 纪宝成．清算教育产业化［N］．南方周末，2006-03-23.

全民来学，把传统文化丢到一边。适时地，我们是不是也应该好好学习和传承一下“中庸之道”？或许这样，可以避免许多不必要的困境。

被无辜“牺牲”的学生

我们的学生从小就被教育上课要认真听讲，课后要认真完成作业。对我们的学生而言，教育内容就是课本，学生的学习就是做作业，衡量各级教育的主要标准就是考试。学生整天就是忙于上课，做作业。课本上的内容就是教育的全部，因为考试的标准也就是看学生对于课本上的内容掌握的情况。因而产生了应试教育的最大特点：分数就是一切。因此，大众也常常调侃道：“分、分、分，学生的命根”，只是一味地追求高分，多少学生自此变成了“高分低能”的畸形儿。而且，更为恐怖的是，一卷定前程。也就是说，无论你平时在学校表现多么好，也无论平时发挥多么稳定，一旦在决定命运的考场上发挥失常，即意味着你被“一棒子打死”了。教育界、学术界也并不是没有意识到这个问题的存在，之前就有提议说实行“校长推荐制”或者“平均分制”。

但是新的问题又来了，在中国这样一个“关系”网络遍布的国度，学生的“平时分”就变得更具操作性了，随之而来的腐败问题也会不断滋长。而在这一尴尬处境面前，学生是最软弱无力的，除了接受，已经别无选择。在教育面前，中国人常常讲的一句话是，“不能输在起跑线上”，由此带来的是我们日渐消失的彩色童年。“学习要从娃娃抓起”，尽管小学有入学年龄限制，我们还有各类民间幼儿园啊。一些没时间照看孩子的家长或许只是将幼儿园当成了变相托儿所了，但通常而言孩子一般到了 3 岁之后，就会被要求学习算数、拼音等。再稍微大一点，就是各类兴趣班，才艺班，奥数班，等等，名目繁多。

海派清口创始人周立波在其主持的《壹周立波秀》中曾提到过孩子教育的问题，他说现在的小孩子学业压力太大，丧失了儿童应该有的天真，一个个看上去都很“酷”。他还举了个例子，说是有一个小女孩在母亲节为母亲在电台点了一首歌叫《女人何苦为难女人》，为什么呢？原来她的母亲对她管教极严，而她偏偏又是个极为顽皮的孩子，因而挨打挨训就成了家常便饭。这个故事听上去很好笑，可是又多少有些心酸。多少孩子在童年就已经不堪重负，就已经完全丧失童年应该有的乐趣，这样长大的孩子，能快乐吗？能幸福吗？2012 年 6 月 11 日，在刚刚结束的、牵动亿万家庭高考之后，湖南卫视播出的《钟山说事》中对于高考的天问，可谓既犀利又发人深省，也被诸多网友频频转发和评论。视频中所举的各个实例也是让人啼笑皆非：为了孩子高考毒死青蛙；考生家长组成人墙拦车堵人；父亲去世两个月母亲为高考对女儿隐瞒死讯；男孩高考结束后才得知母亲 12 天前车祸去世；乡村中学高考壮行，校长祭旗学生含泪；母亲送考遇车祸女儿含泪上考场；上海考生迟到后不能进考场母亲下跪求情……我们肉眼看到的，不仅仅是一批批被无辜“牺牲”的学生，还有家长，甚至还有我们这个“病入膏肓”的社会体制，以及被不断扭曲的人性。

中国的教育让大部分的学生失去了创造性和活力，学生只会“死读书”，“读死书”，完全忘记了“尽信书不如无书”这句警示名言。我们的各种学科“状元”因此常常被嘲笑成“除了会读书一无是处”的人。更令人尴尬的是，中国很多高分考生甚至是高考状元，竟然被国外的优秀大学所拒绝。理由是，没有体现出作为未来社会精英所应有的社会责任感、服务意识和公益心。中国学生被公认为学习最勤奋，但至今仍培养不出一个诺贝尔奖得主。而美国课堂上看似松松垮垮，孩子们自由自在，天真烂漫，却培养出了成群的诺贝尔奖得主[①]。中国教育的失败，最终为此埋单的却是无辜的学生，这样公平吗？

---

① 俞亮鑫．拿什么拯救你中国教育［N］．新民晚报（上海），2011-08-21.

在中国，这是一个需要被证明的国度。在形形色色的招聘会场，我们常常可以看见求职者抱着一摞摞的文件、证书、证明等，好像拥有了这些就拥有了岗位所需要的技能，岂不可笑至极？这都是由于国家的人才评价体系标准所致，用人单位常常依据这样的文凭那样的证书来设置录取门槛，从而直接导致了学生、家长、学校等片面追求文凭、学位和证书，更加助长了应试教育在不合适的轨道上渐行渐远。更为不幸的是，为了拿到文凭、证书等一系列“资历证明”，学生们进高校，选名师都成了必经之路，而且“送礼”之风愈演愈烈。学生们过早地学到和模仿社会上的这种不正之风，给老师送礼，这种做法已经得到了他们的认可，他们常常把这看做是走“捷径”的一种“好”方式。试问：到底是谁赋予了老师们如此大的权利？为何有关部门对这种社会乱象无动于衷？而看似得到便宜的“某些”学生，在今后的社会道路上又是否真的能得偿所愿？即便再次通过“关系网”得到了衣食无忧的工作，于社会何用？于自己的人生何用？混日了吗？到底是谁在挥霍谁的人生？都好好想想吧。

等到进入社会，大多数学生会发现：学无所用。在学校学习的东西与社会实践完全脱节，理论不能应用于实际，读再多的书也是枉然，这种和现实生产力严重脱节的教育，毒害的是一代代为中国未来建设顶起一片天的广大青年。一向被称为“天之骄子”的大学生，走出社会后竟然也无所适从。这时候我们就在想了，招聘的时候不管什么职位都有学历门槛，果真有这个必要么？学生毕业到社会上真正需要的，并不是一纸文凭和儒雅的学生作风，而是实打实的实干精神和能力。

事物的发展总是环环相扣的，只是，当教育的弊端出现之后，有些后果我们是可以承担的，而有些后果是我们承担不起的。就拿高校学生的抗压能力来说，有些学生不堪重负，从而选择极端的轻生方式，用生命的代价对这个社会的不公提出抗议，这个代价是不是有点过大了？我们认为，选择轻生的人是真傻啊，毕竟聪明不能代替道德，智力不能代替良知，若是有道德有良知就该想想，生养自己的父母又将

忍受多大的悲痛和不幸。这也从侧面反映出一些孩子在成长过程中没有受到很好的品德教育，这是一种极大的缺憾。有自我意识的孩子在成长的过程中逐渐自己觉悟，在良知和德行方面慢慢健全。而缺乏自我意识的孩子则因此而碰壁，甚至走向极端。在大学里发生的诸如此类的荒唐事件，社会上会觉得不可思议，而实际上却并不是偶然的。“中国式教育”如果是一个人，就应该摸着自己的良心问一句：自己是否难辞其咎？

教育乱象：罕见的造假，罕见的无耻

随着网络的不断发展，我们不得不佩服一些网友的造字才华，许多网络流行语开始悄然走红并被运用到各个领域。教育界也不例外，有网友戏称专家为“砖家”，教授为“叫兽”。这种讽刺与不恭，反映的深层次问题是教育的乱象，专家和教授已经开始丧失民心。这种教育之乱象，源自教育界的部分害群之马，至此谣言四起，专家和学者也不知该立于何地了。

为何之前广受尊敬的学者会引来无数谩骂？这里特别需要强调的是，一些身居要职的公务人员以所谓的“在职攻读”博士学位方式，获取学位的做法和现象引起了不小的负面影响。行政官员主要靠自己的勤政努力和政绩突出，才能有政治上有更大的进步。可是有些人置工作于不顾，拿公家的钱——准确地说是纳税人的钱，基本不用到校读书，就可以大大方方地拿到学位证书。博士学位教育本来是一个严肃的学术和教育指标，而这种做法是极其恶劣的。虽然证书是备了案的真文凭，持有者的学术水平却并不真实。纵观古今中外的博士教育历史和官吏史，并不难发现，高级别的行政公务人员拿公款“在职攻读”博士学位，这只是在当代中国教育体制不完善与教育管理紊乱才

会出现的怪事情，是一种丑陋的反社会文明的现象。这种丑陋之事也并非无本之木，其思想根源是中国封建社会遗留下来的“官本位”主义，是对科学和学术的亵渎。

从国家内部来说，这种博士学位教育泛滥化更是百害而无一益，试想那些个以种种非常规方式获得博士学位的人，哪一个经过了严格的博士课程训练。而不经过严格的博士课程训练，又如何能掌握一个博士所应具有的必要的、系统的科学知识和科学方法？博士学位是对一个个具体的学者学术水平以及学历过程的认可，而不仅仅是对其工作经验的承认。这类做法不仅使个人为自己图了一个学术虚名，而且为在校学生带来严重影响。此风对学术领域的负面影响，无论从长期来看还是从短期来看，都是巨大而深远的。如果任凭这种混乱和泛滥现象蔓延下去，那么，在国际上，中国的博士教育将成为国际高等教育界的笑话，轻则中国的博士学位得不到国际社会的承认，重则有损中华人民共和国及其公民的诚信和国际形象。在中国境内，有的公务人员用这张没有真正含金量的“硕士”或者“博士”文凭为资本，投机取巧，作为走上更高领导岗位的敲门砖，为自己攫取了更高的权力和更多的利益，此现象更是有损于共产党干部队伍的光辉形象[①]。在这种情况下产生的所谓的“专家”，“教授”，又怎能让人肃然起敬？

在教育监管力度不断加强的同时，教育体制内的寻租和腐败现象还在不断出现，这是一种非常怪异的社会现象。中国总是存在这样或那样的裙带关系网，一旦一根链条断了，就会有着诸如“多米诺骨牌”的效应，所以这些教育界人士也罢，政治界人士也罢，宁愿睁一只眼闭一只眼，官官相护了。高校，也同样存在着一些让民众愤愤不平的问题。比如，教育科研经费的严重浪费，教授学者巧立名目，骗取国家的科研经费拨款，用来吃吃喝喝。打着为教育的高尚名义，做的却是徇私的事情，这样下去还如何赢得民众的尊重？我们并不是说所有

① 田广，戴琴琴．泛市场化批判［M］．北京：中国财政经济出版社，2012.

的教授学者都是如此，只是一旦这种现象在高校存在着，再想赢得民心恐怕就难上加难了，毕竟，信任这种东西在中国是千金难买的。

越来越受关注的学术打假问题，让我们看到了各种“学术门”，假学历，假文凭在教育这片“圣洁的土地”上一浪高过一浪。著名打假斗士方舟子就披露了学术界的一桩又一桩丑闻，闹得沸沸扬扬的唐骏“学历门”事件、贺海波事件、肖传国事件、汪晖事件、朱学勤事件……如此多的事件实在不愿一一列举出来。毋庸置疑，现在中国学术界确实存在着许多学术造假的现象，而且出现了绵延不断的景象，那么，问题出在什么地方？其实就在于同行评议以及事后的纠错机制要么缺失、要么形同虚设。但是这是否就可以成为学术问题社会化的理由呢？是否可以将学术性的问题转移到其他的领域中来进行“打假”呢[①]？学术打假，怎一个愁字了得？从现如今方舟子官司缠身的处境来看，未来的打假之路，还将更加艰辛。至此，我们不禁想问：学术打假，到底打红了谁的脸？

体制内外，谁之过

在对教育体制认识的问题上，有学者认为，教育机构是教育体制的载体，教育规范是教育体制的核心；学校教学体制是教育体制赖以存在的前提，教育管理体制是教育体制得以运行的保证；教育行政体制是宏观的管理体制，而学校管理体制是学校内的微观管理体制[②]。行政体制和管理体制都是教育体制的重要组成部分，而且，学校在此方

① 孙施文．“学术打假”怎样来打［J］．瞭望新闻周刊，2010－11－06.

② ［俄］娜·叶·鲍列夫斯卡娅．教育改革的体制理论：中国的经验与启示——读《中国教育体制论》［J］．教育研究，2006（4）：94－95.

面扮演着十分重要的角色。如今面临中国教育的尴尬处境，处于教育体制内的学校有没有责任呢？

当前各个高校大部分实行的都是学年制，未来将会朝着学分制的方向发展。因为学年制系统只是对学生的学习年限有所要求，还不够全面，学分制系统则要求学生对每个类型的课程（比如社会科学部课程、通识课、专业选修课等）都获取相应的学分，这在一定程度上体现了因材施教，但也会产生一些问题，比如很多学生选修一些课程就完全是为了应付学分制的要求，有凑学分的嫌疑。在取得规定的学分前后，对课程本身并没有任何的兴趣。许多高校都存在着学分要过多的问题，因此很多学生也认为选修这些课程就是浪费时间，选了的结果也是逃课。这种“广撒网”，只讲究学习的广度而不讲究学习的深度，导致了学生的不求甚解，泛泛而学。老一辈的人都知道，一个人一定要有一门“手艺”，才能在社会上立足。而可悲的是，对已刚踏出校门的大学生，你若问他专业技能或者特长是什么，大都答不上来。如此一来，学生与学生之间千篇一律，毫无特色，岂不是教育体制之大败笔？

中国的学生从小就被强迫着去学习很多东西，其中的很大一部分是不知道为什么而学的。努力地、盲目地学，仅仅是为了考出个好成绩，以得到父母和老师的表扬，还有同学的羡慕。就这样，慢慢地在学生的意识中就形成了这样一种错误的学习意识：为了考试而学习，为了虚荣而努力。最后就直接导致了中国的学生动手和实践能力的下降，无法融入社会，适应社会。这到底是谁的错？父母？老师？其实都不是，而是中国传统文化以及那种落后的思想观念导致的产物！

其实中国的教育问题，历来就广受争议。联合国主管教育权利事务的特别调查员卡塔琳娜·托马舍夫斯基曾经到中国考察两周后，很不寻常地批评中国在保证基础教育权利方面连非洲穷国乌干达都不如。“中国教育经费仅占国内生产总值的2%，比联合国最低要求6%低得多。”她说，“政府仅提供学校经费的53%，其余由学生家长承担，政府承担的比例，比所有实行义务教育政策的国家都低[①]。”再来看看美国，美国模式因为外部体制上的成本共同分担以及内部体制中的市场化管理，教育资源的运作效率得到了显著提高，并逐步形成了高学费、高奖学金的局面，学校体制也具有相当的灵活性[②]。

在教育经费不足的情况下，各高校见招拆招，通过扩招来解决这一问题。扩招的学生当中大部分是有钱人家的孩子，高校与部分学生实现了所谓的“双赢”。对此，著名经济学教授郎咸平并不认同，他认为，虽然我国高校扩招的目的是为了防止教育资金外流，但我们不能为节约富人的钱来牺牲我们广大穷人大学生的利益。富人家的孩子读完书，不管读得好不好都可以找个好工作，但穷人家的孩子花了这么多钱，到头来却没工作。这对于我们是非常不公平的！最终，教育是否公平也开始成为大众关心的焦点。

谈及此，我们必须说的是：中国的教育，最大的弊端之一，就是国家不是努力去维护公平竞争，而是始终想通过行政力量去制造垄断。在市场化与国家管理之间很难找到一个平衡点，若是过分市场化了，便出现了“教育产业化”的恶果；若是过分行政干预了，就容易形成国家垄断，削弱了竞争。相关部门必须拿捏好这个度，才不会招致非议。

回到教育初衷的问题上来。爱因斯坦认为，教育的最高目标应该是培养出能为社会服务并能独立行动和独立思考的学生。他反对强制性教育，主张“自由行动”和“自我负责”的教育和激发学生“好奇心”的启发式教育。爱因斯坦的教育思想与我国当前教育界中片面追求高分数、以考试决定命运的痼疾以及灌输式教学方法形成了鲜明对

---

① 王强，刘丽娟．教育产业化：天使与魔鬼之辩［N］．商务周刊，2004－11－11.

② 魏杰，王韧．“二元化”困境与中国的教育体制改革［J］．学术月刊，2006年8月，第38卷：22－27.

比，为我国教育体制改革提供了良好的启示[①]。我们所倡导的培养接班人的目标实现了吗？我们的人才培养出来了吗？还是一不小心“跑偏了”？其实，中国人不是没有获得过诺贝尔奖的。杨振宁、李政道就是西南联大的学生。还有美籍华人丁肇中、朱棣文以及现在台湾的李远哲。获得菲尔兹奖也有中国人：丘成桐和陶哲轩。但是，这些人的一个共同点就是，他们所受的教育与我们现在的小学、中学、大学无关。为什么我们现行的小学、中学、大学没有培养出诺贝尔奖得主？我们的教育究竟出了什么问题？做出完全的回答似乎很难，“冰冻三尺，非一日之寒”。

当然，拯救我们的孩子，拯救中国教育，还有很多相关的事情要做。譬如，国家要加快进行教育体制的改革，以适应社会发展的要求；家庭努力改变自身狭隘的望子成龙的观念，树立平等的人格尊严，尊重普通劳动的价值和意义；学校要摒除不良之风，营造活跃的学习氛围，创造学生自主创新学习的机会和条件；老师要真正做到为人师表，“传道授业解惑”，实现教学相长的互相进步的良好局面；学生要尊重知识，尊重自我，在各个岗位上发光发热，适合自己的才是最好的，而不能盲目跟风，因为社会需要的不是统一“制式化”的人，而是各具特色独一无二的人……十年树木，百年树人，教育的责任如此之重，我们能做的还有很多。

中国的教育弱化着当老大的机遇

高等教育是国民教育的重要组成部分，其发展水平是衡量一个

① 王小金．论爱因斯坦的教育思想对中国教育体制改革的启示［J］．企业家天地（理论版），2010（5）：191－192.

国家或地区综合实力的重要因素。与美国的学分制不同的是，中国高校放松了对学生的指导和管理，对一些学生多门课程不及格的状况下降低要求，实行所谓的“清考”而确保学生不留级，而不是如美国学分制通过学分制和绩点来对学生的学业状况进行评价，并利用绩点及学分制对学生实行灵活的淘汰制管理。这是中美教育的区别之一，由此体现的是应试教育和素质教育之间巨大的差异。

中国的学生从小学到高中接受的都是应试教育，采取的都是老师授课，学生在课堂上被动地接受知识的一种自上而下的教育模式。这种教育模式缺乏互动和交流，学习的积极性大大降低。更多的是一种约束性的教育模式，在学校有老师的约束，在家里有家长的约束，学生自己缺乏自律性，养成过度依赖外界力量的毛病，导致进入社会之后变得无所适从。有些甚至连工作都是靠父母直接安排好的，完全是过着“不属于自己的人生”。而反观美国式教育，自主学习，真正做到了以学生为中心。美国家长也比中国家长“心狠”，到了 18 周岁便让孩子出去自力更生，更不用说像中国家长一样连工作都帮孩子找好了，这对于美国的家长和学生来说是极其荒谬和不可理解的。中国要想超过美国成为世界老大，至少在教育方面还有很长的一段路要走。

在当前的知识经济时代，教育问题关乎整个民族素质的提高，关乎国家的发展甚至生死存亡。在一定程度上，达尔文的“优胜劣淘”法则依然适用，但未来世界的优胜者，不再是发动暴力战争的杀戮者，而是属于那个教育更普及，文化发展更发达的民族。世界将会完全朝着“智取”这个方向发展，毕竟和平发展才是当今世界的主题。诚如最近美国教育委员会所宣扬的：“如果还想维持和改进我们在世界上尚有的一点竞争力的话，唯一的办法就是倾注全力不断改革我们的教育!”21 世纪是一个知识膨胀的时代，新的社会和新的时代赋予我们新的历史重任。有预言家预言：未

来的文盲不再是不识字的人，而是没有能力的人，所以，我们现在在学习中就要培养自己的能力，形成自学能力。而中国的应试教育，恰恰就忽略了这一点。

通过重视教育而让国家强大起来，这在世界历史上，是有先例的。比如彼得一世时的俄国，明治维新之际的日本，俾斯麦前期的德国，这些国家都因为重视教育而获得了空前发展。但是，这些国家重视教育有一个共同的特点，即不像中国目前这样子的重视法，他们重视的是实干。彼得一世亲自化装，去西欧学习造船技术；日本派出大批留学生，去西方学习先进教育，学习船坚炮利；德国更是一个注重学习效果的国家，有所学必将有所用，从不做徒劳无功的事情。不像中国这样，过分强调书本上的知识，而且素来有“两耳不闻窗外事，一心只读圣贤书”的美誉。但是在这个你追我赶的快速前进的世界格局下，只读圣贤书怕是不能将中国打造成一个引领世界进步的大国了。要成为世界老大，必然要拥有开放豁达的心态，克服自身发展的“短板”。而在中国教育“拖了”中国成为老大的“后腿”的情况下，我们是时候该认真考虑做些什么了。

毫无疑问，教育，是事关每一个家庭，乃至整个民族的希望所系！百年大计，教育为本。教育的问题其实比其他一切的社会问题都更为重要。如果任由教育的弊端恶性循环下去，最终受害的是每一个人，是整个民族的未来！如果教育体制不改变，受害的将是未来的一代又一代接班人，若是一再被教育的尴尬这么耗下去，我们这个民族、国家还指望谁？著名教育家易中天曾发出感慨，“中国教育比中国足球还没希望。”这一比喻带有些许调侃和嘲讽之意，但这是一个教育者发出的呐喊，若真是如此，中国的教育将是何等之悲哀！新中国成立后的中华民族，早已经不是坐以待毙的“懦夫”，我们有理由相信，中国教育的明天，应该会越来越好。

第九章　经济的 AB 面

任何一个国家的国民经济体系，总是由多个方面构成的，而经济社会发展也总会表现出不同的特点。面对当今世界经济科技发展的新趋势，以及各国之间综合国力的竞争，高科技竞争、文化竞争、教育竞争等必将主导着国民经济的发展。在这些方面，中国经济还有很大的发展空间，所以才有人预计中国将在 30 年左右超过美国成为世界经济老大。但是也有学者感叹，中国成为第二大世界经济体之后，已是最为鼎盛的时期，盛极而衰，中国经济已经到了发展的瓶颈阶段。近年来中国经济是处于一个空前繁荣的时代，而在此之后，各种社会矛盾也将逐渐浮出水面，并且为世界各国所极力关注。“枪打出头鸟”，中国经济的发展也会面临越来越多的压力和阻力，这是否可以看做是中国经济发展的两面性呢?

其实，与其说是中国经济发展的两面性，不如说是中国经济发展的 A 面 B 面。因为在中国经济发展的任何一个阶段，都存在着成就与问题，优势与不足的相互依存的关系，且这些关系往往并不能非常明确地划分“楚河之界”。而经济发展的 A 面 B 面指的是，在经济内外共同发展的同时，经济发展是一个从成就到危机，再从危机到成就的这么一个过程。在某一阶段若是经济发展的弊端凸显，相应的危机也就会更加明显；若是经济发展还不够，其弊端尚有“藏身之所”，那么危机可能就不会那么剧烈。以对外开放为例，这是我们国家 1978 年开始实行的一项基本国策，正是对外开放才使我国各类商品和生产要素得以进入国际竞争舞台，从而能够实现理论上所讲的中国资源与世界

资源优势互补，提高资源使用效率，降低产品成本、提高竞争优势，促成民族竞争力的迅速提升。然而，30多年对外开放的实践并没有真正实现当初的理性目标。相反，在对外开放的过程中，我们的一些企业养成了一种简单学习和模仿的风气，使其内化成为一种文化和民族习性，从而使得学习和模仿形成我们在发展过程中的“路径依赖”。而这种路径依赖在以后的经济发展中，成为最大的潜在危害之一。显然，过分依赖外部市场对我国的内部市场产生了一定的消极影响，而且随之而来的资源问题、环境问题也危害到中国经济的进一步发展①。

也许是因为近代中国受尽了闭关自守之苦，所以改革开放后的中国特别注重与世界的联系，贸易也随之频繁起来。在这么一个特殊的国度，极容易犯的错误就是从一个极端走向另外一个极端。加入全球化进程的中国，一方面为世界做出了重要贡献，同时也从世界发展中有所得益；另一方面，中国面临的外部压力也越来越大，各国之间开始有了比较，有了竞争，也有了利益之间的纷争。就经济发展而言，中国与世界在某种程度上实现了双赢，世界为中国提供强大的技术支持，中国为世界提供广阔的市场和廉价的劳动力。所谓经济的A面B面，必然不是只有好的一面的，就经济的反面而言，贸易摩擦即是中国经济发展的一块“绊脚石”。

以国际直接投资（FDI）为例，FDI一方面为中国经济发展带来先进的技术和管理经验；另一方面甚嚣尘上的“污染避难所”假说或许可以说明部分问题。大部分学者认为，发达国家对中国的国际直接投资领域，都是污染极为严重的工业企业。由于在本国污染治理成本较高，而且本国的环境规制较为严格，而中国则相对宽松，所以发达国家会把本国重型污染企业转移到中国，将中国变为“污染天堂”。由于数据选取的不同，得到的结果也会不同，与此对应的还有“污染光环”假说，“污染中性”假说。但可以肯定的是，这一污染问题在某些地区

① 王天津，田广．环境人类学［M］．宁夏：宁夏人民出版社，2012.

是存在的，只是程度不同而已。

那么，我们是否应该再次如临大敌，放弃吸引外资呢？如果是这样的话，那就成了因噎废食。中国人不会这么目光短浅，中国领导人也不会荒唐至此。我们关心的是，这一问题是否会严重影响到中国经济的继续发展？或者说对中国经济发展起到决定性的作用？诸如此类的问题还有很多，环境问题也仅仅是中国经济发展问题的一个方面。如此说来，中国经济是否已经到了危险的边缘呢？若是如此，我们又该怎么拯救“悬崖边”的中国经济呢？这些都是我们接下来将要论述的问题。

中国的经济是否到了最危险的边缘

郎咸平是一向以“观点独到”、“语出惊人”著称的经济学家，他在2012年推出了最新力作《中国经济到了最危险的边缘》。全书共分为五个部分，讲述了中国经济现状、中国经济改革三十多年的得与失，以及中国下一步“经济改革线路图”。一石激起千层浪，中国经济是否已发展到瓶颈？是否正在走下坡路？由此引发了全民大讨论。

有人说郎咸平教授是危言耸听，哗众取宠，但郎教授对此的回应是：“我的预言从来没有错过。在2010年年初出版的《郎咸平说：新帝国主义在中国2》中，我就告诫大家美国要对我们发动汇率大战、成本大战和贸易大战，多少人觉得我是痴人说梦，多少人说我是杞人忧天[①]。”事实证明，郎咸平教授的许多预言都是正确的，比如对于2008年的那场金融危机，中央政府为了刺激国内经济，提出了4万亿元救市政策，郎教授表示支持，但同时也犀利地指出，“将4万亿元的绝大部分投在基础建设的领域，是在‘用明天的产能过剩解决今天的

① 郎咸平．中国经济到了最危险的边缘［N］．网络导报，2012－05－10．

产能过剩’，必将导致更为严重的资产泡沫化。”后危机时代的通货膨胀似乎正印证着这一预言，而为此埋单的却是我们普通的老百姓，这一现象也的确值得我们反思。

中国经济是否到了最危险的边缘，这也不是喊喊口号那么简单的事情，我们要摆事实，讲道理，方能服众。2011年，世界经济仍然处于后危机时代的复苏时期，经济属于上行趋势，尤其是中国，甚至存在着低通胀的压力。而我们现在来看看2012年的一些新数据。首先是GDP三年来首次“破八”。根据国家统计局7月13日发布的数据显示，二季度我国GDP增速为7.6%，自2009年二季度以来再度破八。要知道，经济增长速度，就像驱动航船的水位线，要是过低，航船势必搁浅，抑制经济内在活力的发挥[①]。这一数据在无形之中加重了国人对于未来经济前景的担忧，因此，对于中国经济增速何时探底的问题，是目前各方最为关心的问题。其次是CPI进入“1”时代。

2012年8月9日，国家统计局发布7月份经济运行数据，7月居民消费价格（CPI）同比涨1.8%，CPI升幅创30个月以来新低[②]。上述两组数据带来的好消息是，中国经济正处于逐渐消除通货膨胀的过程中，同时，带来的坏消息是，中国经济正处于逐渐下行的走势，这是否也在暗示着中国经济已经到了最危险的边缘？2012年3月2日，美国《时代》周刊资深记者迈克尔·舒曼（Michael Schuman）发表了一篇针对中国经济未来发展展望的文章。该文章认为，中国如果不转变其经济发展模式，不久的将来，发生经济危机势在必行，中国需要快马加鞭地解决经济弊病。

此外，还有一个现象往往令我们感到不寒而栗。目前，我国80%以上的石油进口和40%以上的进出口贸易要经过印度洋—马六甲海峡运输，这一交通要道堪称中国经济的“生命线”。然而，这一“生命

① 温建宁．中国经济已成功探底了吗［N］．上海证券报，2012-07-19.

② 张娜．7月CPI破2，更多宽松政策或将推出［N］．中国经济时报，2012-08-10.

线”不仅受到印度洋西北部、东南亚等目前世界上最猖獗的海盗活动的困扰，而且还受到印度、美国等国家的遏制。近些年，中国对外能源依赖度大幅提升，已使我国海上战略通道安全的脆弱性凸显。从战略的角度来考虑，中国经济发展的后劲，已经在很大程度上受制于远洋控制力相对较弱的格局，而对这种格局我们在短时期内还无法轻易地加以改变，因此必须要有新的战略思路。

我们不妨乐观点来说，短期内，各种推动中国经济继续增长的潜在因素依然不容忽视。一是市场的自我调节，自我修复功能发挥作用。比如房地产、股市等回暖，将会拉动其他产业经济的增长。二是政策性调控，毕竟市场是具有缺陷的，不可能完全由市场进行调节，宏观调控也是非常有必要的，较为宽松的货币政策将会对GDP和CPI等指标形成上拉影响。长期而言，转变经济发展模式，调整产业发展结构使我们一直努力在做的事情，只要转型成功，中国经济保持稳健增长也就顺理成章了。

对此，我们的回答不置可否，因为看待问题的视角不一样，得出的结论自然相去甚远。不论中国经济是否已然探底，或者是否能够实现软着陆，我们都应该明白的一点是，一个没有危机感的民族，是没有希望和出路的。我们不能永远只谈成就，对于问题方面知识轻描淡写，一笔带过。对于只看到中国经济发展的辉煌面，而忽视问题的行为，我们只能表示默哀，并试图用自己微弱的力量来唤醒民众的忧患意识。

经济的A面：成就掩盖着危机

人类社会的发展是一个认识不断发展的过程，即从实践到认识，再从认识到实践，呈螺旋上升状态。中国经济的发展亦是如此，成就中掩盖着危机，危机中蕴藏着转机，无非哪个占主导而已。

改革开放30多年来，中国经济一直保持其他国家很少见到的持续高速增长势头。不少人认为中国走出了一条独特的经济发展模式，甚至将中国罕见的经济增长过程视为一个“奇迹”，是由中国经济决策体制的优越以及经济政策的高明所决定的[①]。由经济学常识，我们知道，拉动一国经济增长的“三大马车”是消费、投资和进出口。而社会生产活动所需要的生产要素，通常认为包括四大类：即劳动力、土地、资本和企业家才能。综合“三大马车”和四大生产要素，我们不难看出中国经济增长“奇迹”的动力所在。

先来着重谈谈第一大要素——劳动力。有一种观点认为，20世纪50～70年代的“人口红利”，是近30年来造就中国经济增长奇迹的重要源泉。据世界银行估计，“人口红利”的结构性优势对中国经济高增长的贡献度达到了30％以上。随着人口结构转变的完成，长期以来支撑中国经济高增长的“人口红利”开始衰减。第一是总体劳动力人口的下降。最新数据显示，中国劳动人口比重开始下降。2011年，中国劳动年龄人口比重为74.4％，比上年微降0.10个百分点。第二是“刘易斯拐点”的出现，农村还能再转移出来的剩余劳动力量的数量已经不是那么多了。第三是中国老龄化程度将加深，中国第6次人口普查人口老龄率为8.9％，估计到2050年左右老龄率大概将上升为30％。上述三点将促使中国的城镇化进程放缓，预计今后城镇化平均每年提高的速度将保持在0.8～1个百分点左右，很难再现“九五”、“十五”期间每年1.35～1.45个百分点的增幅。

所以，从某种程度上来说中国拥有的大量廉价劳动力这一生产要素，还是为中国经济的发展贡献了重要力量的，尽管这种力量可能面临衰减的局势；此外，消费动力和土地要素可以看做是中国经济增长的资源禀赋，中国的地大物博以及广阔的人口消费市场为中国经济的发展起到了促进作用；投资和进出口可以认为是中国参与全球化进程

① 张雪忠．中国“经济奇迹”的隐忧［N］．联合早报，2010-08-06.

所带来的经济福利，也使得中国与世界成为一衣带水的关系，容易受到彼此的直接影响；企业家才能在更广阔的层面来说，可看做是技术发展、信息进步以及创新能力提高等对于经济增长的贡献；最后一点，从制度因素上来说，中国特色的社会主义的优越性能够集中力量办大事，为中国经济的发展起到一个统领全局的作用，这也是资本主义国家所无可比拟的一大优势。

综上而言，我们得出了中国经济增长“奇迹”的五大动力源泉或者说五大优势：即劳动力、资源、进出口、信息技术、制度。就是这样一个“风光无限”的经济发展局面，却潜伏着这样或那样的危机，以下我们将逐一论述。

我们向来引以为傲的劳动力规模优势，近年来却屡遭挑战。有分析家表示，中国劳动力成本的快速上涨已经威胁到中国的经济竞争力。因此，有消息指出，伴随着中国经济的发展和整体竞争力的增强，劳动力成本低廉的事实将逐渐成为历史。法国 Natixis 银行 2012 年 6 月在其报告中指出，中国劳动力成本 4 年内将于美国持平，5 年内与欧盟持平，7 年内与日本持平，这将促使许多公司将生产中心转移至南亚、东南亚劳动力更低廉的国家，同时将使埃及、摩洛哥乃至罗马尼亚、保加利亚等地中海国家受益。波士顿咨询集团的报告称，许多美国制造的产品成本将与中国持平。目前许多公司已转移其生产中心，德国阿迪达斯公司就表示，中国工人工资水平不低于 258 欧元，而柬埔寨为 107 欧元。若果真如此，中国的劳动力便需要寻求新的出路，以谋求更长远的发展。

在资源优势方面，我们有了更多的担忧。纵观对外开放 30 多年来中国经济的增长，无不是以大量消耗自然资源为代价的，其中最严重的资源便是环境资源。粗放的经济增长导致资源消耗过大，过度开发，生态环境破坏严重，环境日趋恶化，经济结构有失平衡。这种以子孙后代的发展为代价的短视增长，是一种“自杀式”的经济增长。以房地产为例，中国经济的发展很大一部分是依靠房地产的大肆开发，而由此带来的问题是大量耕地被侵占。

在我们这样一个人口大国，农业是立国之本，粮食安全成为保证国泰民安的最主要的因素。而房地产开发在带来经济繁荣的同时，也存在大量房产被闲置的问题，生产过剩危机已在眼前。可能有人会疑惑了，为什么房地产存在过剩，而房价却还如此之高呢？这是因为房地产存在严重的供需不平衡。试想一下，房子是用来居住的，因此大部分需要房产的人都是工薪阶层，而房地产开发却存在着过度建造高端房产，而忽视住宅型住房的开发。如此一来，土地资源被消耗了，环境状况也恶化了，经济增长也只有泡沫之嫌。

再来看中国的进出口问题，且不说贸易争端的存在，单说中国的出口式增长就潜伏着很大的危机。近年来中国经济增长的“三驾马车”主要是进出口这驾马车在发挥作用，导致过度依赖贸易顺差，而内需和投资则相对不足。这是非常危险的，所谓“牵一发而动全身”，在美国的次贷危机中就可以得到充分验证。另外，对于人民币的国际化，也存在着同样类似的安全隐患。人民币国际化即意味着货币流通量会越来越大，由此加大了调控和监管难度，自然而然也就会影响到我国金融市场的稳定性。

对于信息技术发展，这本是一个全民收益的事情，但是凡事总是没有十全十美的。信息化也带来了新的问题，即“数字鸿沟”的问题。也就是拥有计算机和没有计算机，能上网和不能上网的人在信息社会中的不同机遇，不同地位以致最后导致经济上的巨大差别和心理上的不满情绪[①]。这是每一个国家都存在的问题，由此可能带来两极分化，那些没有知识或者知识不多的人群的经济状况开始边缘化，从而变得更为贫穷。贫富分化也就成为了阻碍经济发展的又一隐患。

在中国的政治体制方面，存在着不透明的问题。在财富急剧增加的同时，问题也丛生，如政府权力过大、公权力滥用、贪污腐败现象猖獗、官僚主义滋长迅速、干群关系日益疏远、社会等级观念凸显、

① 陈宝森．美国“新经济”的两面性［J］．国际贸易，2000（7）：32－35.

社会矛盾逐渐复杂。权威体制短期内可以促进经济的发展，但长远看是饮鸩止渴。单方面的经济改革已经不能促进社会的进步，不进行政治改革，经济改革的成果也会夭折。

成就固然可喜，危机尚且可忧。

经济的B面：从危机到成就

从经济发展的A面论述可知，自改革开放以来，中国经济得到了快速发展。国家富裕了，军队强大了，科技水平提高了，人民生活改善了，市场繁荣了。但成就后面的危机也是不容忽视的，如高压统治和残酷剥削下的高强度劳动；国人强烈的攀比和发财心理；环境破坏和资源枯竭等不计后果的破坏性发展；假冒、盗版等无视知识产权行为的泛滥等，这些危机会严重削弱中国的国际竞争力。所有的因素交织在一起，造就了目前的经济大繁荣，国民财富的增长却没能给国人带来足够的安全感。因此有人认为中国经济增长的“奇迹”只是虚假繁荣，好比沙滩上的城堡，不堪一击。或许这种看法有些悲观，我们认为，有危机才有转机，而且意识到危机的存在便已经开始了踏出危机旋涡的第一步，这未尝不是一件好事。那么，接下来，我们就见招拆招，从经济发展的问题和危机入手，寻找经济发展的转机和出路。由此，便有了从危机到成就的又一跨越，也是认识与实践的再次升华。

很多人说中国作为制造业的这么一个生产基地，世界工厂的价格优势已经不存在了，今天在拉丁美洲，在越南，人力的成本已经低于中国，中国已经不再享有这个优势了。其实这既是一个挑战，也是一个机遇，中国可以借这个机会完成一次产业升级。劳动力的低价格，只是中国经济增长的传统优势，而现代化经济要求我们拥有新的、能够适应经济发展的新优势，这便是高素质的劳动力队伍，新旧劳动力

之间的更替已经很好地解释了这一劳动力成本上升的现象。老一代的劳动力与新一代的劳动力相比，虽然有吃苦的耐性，但是却普遍存在着学历不高，基础知识低，只能从事最基本的操作的问题，换句话说，没有了脑力劳动的技能，就只能从事体力劳动了，这也是我们最初的初级出口加工模式的劳动力基础。而教育发展时至今日，使得现在的劳动力普遍都在高中以上学历，很大一部分还经过职业技术学校培训，从适应性上、技术水平上都有很大提高。而且在劳动用工成本增加的同时，也倒逼着企业不断提高科技含量，更新设备，加强对企业员工的培训，竞争所带来的“适者生存”效应，一定程度上提高了劳动生产率，创造了效益，又反过来促进了劳动力队伍素质提高。这样一来，劳动力“量”的优势没有了，但“质”的优势却挽回了这方面的损失。

在资源和环境方面，我们必须同时看到这样一个问题，在中国，经济建设与环境保护并不是并驾齐驱的。有些方面存在着“先污染，再治理”，“先开发，再利用”等诸多问题，幸好，我们已经意识到问题的严重性。所以，我们开始越来越强调人与自然的和谐发展，也由此提出了“建设资源节约型，环境友好型社会”的战略构想，可持续发展，科学发展也越来越受到重视。只要朝着这个目标发展，中国的经济是可以实现长足发展的。

针对对外贸易依存度过高的问题，我们开始着眼于国内。所以，刺激内需成为另一经济增长点，而且也更安全，更可控。再者，人民币国际化也可以转化为一大优势。一则提高了中国的国际地位，得到国际社会的普遍的认可和使用；二则对于中国的对外贸易而言，多了一种结算手段，降低了由于美元波动而带来的汇率风险；三则削弱了美元的霸主地位，因为发行世界货币相当于从别国征收铸币税，美国在此获利颇多。

信息技术本身就代表着时代的进步，而“数字鸿沟”的出现只因国家未能对此资源进行良好的配置和使用。比如，国家可以利用社会福利、税收、教育普及等各项措施，缩小贫富两极的“数字鸿沟”，至少体现一种社会的公平。所有的人群，不论富裕还是贫穷，都能够享受到信息技术进步带来的好处，才是社会主义国家的真谛所在。而谈及政治体制改革的问题，中国特色的社会主义政治也是一大创举，所以我们也是摸着石头过河。实践证明，这一体制还算是成功的，只是某些害群之马的出现降低了政府的公信力。不管是经济体制改革也好，政治体制改革也罢，都是一个非常大的概念。但是普遍认同的是，得民心者得天下，所谓“水能载舟，亦能覆舟”，所以，在基层民主方面加大投入，将会是政治体制改革的一大方向。

老子有云，“胜人者有力，自胜者强。”其实，危机亦是转机，转机也可能变成危机，成败与否的关键，皆靠自我拿捏是否得当。

市场经济不能救中国

市场经济理论是从英国的亚当·斯密之后才兴起的，这一市场经济思想在亚当·斯密的《国富论》中首次得到了完整的阐述，也正因为如此，在西方经济学教科书中斯密被称为“经济学之父”。亚当·斯密认为，国家财富来源于劳动生产率的提高，而要提高劳动生产率就应发挥人所共有的功利主义和合理主义本性，即人人希望以最小的代价，以最佳的、合理的手段获取最大的利益，为此，应设立让各种生产要素、商品进入其中自由交易的统一的市场，同时抑制国家的干预，让“看不见的手”发挥全面的作用，并通过完善法律、规范市场，来达到“自然秩序”。纯粹的市场经济作为一种特殊的体制，发生作用的内在机制就在于追求自身经济利益最大化的个人，在市场价格的引导下实现资源配置的最优。然而，市场价格机制并不能孤立地发挥作用，它在配置全社会资源实现全社会的最优配置过程中还需要一些前提条件：第一，市场经济中的每个人在不危害他人利益的前提下有经济上

的选择自由；个人自由选择是建立在互利条件下自愿交换和自愿合作基础上的。第二，个人的自利和人们之间的互利能够统一起来。

实际上如果我们大家还都清醒的话，我们就应当明白市场经济不可能在一只看不见的手推动下自发、有序地运转。因为根据迄今为止的市场经济理论，市场经济运转的许多条件是假定的，而且是理想的假定。这些假定在事实上有时候是不存在的，由此，是靠不住的。从现实情况来看，市场机制有很大的局限性，它有政治界限、分配界限、社会界限、生态界限、伦理界限，如市场经济在跨国界时不见得一定会服务于国家利益，市场经济不能实现公平分配，市场经济不能处理好社会利益问题，市场经济不能保护环境资源，市场经济不能提高整个社会的道德水平等。中国这些年来的激进市场化推进过程所造成的问题充分说明了市场经济的所有这些弊端，如前文所述的教育产业化，就是激进市场化带来的“恶果”。

显然市场是有局限的，不是万能的，因此就不能放任自流让其成为什么主体。世界各国的经济实践告诉我们，如果没有国家的宏观管理，市场经济就会成为万恶之源，资源也会遭到毁灭和破坏。同苏联相比，中国在经济改革的初期和中期恰恰是因为没有完全实行市场经济主体论而是采取了“国家与市场并举”的政策，在使用市场机制的同时又保持了国家对经济运行的包括行政命令在内的调控和管理，这是中国到目前为止经济还比较成功的原因所在。相反，苏联等东欧一些社会主义国家由于实行所谓的尽快让市场经济支配一切的休克疗法却失败了。

中国除中期经济体改政策的成功和苏联东欧国家的经济体制改革的不成功，充分表明在社会主义国家中推行激进的市场化改革是行不通的。这就是说市场经济在社会主义国家的经济发展中具有一定的作用但不是绝对的，政府的管理和其他非市场经济的协调发展同样是非常重要的。市场经济不是万能的经济形式，它具有自身的多功能性缺陷。比如，市场经济的优胜劣汰只钟情于强者，这就会加剧利益分配

上的两极分化，造成贫富悬殊。这与我们的民族传统不相一致。再比如某些全局性、长期性、公益性的社会经济活动及投资领域，市场机制不一定能收到实效。而且，市场微观主体追求利益最大化的冲动与宏观利益产生矛盾，追求局部、短期利益可能损害全局、长期的利益，这显然是违背“三个代表”重要思想的。此外，市场价格信号形成的滞后性会对某些生产项目的资源配置进行误导。更重要的是精神文化生活、政治生活领域引入市场机制就会失效，就会误入歧途、掉入陷阱，比如目前人人痛恨的腐败现象应当说就是中国市场化激进推动过程中的一个副产品。

反对以市场经济为主体，并不代表反对发展市场经济，根据中国的国情，经济社会发展应当回归到社会主义社会—市场经济的思路，以社会经济的全面综合平衡发展为目标，而不应当单纯地以市场经济为目标。中共十三大时期在思想和意识形态领域的一个重大收获，就是关于社会主义初级阶段理论的形成。实际上按照十三大的政治思想路线和社会—市场经济发展思路，在经济方面坚持社会主义公有制为主，多种经济方式并存的格局应当是既符合中国国情又具有改革发展特色的经济道路。之后在经济发展上过多强调了市场的作用，甚至不惜夸大市场机制的作用，将本来集生产、经营、社会、福利、教育、文娱等功能于一身的国有企业推向市场的前沿，同只具备生产、经营功能的所谓三企（外企、私企、及中外合资企业）竞争，结果是国有企业无法适应激烈的纯市场竞争而纷纷倒闭。

简单地说，目前中国所出现的市场化态势是激进的。比如说将国有企业拍卖给私营企业主，需要说明的是国有资产的存量是全体公民所共同创造的财富，特别是农民，他们曾经为中国的工业化发展做出了巨大的牺牲。将国有资产拍卖通过人民代表大会讨论没有？显然，不同于西方国家的市场化过程是一个自然的推进过程，而中国目前的市场化过程则是由政府推动的一个政策作用的过程。在这个过程中由于许多实现市场经济所必需的要素尚不具备，因此造成一种畸形的官

僚式的市场经济与传统社会经济不相共存的经济形态。特别是一些本来不应当市场化的产业或产品，比如教育、医疗保健，由于政府建立市场体制的需要而提起进入市场化，结果不仅扰乱了社会正常的经济秩序，而且给政府和人民都带来了一定的危害。

显然，市场经济是不能够救中国的。不可否认市场经济是具有积极功能的，只不过对于那种似乎唯有市场经济，而且是美国式的自由市场经济才是中国经济出路的狭隘片面的市场经济主体论，我们持反对意见。中国应当走一条以社会—市场经济为内涵的经济道路，在注意市场经济发展的同时，也要提高对其他非市场经济的社会经济的注意程度，并且要不断提高公共投资的职能。我们深知市场经济是把双刃剑，既要充分发挥市场经济的优势，又要最大限度地消除其负面影响。光有市场经济的发展并不是中国特色，只有实现了社会主义原则和市场经济发展的高度统一，才是中国特色社会主义[①]。在社会主义条件下发展市场经济，既是一个伟大创举，又是一个全新课题。

强国之路：关于国家经营的战略思考

既然市场经济不能救中国，那么我们就提出一个新的战略思考，即将国家经营作为强国之路。简单来讲，国家经营的内涵主要是指，国家作为经营者直接或者间接负责经营国有经济的企业及其相关的经营管理活动。国家经营的方式和范畴会由于国家性质的不同而不同，经营效益也不尽相同。比如，以世界警察为己任的美国，其国家经营的主要行业均与军火有关，其次还有航天、邮政等行业，其效益在客观上是非常高的。当然，在欧洲的一些国家，其国家经营的产业或行

---

① 顾钰民．市场经济是把双刃剑［N］．解放日报，2004－12－11.

业效益也是很好的[①]。中国的国家经营的某些方面在历史上也曾创造过辉煌。现在，中国的广播电视、铁路交通、航天工业等，基本上也是由国家来经营。不难想象，如果这些行业不是由国家经营，“神州”系列飞船可能在这么短的时间内成功发射吗？每年春运高峰期能有上亿的旅客乘坐火车平安返乡与亲人团聚吗？无疑，国家经营使人民和国家利益最大化。

近年来，中国的成就有目共睹，经济持续发展，人民生活水平显著提高。但是，相比于世界发达国家，经济差距依然明显。在一个人口众多、资源相对不足的国家，面对日趋激烈的国际竞争，进行社会主义经济建设，必须实现生产高效率，否则无法实现国富民强的目标。加拿大世界著名经济学家罗宾·巴德和迈克尔·帕金认为经济高效率在两种条件下才能得以实现，即生产效率和资源配置效率。事实证明，要达到生产和资源配置两个高效率，必须以市场经济手段作为基础调节方式，遵循价值规律。同时，也要运用国家宏观调控，规范和保护经济总体持续运行，避免大起大落带来的损失[②]。

产品制造和市场销售，与人们的实际生活息息相关。国家是人民意志的代表，政府的职责是关注人民的基本需求，为公众提供必需的公共产品，或者创造条件让民众便利的有偿使用半公共产品。使人们享受到公共教育、社会保障、便利的交通设施和公共文体娱乐设施，身处良好的市场秩序、法律制度之下，生活于清洁的卫生环境之中，以及能够无特别困难地消费暖气、燃气、电力、干净的水，吃没有公害的食品，拥有着有效的疾病预防服务等[③]。这些都是公共服务应有的

---

① 俞建国．西方国有经济及其管理方式的一些特点［J］．经济研究参考，1993（Z2）：407－415.

② 罗宾·巴德（Robin Bade），迈克尔·帕金（Michael Parkin）．微观经济学原理（第2版）［M］．北京：中国人民大学出版社，2004.

③ 陈昌盛．中国政府公共服务：体制变迁与地区综合评估［M］．北京：中国社会科学出版社，2007.

内容，应当在总体条件容许的情况下提供给每一位公民。鉴于基本生活用品都是缺乏弹性的，我们不能通过价格调节来使人们少消费水或煤电等。这种最基本的权利若想得到保障，显然不能交给市场来完成，这是政府必须履行的责任[①]。政府的经济工作主要是制定政策、颁布规则，间接地指挥生产。提高行政管理的服务质量，就是要制定正确的政策，采用适宜的方法，使经济社会协调发展。

中国发展的关键在于确立适度发展的战略，而市场经济主体论从追求利润最大化的市场原则出发，醉心于“赶超”目标，为了达到高指标的 GDP 增长，不惜以牺牲环境为代价，无疑这是与可持续发展目标背道而驰的。古代圣贤庄子曾说：“夫乘天地之正，而御六气之辩，以游无穷。”按照客观规律行事，才能成功，所谓欲速则不达，政府宏观调控是非常有必要的。

换一种说法，我们可以认为，同资本主义社会相比，社会主义国家有一个相对的行政资源优势。行政资源的优势主要体现在政府对经济的有效控制和对市场的有效干预方面，具体来说就是政府能够很好地根据当地的社会经济发展的实际需要和经济规律而制定和执行正确的经济政策、产业政策、区域发展政策，以及行业发展政策。而这些经济政策都应当是可以根据需要，特别是根据经济规律进行调整的。

要在中国建立国家经营的管理机制，关键在于重新认识中央政府和高层领导者的职责，并据此设计管理规范，引导管理方式与行为方式。集中社会各阶层的智慧，兼收并蓄，使社会和谐，人民安康，充分发挥社会主义集中力量办大事的优势。要繁荣且有序的持续经济发展的良好态势，国家管理体制必须实行经营管理。从世界发展的趋势看，西方发达国家这些年来国有经济的增长在不断地加快，出现了国家经营的产业和企业，形成了国家经营的方式和范畴[②]。在当前情况

---

① 沙占华．基本民生服务去泛市场化分析［J］．重庆与世界，2010（11）：4－7.

② 宗寒．西方国家发展国有经济说明了什么［N］．环球视野，2003－10－24.

下，中国应当重申国家经营和法治建设中的一个原则：有效保持大型国有企业居于经济龙头和主导市场地位，绝对不能偏转和背离这个大方向[①]。一言以蔽之，中国经济发展仍然雄关漫道，任重而道远。

① 田广，戴琴琴，綦晓光．关于国家经营的战略思考：基于对泛市场化思潮的批判［J］．石家庄经济学院学报，2012（2）：92－95.

第十章　曾经的老大，何以落后

一个民族应该用深厚的态度看待自己的历史：对于本民族历史上的闪光面固然要感到骄傲，而对于自己本民族历史上的阴暗面也绝不能视而不见，甚至否定。我们无法轻率地说："啊，我们要同昨天告别。"昨天的自己岂能轻易地被"告别"得了[①]？因为对于我们来说，历史就是我们民族的有机构成。一个民族如此，对于一个国家而言，道理依然如此，我们又怎能轻率地说："啊，此情可待成追忆，只是当时已惘然。"恰恰相反，当时的惘然或许是我们未来前行的航向标和灯塔，正所谓"前事不忘，后事之师。"

如果说历史上的中国是一头东方雄狮的话，那么近代中国就是一头流落平阳的"老虎"了，所以才有"虎落平阳被犬欺"！我们不妨大胆且自豪地自问自答一次：历史上（鸦片战争前）有哪一个国家比中国强大？没有！可是就算是风光再大，也还是难逃光环褪去的命运，亦如英国、苏联、中国！以史明鉴，才可以看得更远，一如我们不想一直懵懵懂懂地在原地艰难踏步，所以就必须找出问题的根源，中国的衰落，究竟是谁之过？多问问为什么，这看似越来越多的问题会把我们带向更为明朗的答案。

有人曾经将中国历史与美国历史比较，得出结论：仅有 200 多年历史的美国，之所以会比一个拥有五千年文明历史的中国更加发达、更加先进，就美国自身而言，是因为它抓住了各种发展机遇；而对于

① 宋强等．中国可以说不［M］．北京：中华工商联合出版社，1996.

中国来说，则是因为在近代发展的旅途中停滞了许久。那么，在中国的发展里程中为什么会出现停滞？或者说，是什么因素使得中国在近代变得异常落后呢？一个世界级的强大帝国，怎么转眼间就被弄得丢盔弃甲？即使经过那么多的仁人志士的不懈努力，为什么中国还是无法走出困境，摆脱被奴役的命运？

对于这个问题，“仁者见仁，智者见智”，每个人的看法都是不同的。有人说是中国的政治体制问题，也有人说是中国的经济体制问题，甚者更有历史宿命原因的解释，颇有一种认命的感觉。而其中被说得最多的恐怕就是闭关锁国，技术落后，思想落后，等等诸如此类的议论了。北京大学哲学系的王海明教授认为，不能把中国落后的根源归咎于历史、政治、法律或经济之类，而应该归咎于中国奉行的道德原则。无独有偶，同属北大的另一教授韩毓海，在其所写的《五百年来谁著史：1500 年以来的中国与世界》一书中，先是通过一系列的历史事实否定了闭关锁国论、技术落后论、思想落后论等观点，然后再从世界视野来探讨导致近代中国落后的原因：基层无组织；财政金融不自主；国家能力持续衰落[①]。观点似乎有差别，但是许多时候即使是同一个观点，表达方式也会有所不同。我们只是提醒读者在思考中国近代历史问题时，更应该看到问题的实质。那么，中国落后的实质又是什么呢？

伟大的马克思主义基本理论告诉我们：任一事物的变化发展都是由内因和外因共同作用产生的，内因是决定性因素，外因通过内因起作用。对于中国在近代的没落，我们也同样可以用这个观点将问题概而言之。

① 韩毓海．五百年来谁著史：1500 年以来的中国与世界（第 3 版）［M］．北京：九州出版社，2011.

夜郎自大的“酱缸文化”

美国为什么会比中国进步的快？其实除却其他政治、经济、军事、科技等方面的原因，不得不说历史“短”也是一个重要的因素。而中国的历史不仅冗长，且有太多落后的思想残留。这就好比我们有两口缸，一口是什么都没有的，另外一口是沉淀了许多“黑酱”的，如果要我们往里面装东西，我们一定会毫不犹豫地把新东西装入那口什么都没有的缸中。对于那口“酱缸”，我们可能会想：这东西放进去会不会起什么反作用？它们是相容的吗？或是，我们需不需要先清理清理这些“黑酱”？诸如此类的问题，一个接一个，所以无论我们多努力，都没有前者的行动效率高！

有时候，换个角度看问题，会发现意想不到的结果。比如看待历史，我们接受的教育习惯性地将中国近现代史和世界历史分开学习。其实不曾想，将中国史与世界史重叠一下，可能会有新的发现，处于同一时间点上，世界在干什么？我们又在干什么？举个比较有意思的例子，14 世纪～16 世纪的欧洲文艺复兴时期，艺坛三杰达·芬奇、米开朗琪罗、拉斐尔，竟然与中国的四大才子唐伯虎、祝允明、文征明、徐祯卿生活在同一时代，借用时下流行的一句网络语：我怎么仿佛有种“穿越了”的感觉！另外，17 世纪 40 年代，无论对西方还是对中国来讲，都是一个十分重要的年代。1640 年英国首先爆发了资产阶级革命，标志着西方社会开始进入资产阶级世界革命的阶段；1644 年清王朝建立，标志着中国一个新的封建王朝的开始。观察这段历史，我们会发现：当时的中国，在经济、文化、军事等方面较之刚刚进入资本主义前期发展阶段的英国，落后尚不甚远；中西方之间尽管社会性

质不同，但社会经济发展的差距并不十分明显[①]。但是，此时的细微差异为何在后期会越来越被放大？恐怕“闭关锁国”难辞其咎吧！

说起“闭关锁国”，就不得不说说中国的“酱缸文化”了。中国传统文化和思想大师柏杨先生曾写过一本非常畅销的书：《丑陋的中国人》。这本书的反响之大，除了令国人震惊之外，更多的则是我们在阅读了此书之对书里面所讲到的国人的“劣根性”的反思，中国的封建残留，思想意识的落后，都是源自于中国传统文化中的“酱缸思想”。柏杨大师指出，中国人是一个受伤很深的民族，由于在酱缸里“酱”得太久，思想和判断以及视野都受到酱缸的污染，很难跳出酱缸的范畴。年代久远下来，使我们多数人丧失了分辨是非的能力，缺乏道德的勇气，一切事情只凭情绪和直觉反应，而缺乏思考或者不能再思考。一切行为价值，都以酱缸里的道德标准和政治标准为标准。因此，对许多国人而言没有是非曲直，没有对错黑白。在这样的环境里，人们对事物的认识，很少进行更深入地了解分析。在长久的因循敷衍下，终于来了一次总的报应，那就是“鸦片战争”。也正是鸦片战争，打开了长期闭关自守的中国国门。颇为讽刺的是，历来被无限称颂的中国“优秀”传统文化，第一次遭到如此猛烈地抨击，第一次出现了不一样的声音。但这是值得高兴的，也是中华民族之大幸，因为由此引发的全民大讨论促进了中华民族文明的又一次开化[②]。

一个国家或者民族的衰落，其实文化是非常核心的影响因素。纵使在外人看来有这样的内因或者那样的外因，但是腐化本身的，仍然是这个民族的文化是否足够强大，是否足以抵御各种侵扰。诚然，历史上的中国文化在那个特定的历史时期是不堪其扰的，也正是在这样一次次世界强国的重新洗牌中，我们慢慢地开始寻找到了自己文化的

① 王燕萍．闭关锁国与近代中国的衰落——17～18世纪中西方历史发展趋势比较［J］．学习论坛，1998（7）：19－20。

② 对“酱缸文化”概念及其批评感兴趣者，我们强烈建议其阅读：柏杨．丑陋的中国人［M］．北京：人民文学出版社，2008.

精髓，摒弃了各种文化糟粕，诸如中国的“酱缸文化”中的某些部分。我们不敢说是全部，因为历史的车轮总是滚滚向前的，生命不息，奋斗不止，谁也不知道下一个老大能稳住多久。或许，这才是历史真正耐人寻味的地方。

从天灾到人祸：内乱的影响

中国自古以来就是一个农业大国。这算得上是一个优势，至少证明中国拥有着其他国家所未有的自然地理优势，可以自给自足。但这同时也是一个劣势，单单从传统农业需要“靠天吃饭”来说，就是一个致命伤。“靠天吃饭”意味着若是老天爷“给面子”，农业收成好，就是个丰收年，百姓自然也能过得充裕些。但是，若是老天爷“变了脸”，遇上天灾，轻者生活拮据一些，重者可能就因此颠沛流离四处讨饭过活了。

天灾，即指包括水、旱、风、虫等在内的自然灾害，这在中国自古就有之。然而，逢灾必成祸，灾祸连年，则少有如近代中国。天灾为祸之频繁、之惨烈，也为世间所罕见。大灾所及，赤地千里。灾难中挣扎的平民百姓，犹如雨中漂萍，满腹的无助与辛酸[①]……早在魏晋南北朝时期，就出现了由于气候异常、自然灾害频发所引起的天灾，以及由于割据混战、苛政暴敛等人祸给社会造成的极大动荡，这些都对当时靠农业吃饭的中原大地造成了严重影响：比如引起农作物歉收、农业人口锐减、农田荒芜、生态破坏等危害[②]。

---

① 文芳．黑色大历史——天灾人祸［M］．北京：中国文史出版社，2004.

② 徐丽娟．试论魏晋南北朝时期天灾人祸对农业生产的影响［J］．黑龙江史志，2010(21)：148－149.

到了清代，发生的自然灾害种类就更加多样了，有旱灾、水灾、雨雹、霜灾、雪冻、地震、山崩、大风、黑风暴、蝗灾、疫灾、火灾、饥饿等。据统计，从道光二十年开始至同治十三年止，全国每年都有10个以上地区发生自然灾害，而北方四省基本上年年受灾[①]。远的且不说，单说近代历史上的清代，就天灾不断，周而复始，再强大的民族也经不住老天爷的轮番“挑战”。就旱灾而言，其毁灭性就是不可估量的，因为那时的技术等各方面都还不够成熟，不像现在，可以利用人工降雨等来暂时缓解自然的“炙烤”。那时的人们，出于无奈也就只有借助神灵等精神支柱了，所以才有祈雨、求福等祭拜神灵的古老守旧仪式，这也可以说是一种对现实无奈的真实表现了。言归正传，在清代频繁的旱灾中，最大的、最具毁灭性的一次，当数光绪年间的华北大旱了。

由于这次大旱以1877年、1878年为主，而这两年的阴历干支纪年属丁丑、戊寅，所以人们称之为“丁戊奇荒”；又因河南、山西旱情最重，又称“晋豫奇荒”、“晋豫大饥”[②]。这次大旱的特点是时间长、范围大、后果严重。据《申报》记载，由于旱灾，山东各地灾民纷纷逃荒、闹荒或祈雨。但祈雨无济于事，各处“饥黎鬻妻卖子流离死亡者多，其苦不堪言状”。另据不完全统计，1876—1879年，山东、山西、直隶、河南、陕西等地区，受旱灾及饥荒严重影响的民众人数，多达1.6亿～2亿，约占当时全国人口的一半。直接死于饥荒和瘟疫的人数，约1300万人，仅山西一省1600万居民中，就死亡500万人[③]。这一串串血淋淋的数字，除了让我们感到痛心以外，更应该引起我们的反思。

---

① 李华丽．晚晴华北地区天灾人祸与老人非常态生活［J］．兰州学刊，2008（9）：136－138，182.

② 张德明．丁戊奇荒：中国近代最大旱灾［N］．济南日报，2011－02－16.

③ 人民日报社编辑部．“丁戊奇荒”：夺走1300万人生命的旱灾和人祸［J］．文史参考，2010（7）.

天灾还是人祸？这二者其实并不是非此即彼的关系。正如陈高佣所说："天灾人祸对于社会治乱、经济荣枯及民族分合有莫大的影响，而且天灾与人祸之间、内乱与外患之间似乎都有互为因果的密切关系"[①]。就拿上述的"丁戊奇荒"来说，难道就全是天灾？是纯属偶然吗？当然不是。造成这一"天灾"的人祸有：一是因为清末官府加重对人民的盘剥，农民无地可种，只能伐林垦荒，由此造成森林植被破坏，水土流失严重，生态环境急剧恶化。二是作为以自然经济为本的农业国，兴修水利，对防止旱涝灾害，保产保收，本就具有不可忽视的重要作用。但是到了清末，水利日趋废弛，捻塘沟渠等工程不兴[②]。当然，除了所列举的两个原因之外，还有其他诸如大兴土木新建宫殿，唯利是图伐木生财等与自然发展相违背的人为因素。至此，一旦天灾降临，我们拿什么抵御？单靠一颗虔诚的祈雨的"心"就真的能行吗？可惜老天爷从来就不是容易"心软"的神灵，破坏规律，就要受到惩罚，这是自然法则，也是社会法则！

所谓"福无双至祸不单行"，在近代中国，更是如此。除了有天灾人祸交织的各种旱涝、瘟疫等天灾不断，雪上加霜的是，还有各种起义、倒戈的人祸。以历史上的农民起义为例，大多以失败收场，而且其对于经济、文化等方面的消极影响也是不容忽视的，尽管中国的教科书对此涉及尚少，但这并不能代表没有。大量的农民起义，客观上给古代中国社会带来了更多的战争，而且在战争中，人口急剧减少，大片耕地荒废，这些都严重地阻碍了社会经济的发展。农民起义发生的实质通常是，在难以承受的自然灾害以及腐败的官僚体系面前，人民只能在夹缝中求生存，而当这种生存都难以为继时，除了揭竿而起，寻找一条可能的活路以外，也就只能干坐等死了。从中国历史上第一

---

① 张文华．自然灾害与汉武帝末年的经济衰落［J］．菏泽师范专科学校学报，2003年8月，第25卷第3期：60－62.

② 刘仕慧．从清末四川自然灾害的危害看环保的重要性［J］．成都师专学报，2002年9月，第21卷第3期：36－39.

次的陈胜、吴广农民起义，到清末时期的太平天国起义，无一不是如此。而巧合的是，中国农民起义往往发生在王朝末年，这是因为在统治阶级和官僚地主的残酷剥削下，他们终于不堪忍受、忍无可忍而不得不起来反抗。历史上最后一个清王朝也是如此，最终经济、政治等各方面渐趋衰落，直至走向政权灭亡。

历史是一面镜子，统治者必须善待被统治者，否则就会自取灭亡。由于人祸，一个国家往往会不战而败，就是因为其本身早已元气大伤，还拿什么战斗？拿什么抵御外敌入侵？正所谓“苍蝇不叮无缝的蛋”，在这么一个对于西方各国而言“天时地利人和”都绝佳的难得时机，要对当时的中原大地发起攻势也就在预料之中了。中国历史上的天灾人祸，足以证明中国是一个久经捶打的多难民族。自古多难兴邦，看来也并非没有道理，不然，说不定也就没有现如今的世界经济体第二的位置了，此乃后话。

飞来横祸：外患带来的灾难

如果说西力东渐、欧洲对亚洲的冲击，改变了中国的地缘政治特征，使近代中国在国际竞争中处于不利地位；那么，沙俄和日本的崛起，成为中国的陆海强邻，则进一步压缩了近代中国的生存空间，其衰落已不可避免。陆海复合地缘政治特征、强邻环伺的周边安全环境以及奉行扩张政策的沙俄和日本成为中国的陆海强邻，曾在宏观整体上影响和制约着近代中国的选择和发展方向，成为近代中国衰落的地缘政治因素[①]。其他国家的强大，预示着需要更多的资源来支撑其更加

① 尹海全，王义民．地缘政治与近代中国的衰落［J］．学习月刊，2006 年第 2 期（上），总第 259 期：19-20.

长远的发展。而对于地大物博且市场广阔的近代中国而言，这无非是一块让世界发达国家垂涎已久的“肥肉”。于是，问题不在于“咬”还是“不咬”这块“肥肉”，而在于“咬多少口”、“咬多久”、哪些国家来“咬”的问题。

近代中国，甲午战争算是中国发展史上的一个分水岭，或者说是一个“拐点”。在甲午战争前，中国与日本基本上是同步走向近代化的。但是甲午战争后，日本利用从中国勒索的赔款，大力发展本国工商业与基础教育事业，从而迅速挤进发达资本主义国家的行列。中国除战争中人员伤亡、财产损失外，还承受了最为残忍、最为苛刻的不平等条约，超负荷地背上战争军费外债与战后赔款外债①。当然，日本的影响只是一个方面，近代中国的屈辱史，绝不是一两个国家促成的，而是西方列强共同瓜分而形成的。除了有着地缘优势的日本、俄国这两个邻国的“落井下石”，还有来自美国等国家的“趁火打劫”。最典型的莫过于“八国联军”共同侵华了，若是单一国家的硬碰硬，鹿死谁手想必并不能如此快得见分晓。处于各列强国家共同打压下的中国，陷入了一直为别人做“嫁衣”的尴尬处境。

以 20 世纪 30 年代日本对中国发起的全面侵华战争为例，战争彻底打断了中国原有的现代化进程。先是日本对中国东北的占领，使中国丧失了 1/3 的森林、铁矿和煤矿；4/10 的铁路；7/10 的大豆产量；2/5 的出口贸易；93％的石油；55％的黄金。另据统计，截至 1932 年年底，中国政府在东北的损失达 178 亿元，加上私人损失，不下 200 亿元。在全面侵华的 8 年间，日本占领了中国城市总数的 47％以上，其中包括大城市的 80％以上。而这些城市聚集着中国几乎全部的现代化工业。据 1995 年中国政府公布的数字，中国在抗日战争中的直接财

① 金普森．中日甲午战争与中国外债［J］．东南学术，2000 年第 1 期：107－111.

产损失是 1000 亿美元，间接损失是 5000 亿美元[①]。

除了经济上的损失，还有震惊中外的南京大屠杀夺去的 30 万手无寸铁的百姓的生命，对于当时积贫积弱的中原大地来说，都是难以承受之痛。战争之外，日本还不断通过文化、政治等因素对中国进行渗透和腐化。请记住历史的教训吧，即使在一片祥和景象下的今天，对于日本，我们也是绝对不能放松警惕的。钓鱼岛就将是一件日本不会轻易妥协的、恶意霸占我国领土的事件，这一事件还在持续上演并不断升级。2012 年 8 月 15 日，日本扣押中国保钓人士，这一行为已经严重激怒和伤害政府及民间保钓人士。在任何试图瓜分我国领土的行为面前，我们决不妥协，并将誓死捍卫！

历史上的俄国也是个侵略成性的国家。早在清军入关时，沙俄侵略者就开始乘机侵入我国东北，强占黑龙江流域雅克萨等地。侵略者所到之处，杀人放火，奸淫掳掠，无恶不作。1840 年后，在西方列强侵略中国时，俄国也借由一系列不平等条约，侵占中国多达 150 多万平方千米领土。侵占和分裂中国领土，一方面压缩了国人的生存发展空间；另一方面领土内的自然资源被掠夺和践踏，严重影响了中国未来的发展。尽管在斯大林时期，中苏关系还是比较友好的，但是在赫鲁晓夫当政后，中苏关系的决裂就再一次印证了：只有永远的利益，没有永远的朋友。时至今日，这一铁律仍然适用。

1950 年 6 月 25 日，朝鲜战争爆发。美国为了维护其在亚洲的地位和利益，立即出兵干涉。以美国为首的联合国军越过三八线，把战火一直烧到了鸭绿江边。中国自古以来就懂得“唇亡齿寒”的道理，而在亚太地缘政治舞台上，朝鲜属于一个战略要冲，它位于俄、日、美、中几个大国之间，构成太平洋列强登上中国大陆的一块结实的跳板。当美国要来拿这块“跳板”时，战火已经燃烧到“家门口”了，

---

① 卞修跃．日本侵华战争对中国现代化进程的双面影响［J］．中国社会科学院学报，2008.

中国该怎么办？美国对于亚太地区的野心，远远不止朝鲜这么一个小国，“项庄舞剑意在沛公”，所以，中国除了保家卫国、参与抗美援朝战争以外，已经没有别的出路。

任何一场战争，即使胜利了，也是损兵折将的。对于抗美援朝而言，中国连续几年的经济被严重拖累，数十万人战死在异国土地，并为此欠下了累累的债务，这些都是战争带来的严重伤害。以史为鉴，由古及今，当代美国仍未放弃对中国的种种打压。以逼迫人民币升值为例，这就是一次有预谋的、肆意干涉中国内部经济体制的经济侵略。谁又能说这不是一次历史性外患的变相延续呢？中国一直秉持的是，汇率属于中国的内部经济体制的问题，理应由中国自行解决，反对一切打压式地恶意干涉。

曾经的老大，在历史上可谓四面临敌，不堪其扰。内忧加外患，使得本就举步维艰的中国更加伤痕累累，与此同时，经济和政治方面的弊端也开始逐渐显露出来。

衰落了的经济

盛极之日也是衰落之时。中国的小农经济早已为中国这个当时的“老大”埋下了即将没落的伏笔，因为，整个封建体制在当时的世界形势下已经不能适应时代发展的潮流。特别是那种自给自足以手工作坊生产为主的经济更是落后于西方世界。

老大的地位旁落，谁之过？除了政治、军事等方面的原因之外，经济方面也自然是脱不了干系的。大清时候，我们的国家是个纯农业的经济，面对欧美的工业经济结构，“竟不知有愧”。当然，我们也可以说，中国当政者在当时这种自然经济正日趋没落的前提下，选择“关起门来”，选择守住自己的“一亩三分地”，在一定程度上是无奈但相对正确的。因为，清王朝实行闭关锁国政策的基本原因是想将西方殖民主义势力遏制在中国的南大门之外，同时，将外商来华频繁的商业活动限制在清政府严格控制的狭小范围之内，以缩小其对中国社会的“负面”影响[①]。这样做的目的是为了保护自然经济，使其暂时免遭西方资本主义商品经济的冲击，清政府也可谓是用心良苦了，或许是“被逼无奈”才会采取这种消极的“闭关锁国”政策吧，并为此招致无尽谩骂。不过话又说回来，长期的闭关锁国也导致了国人对国际市场的茫然和对世界新技术、新思想的陌生，而且这也有可能是近代中国落后的本质因素[②]。在国外资本主义迅速发展的同时，中国的自然经济远远落后于世界潮流。

自然经济，是与商品经济相对的称呼。自然经济不是为了交换，而是为了满足生产者或者经济单位本身的需要而进行生产的一种经济形式，也即通俗意义上的自给自足的经济。它是社会生产力水平低下和社会分工不发达的产物，有着生产规模小、生产技术落后等特点。而以商品经济为例，近代中国商品生产技术一直都停留在手工生产的基础之上，与西方机制工业品相比，处于明显的劣势。在中国，商品经济和市场因素的发展在唐宋元时期达到一个新的顶峰，到明代中期陷入停滞甚至萎缩，最终未能冲破自然经济的藩篱[③]。中国自然经济在鸦片战争前后也曾对外国资本主义的商品侵略进行过顽强的反抗。但是，中国棉纺织手工生产毕竟争不过外国的大机器生产，“胳膊拧不过大腿”，自然经济终究抵抗不住资本主义经济。19 世纪 60 年代以后，随着通商口岸的不断扩大和外国资本主义商品输出的不断加剧，中国

---

① 王燕萍．闭关锁国与近代中国的衰落——17～18 世纪中西方历史发展趋势比较［J］．学习论坛，1998（7）：19－20.

② 吴芳春，吴良成，吴赘，吴炳黄．近代赣东北商品经济衰落成因考［J］．南昌工程学院学报，2011 年 4 月，第 30 卷第 2 期：11－16.

③ 赵凌云．从市场发育和演变的悖论看中国传统经济衰落的原因［J］．中国经济史研究，2003（1）：21－24.

延续了数千年的自然经济终于开始初步解体。中国自然经济的解体，也标志着曾经的“老大”引以为豪的经济基础的逐步瓦解，从而，“老大”的取代也成了历史的必然。

中国的经济也并不是束手待毙的，清末其实也在进行工业的发展，只是时间已经来不及了。木已成舟，经济衰退的祸根已然开始起作用。说到底，可能人的因素并没有世人想象的那么重要，在那样一个历史背景下，无论是多么英明的当政者，可能都难逃脱经济衰落的命运。顶多，这算是事件发生的一个方面，领导人也不是完全没有责任的，后期我们将会提到政治上的因素也加速了中国老大地位的下降。

由上可知，历史之所以为历史，就是因为必然中有偶然，偶然之中又有必然。

保守化的政治

自古以来，多少人都将中国这一曾经强大的帝国的衰落首当其冲地归罪于清政府的闭关锁国政策。但是，除了这一原因以外，我们应该承认的是，以上所列其他因素诸如内忧外患和经济自身衰变也或多或少地起着酵化的作用。这也就是说，我们是否可以就此为清政府做那么一点点罪责开脱呢？当然，只有当所有因素都综合作用时，事件才会发展到那样的一步田地，这也是由世界万事万物普遍联系的原理所决定的。各种合力作用的结果，才有了我们称之为的“历史”。

尽管说政治因素并不是使得曾经的老大落后的唯一或终极原因，但是我们还是不得不老生常谈。再次温故一下中国保守化政治带来的各种影响，总是有利而无害的。政治，学术界对于这一概念并无特别统一的看法。20 世纪 80 年代，中国政治学界对于“政治”这一概念较为认可的定义有，“政治是主要由政府推行的、涉及各个生活领域的、在各种社会活动中占主要地位的活动”。而保守化的政治，即宁愿维持现状，保持既得利益，害怕打破现存秩序。近代中国的“闭关锁国”就是保守化政治的真实写照。而相对于保守化政治而言的开明化政治，则是保持包容的心态，学习并努力追赶社会发展潮流。

美国的包容性便足以使其“尝到”由开明化政治所带来的“甜头”。对于中国近代的衰落，学术界普遍都认为，中国在晚清的落后是源于中国几千年来顽固、落后的君主集权制度所导致的，而且闭关锁国的中国社会直到被西方人用武力打开了国门，才开始融入到世界经济市场之中[①]。这一“夜郎自大”的政策无端助长了统治阶级妄自尊大的心理，自诩天朝上国，盲目排外，不思进取，保守愚昧。一方面，闭关锁国的政策使先进的制度难以进入，小农经济与西方工业技术的距离越拉越大；另一方面，“坐井观天”的天朝不知道船坚炮利的威力，也不知道对手的准确位置，如鸦片战争刚开始时，皇帝与众大臣竟不知英吉利在哪里，最后，只能被打个措手不及。

关于清朝皇帝的“奇闻逸事”远不止上述这一件，颇为有趣且仍具有争议的就要数乾隆皇帝寿宴时期的“礼仪之争”了。在鸦片战争爆发的半个世纪前，英国政府曾派遣马戛尔尼使团来到中国为乾隆皇帝祝寿。这里有必要补充一点，中国臣子对于皇上的礼仪是：双膝跪地，上身趴下，将额头触底三次，然后站起来，以便第二次下跪，连续三跪九叩才算礼成。朝堂上下所有文武大臣，以及藩属国的使臣都必须一律行此大礼，现在这一礼节也在跪拜神灵或逝者时使用。相对地，在英国，臣民给英王行礼时，只需要单膝跪地即可，与中国的礼仪有出入。有关于马戛尔尼使团最终在乾隆皇帝面前行了什么礼，中英双方仍然是各执一词，且无从考证。但有一点可以肯定的是，这一会面是失败的，最终是不欢而散，马戛尔尼使团在清政府的催令下起程回国。我们或许可以说马戛尔尼使团本来就是“来者不善，心怀不

① 黄天南．从经济学的视角看晚清中国衰落［J］．市场论坛，2009（4）：9－10.

轨”的，因为欧洲的殖民扩张使得英国早已对中国这块“肥肉”垂涎已久了。但是乾隆皇帝的“固执己见，闭塞浅陋”无疑也加速了英国侵略中国的进程，并给其殖民扩张找到了一个冠冕堂皇的理由。

举世公认，闭关锁国政策实质上体现的是封建统治者妄自尊大的虚骄心态和封闭的观念。而正是这种妄自尊大、孤芳自赏、虚骄傲世的心态使清朝长期处于封闭性的发展格局之下，朝野上下无视世界日新月异的变化。封建统治阶级对外部世界的无知和政治上的腐败，大大地加速了清王朝的衰败过程[①]。“海纳百川，有容乃大”，中国在这一方面是深刻吸取了历史教训的，因此，我们现在是抱着谦虚、包容的心态向世界潮流看齐，也才有了我们现如今世界经济第二的巨大成就。

民族复兴何其难

尽管中国已经取代日本成为世界第二大经济体，但是还尚未完全完成民族复兴的重大使命。“实现中华民族的伟大复兴”，是我们一直的口号与目标，但是何为“民族复兴”，官方并未给出精确定义。有学者从“民族复兴”的历史内涵上来探讨这一时代最强音的概念，试图用这么四句话来概括其历史内涵：继往开来的历史视野与文化情怀；团结统一的整体观念与价值诉求；后来居上的顽强意志与宏大抱负；再作贡献的民族自信和世界情怀[②]。因此，民族复兴是一个非常之广泛的概念，我们无法一言以蔽之，而只能将其理解为一个相对的概念，或是复兴到“曾经的老大”的地位上，抑或是发展到一个更加富强、

① 王燕萍．闭关锁国与近代中国的衰落——17～18世纪中西方历史发展趋势比较［J］．学习论坛，1998（7）：19－20.

② 张可荣．“民族复兴”的历史内涵与当代意蕴［J］．长沙理工大学学报（社会科学版），2011年7月，第26卷第4期：92－96，118.

文明、民主的阶段。不管是何种定义，我们要实现的民族复兴，必将是在重拾昔日的辉煌的基础上，继续向前发展的。历史的车轮滚滚向前，重来不会倒退，所以若想不被淘汰，只能继往开来，方能实现最终的“民族复兴”。

为何会有中华民族复兴的说法？这当然还得从历史说起。中华民族在历史上曾经风光无限，同时，中华民族的历史也是一部血写的历史，是历经众多苦难而顽强生存下来的民族书写的历史。“复兴”，字面意思理解自然是回复到之前兴旺发达的状态。最早提及中华民族复兴的应该是孙中山先生了，他在三民主义中强调了“民族”、“民权”、“民生”的思想。《三民主义》就是一种探索中华民族复兴道路的思想①。

那么，在当下，作为民族梦想，中华民族还有多久才能伟大复兴？2012 年 8 月 3 日，国家发展改革委员会宏观经济研究院社会发展研究所所长杨宜勇称，2010 年中华民族复兴指数为 0.6274，即完成了 62%的复兴任务②。不论这一指标是官方权威的也罢，是个人业余爱好而给出的也罢，将民族复兴这一定性的东西用来量化，总觉得很奇怪。可以想见，关于民族复兴的讨论还会继续并深刻发展下去。

在什么道路上实现民族复兴呢？我们常说中国经济的发展应归功于“走对了一条路，举对了一面旗”，其实这条路就是“中国特色社会主义道路”，关于这一道路选择问题我们就不展开论述了，否则就变成了一场政治报告了。从事中国近代史研究的张可荣教授认为，民族复兴的当代意蕴集中回答了民族复兴的“路径选择”问题，即怎样实现民族复兴的问题。除了民主复兴的根本道路（中国特色社会主义道路）以外，还包括民族复兴的根本领导力量（中国共产党），民族复兴的根

---

① 刘源俊．孙文思想与中华民族复兴的道路［J］．中国政法大学学报，2012（1）（总第 27 期）：125 - 129.

② 晨报编辑部．民族复兴了 62%？发改委专家称报告纯属业余爱好［N］．重庆晨报，第 006 版（今日要闻），2012 - 08 - 07.

本方式（和平发展道路），民族复兴的强大动力（改革开放）[①]。民族复兴这一主题在长期而言会是生生不息，充满活力的，同时，我们的新一代接班人也必将为此注入新鲜活力。

民族复兴的道路从来就不是一蹴而就的，在未来也会遇到这样或那样的困难。前述的天灾人祸、外患等虽已成为历史，但谁也无法预知未来是否会有新的内忧外患出现，从而阻碍民族复兴的向前推进。经济、政治也一直都是历史的主角，发展的好坏将直接影响到民族复兴实现的进程和效果。最最重要的是，中国的“酱缸文化”还在社会的角落存在着，而这一方面的负面影响也是我们需要时刻警惕的，从思想上开始重视起来，而不能轻易被“腐蚀”。总而言之，在经济、政治、文化、社会这四个方面，四位一体的齐头并进共同发展的势头下，我们的民族复兴也就指日可待了。

---

① 张可荣．“民族复兴”的历史内涵与当代意蕴［J］．长沙理工大学学报（社会科学版），2011年7月，第26卷第4期：92-96，118.

下篇

不当老大，又能怎样

第十一章 谁是当今老大

近年来，作为地球人的我们一直都在强调的是，世界是一个整体，或者说世界就犹如一个地球村，没有所谓的谁第一、谁第二的问题。但是，即便如此，遍布大众视野的仍然是各种排名，各种名次之分。在这样一个孰优孰劣的问题上，每个国家都拥有发言权，而且给出的回答想必也是百花齐放、百家争鸣。那么，我们不禁要问：当今世界，究竟谁是老大呢？

美国人会得意地说当今世界的老大，我们美国是当仁不让了。美国不仅是世界上第一大经济体，而且还是世界第一大军事强国。要想跟我们争第一，恐怕还得再回去修炼修炼了！对此，英国人可能不大服气，他们会自豪地说回首当年，19 世纪的我们大英帝国可是全世界的霸主，只不过是因为一次世界大战就让你们美国捡了个大便宜，谁敢说当年的英雄就不能东山再起了？日本人也许不服气，他们可能会说早在 1988 年，日本可是拥有全球经济强权的，虽然后来这一宝座又回落到了你们美国人的手上，我们大日本帝国也是可以重整雄风的。听到这里，中国人肯定有话要说了，要谈历史上的第一，你们就都输了，看看我们的大唐盛世，还有我们的四大发明，哪一样不说明我们早就走在世界的前列？同样，俄国人可能会气红了脸，而德国人也许会气粗了脖子……一场争论注定是没有结果的各自为战。无可厚非，大英帝国曾经强盛过，但最终还是衰落了；大日本帝国也曾经耀武扬威过，但也衰落了；中国也曾经辉煌过，依然是难逃被取代的命运……所有的一切，无非在印证这样一个铁律：三十年河东，三十年河西，没有永远的老大，也没有永远的老幺！套用时下流行的一句话：风流总被雨打风吹去，神马都是浮云……

事实胜于雄辩，不管各国有多么的不愿意承认，不愿意屈服，美国是当今世界无可争辩的老大。所谓的历史，已成过往，正所谓好汉不提当年勇嘛。至于往后谁第一，那就让时间来见证了，暗自较着劲，可以，但是，眼下我们可不得不服啊！如若还是不服，就恳请各位看官继续往下看。

老大是打出来的

说自己多么多么强大那都只是片面之词，自夸谁不会啊？在这样一个浮躁的社会，真正能有清醒的自我认识的人或国家都已经屈指可数了。但是，身为中国人，却不得不承认，美国的实力确实是经得起考验的，真金何惧火来炼！当然，我们绝不是所谓的亲美主义者，也并非对自己的国家有多么的不满。相反，正是因为满怀对祖国的一腔热血，才不想国人在自我臆想的温柔乡里失去斗志。“生于忧患，死于安乐”，这是再寻常不过的道理了，中国如此，美国也是如此。

当我们在百度百科中输入“美利坚合众国”，便会弹出有关“美国”的百科名片。与其他很多国家不同的是，对于美国，有关于“美国参与过的战争”的详细介绍，果然是打来的天下，是绝对不容小觑的！我们都知道，美国是一个仅有 200 多年历史的年轻国家，而美国的发展史更像是一部战争史。尽管时间不长，但是影响不浅啊！

提起美国的建立，必然要从美国的独立战争说起，这也是世界历史上规模最大的一次反殖民战争。北美人民是因为不甘继续受到英国对殖民地的剥削压迫，所以愤而反抗。最后，独立战争的胜利，使美国摆脱了英国的殖民统治，实现了国家的独立。“初生”就布满如此多

鲜血，谁又能说现在的美国就没有保留其战争的热血呢？

美国的独立战争绝对不是美国战争的终结，恰恰相反，它只是掀开了美国战争历史长卷的序幕。从19世纪的西进运动、美国内战，到20世纪的两次世界大战，再到21世纪的阿富汗战争、伊拉克战争等，尽管所列并不完全，但一言以蔽之，美国参与的哪一场战争不是声势浩大、影响深远的？我们暂且不说它是正义的还是非正义的，而且我们既不用美化战争，也无须丑化战争。单单说这些战争的频繁密集度，我们就不得不感慨：老大的地位果真是打出来的！正所谓，打江山容易守江山难啊！

有人说美国发动的大部分战争都是出于想争夺自然资源，譬如石油；也有人说美国发动的大部分战争是为了转移国内危机，譬如需求不足；还有人说只要美元还占据着货币的霸主地位，美国的战争就不会停息！对于这个问题，没有统一的答案，看问题的角度不同，得出的结论自然是有差异的，而且我们并不排斥这种差异的存在。大众对美国发动的战争动机与美政府自我宣扬的是存在极大的差别的，最频繁的是听到美政府说要解救哪国水深火热的民众，好似除了美国，其他国家的人们都是极其艰难度日的。于是，美国一直以国际警察自居，为其发动或参与的战争披上了一层正义的外衣，必要的时候不会跟任何一个国家讲理，轻则对别国采取所谓的制裁，重则发动战争，推翻政权。

当然，我们是爱好和平的，尤其对中国人而言，和平的意义是妇孺皆知的。按理说，这诺贝尔和平奖早该奖励给我们中国领导人了，可2009年的诺贝尔和平奖愣是颁发给了美国领导人——奥巴马，这让我们其他国家的领导人情何以堪啊？在奥巴马上任的一年时间内，无论是中东和平进程，还是削减进攻性核武器，都没有取得任何阶段性的和平成果；反而在阿富汗增兵，增加了该地区的极度不稳定性。在这样的背景下，将诺贝尔和平奖颁发给奥巴马，作为普通民众的我们，实在猜不透颁奖委员会的心思。或许是在暗示：就算打再多仗，咱也

不能忘了和平二字啊！这战争也是为了更好的和平嘛，战争与和平二者也并不是水火不容的。突然发现，换个角度看世界，世界豁然开朗啊！

光是会打没有其他的经济、政治势力辅之，那是得不到长远发展的。美国没那么目光短浅，也没那么笨。战争可以用来打江山，但是守江山却是需要更多的“文官”的，“武将”的功用就尽可能地用于国防军事力量上了。所以，要说美国是当今世界的老大，我们首先就需要看看它的经济基础如何了，因为经济基础决定上层建筑，这是智慧的马克思主义理论告诉我们的。

经济实力最强盛

在美国经历了全球性金融危机的大萧条之后，我们不禁要问：美国经济是否已经或正在逐步衰落？美国经济统治世界的时代是否已然结束？面对这两个问题，我们要说的是，经济基础决定上层建筑，经济上是否最强盛，要用事实来说话。大部分认为美国依然是经济霸主的支持者，都可以列举种类繁多的理由来否定“美国经济衰落说”：作为世界第一大经济体，美国国内生产总值（GDP）仍占全球约 1/5；美国的生活水平仍然是世界最高的国家之一；美国的人口正在增长，这在所有的发达国家中是个例外；同时，美国是世界上最主要储备货币的发行者；美国拥有世界上最为发达的高等教育体系，吸引着世界最杰出的人才，在科技创新上处于前沿和领先地位；美国企业拥有强劲的财务状况，可能在未来数年之内释放出一波强大的投资浪潮；美国国家拥有傲人的纪录：在几乎每 10 年一次的经济危机中都能获得重生。凡此种种，不胜枚举。有观察家比喻说，现在比赛仅进行了上半场，美国将在下半场彻底反弹。美国总统奥巴马更是在 2012 年 1 月的国情咨文中给国民鼓气：“那些告诉你美国正走向衰落或我们的影响力

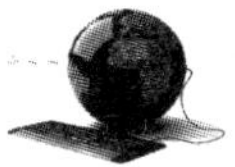

正在减弱的人，根本不知道自己在说什么[①]。”

当然，不可否认的是，美国受到金融危机的创伤也绝对没有痊愈。尽管美国领导人对国家形势是一片叫好声，这一举动恐怕大多应该归因于当时正在如火如荼举行的大选之上吧。参选者们在其声势浩大的一场场拉票演讲中，对于美国经济的负面消息自然是敬而远之的，当然也就使得大众对于美国经济形势的判断更是犹如雾里看花了。相信这些虚掩着的美丽面纱，在大选结束之后会逐渐清晰明朗起来。对于奥巴马总统鼓舞人心的话语，我们只得承认：美国领导人威武！有时候，明明不是如此的时候，当我们说多了就是这样，一不小心，真的也变成了假的，假的也可伪装成真的。真真假假，“大众”永远是无知的旁观者，一不小心，兴许也变成了善良无知的参与者。

尽管存在诸多不尽如人意的地方，但各位看官如果据此便以偏概全地认为，美国高层都对其经济讳莫如深，看来其经济辉煌已然成为历史，那就大错特错了。能经历这么多风吹雨打还屹立不倒的国家，自然有其过人之处。美国联邦经济分析局的数据显示，2012 年第四季度国民收入增长率将达 4.4%。尤其是制造业产出将显著增长，这也增强了人们对制造业就业由国外转向国内的信心。或者说，美国制造业又回来了。美国正在利用这次大危机调整产业结构，促进生产率提高。这些制造企业在 3 年前还濒临破产，现在却是供不应求。

根据瑞士洛桑国际管理发展学院（IMD）2012 年 5 月 31 日发布的 2012 世界竞争力排名显示，中国香港、美国、瑞士是世界上最具竞争力的国家（地区）[②]。作为世界上第一大经济体，美国 2012 年竞争力排在第二位，比 2011 年排名稍降一个位次，但报告认为，由于其独一无二的经济能力、企业的活力，以及创新能力，美国仍然是世界竞争力

---

① 吴成良．美国经济强盛的根基动摇了吗？［N］．人民日报，2012-05-14.

② 新华社．2012 年世界竞争力排名：中国香港第一美国第二［N］．长沙晚报，第 AA01 版（经济），2012-06-01.

的中心。

科技实力最发达

暂且抛却历史上的三次科技革命不说，美国的科技发达又岂是其他国家所能比拟的。举个大家都耳熟能详的例子——美国的苹果公司。现在随便在大街上一走，不管有钱没钱，无论男女老少，几乎人手一部 iPhone，对苹果产品的热忱早已超出了世界的想象。你可以说这是某些“果粉”对乔布斯的个人崇拜，也可以说是大家的盲目跟风，但是不可否认，iPhone 手机的确做到了前人所不曾想的流行。听过无数人在我们周围叫嚣着：苹果产品已经彻底改变了我的生活！的确如此，世界因为科技而迅速改变着。

说到此，身为中国人，又不得不戳一下自己国人的痛处了。人家有名牌，好啊，咱给你复制个“山寨”，便宜又实惠。在中国，如今的“山寨”文化不知是世界的悲哀还是国人的幸运。我们只能说，哀吾不幸，怒吾不争啊！你不在科技上好好下工夫，却在表面做足文章，而我们该“争”的正是那手机里实实在在的科技，实实在在的能改变大众生活方式的 technology 啊。更让人感到费解的是，拿着“山寨”产品的大众，不以为耻反以为荣。公交车上，地铁里，商场里，每当“山寨”机铃声响起的时候，就仿佛来到了另一个从来不曾来过的世界，大喇叭声夹杂无尽的噪声，与当下的场景真真是格格不入。那个时候真的很想走过去反问一句：兄弟，拿个“山寨”手机，咱能低调点吗？

说到科技，说到“山寨”，就不得不说下知识产权保护的那些事儿了。人家美国为啥能在科技上领先，做到最强？那是因为人家知识产权保护得好！或许这样回答有失公允，因为毕竟注重教育和人才也是

人家科技发达的一个重要内因，但是不可否认，知识产权保护在科技创新方面起到了不可取代的作用。记得之前有听两个老师聊过，一块劳力士的手表，如果是仿制品，要是在中国，请放一万个心，你可以安然度过，没人干涉你买“山寨”货的权利。但是，这事要是放到美国，可就没这么简单了，一旦发现是“山寨”品，二话不说，立马没收。此事件的具体操作实施过程及其真伪性，尚有待考证。但是，如果作为一个普通的局外人都知道，“山寨”产品这事在美国管得老严了，你就不难想象，美国的知识产权保护做到了什么地步。至少，在知识产权保护意识宣传上，美国是绝对的成功。咱最终要的不就是“大家都知道、大家都践行”的效果？在这方面，我们不得不对美国竖起大拇指了！

对于科技创新，政府应该是其主要推动者了。任何一个国家，要想有科技创新的环境，就必然需要得到国家的政策支持，而政府的作用就不言而喻了。美国政府是高度重视“创新文化”的建设和宣传的，将推动科技创新的投资者和科技工作者，看做是国家的英雄。2011 年 1 月 25 日，美国总统奥巴马在国会发表一年一度的国情咨文演讲时提到，“我们是一个创造了汽车、实现了每个办公桌一台电脑的国家，是一个拥有爱迪生、莱特兄弟的国家，是一个拥有谷歌和 Facebook 的国家。在美国，创新不止改变了我们的生活，更重要的是，这是我们赖以谋生的方式[①]。”正是有诸如政府支持、科技人才支持等因素的共同作用，美国才能够长期维持其世界第一科技强国的地位，才能一直成为世界其他国家争相效仿的对象。

① 詹鸣，王磊．从奥巴马政府《创新战略》看美国科技创新机制［J］．科技创新与品牌，2012（1）：64－66.

军事实力最雄厚

说到美国的军事，我们就不由得觉得毛骨悚然。纵观美国的对外战争史，哪一场不是声势浩大、耗费大量人力物力财力的？美国文化中固有的扩张主义还得从其历史上进行追溯。美利坚合众国兴起于近代，在美国人眼里它并没有跨入帝国主义的行列，深受扩张文化熏陶的美国人从来不讳言自己的对外扩张行为。美国军事实力的雄厚，归根结底源自其强大的政治实力和经济实力。世界上的其他任何一个国家，无论其经济实力如何强大，都无法像美国一样可以随心所欲地调动全球资源来为自己所用。

由我们所知的尚浅的经济学知识，我们可以知道，似乎大部分时候，一个国家对外进行军事扩张的时候，都是在其国内发生重大危机的时候。这并不是偶然，也绝不是无端揣测。因为，众所周知，当一国经济不景气的时候，战争一方面可以部分的转移危机；另一方面，可以刺激内需。你想啊，只要一打仗，你要消耗吧，那这些消耗自然就刺激了需求，产生了GDP。这一逻辑听起来似乎有些可笑，甚至让人觉得有些不可思议，一个国家怎么会用如此大代价的手段来挽救经济方面的危机呢？但是事实却是不容争辩的，领导人想的又岂是你我这等平民百姓所能想见的？正所谓人为刀俎我为鱼肉，随便找个理由，就可以搪塞过去了，欲加之罪何患无辞呢！

美国的战争形式也在发生着潜移默化的改变，而美元的霸主地位也给美国的战争扩张奠定了牢固的根基。从里根时代的“星球大战”开始，美国的战争不就再是基于“实力消耗与实物利益所得”所主导的利益差额计算，而转化为“货币债务所得与其汇率减免”所主导的利益计算。无论美国遭遇怎样深刻以及多大规模的困境，只要美国有

效地把持着“美元债务霸权”，美国就是世界上唯一最不惧怕战争的国家。因为，每一场战争都会为其带来“战争红利”；而战争的另一方则必然是以消耗国家实力和国民财富为代价而收场的。正因为如此，当美国次贷危机爆发之后，据称兰德公司给美国政府的政策建议是，何必用7000亿美元来拯救华尔街呢？因为用其发动一场战争的效果更加立竿见影[①]。无疑，除了战争，还能找到更好的摆脱困境的方法吗？战争仍然是当今美国国家利益的最优选择，其他的弱小国家，就自求多福吧。

落后就要挨打，这是亘古不变的真理。中国无疑很好地验证了这一铁律，那也是一段不堪回首的屈辱史。所以，要想不被践踏在别人的铁蹄之下，先管好自己的国防，强大自己的军事力量吧。诚然，我们一直遵守的都是“人不犯我，我不犯人”。但若是哪天被人犯了，拿什么抵抗？不要等到亡羊补牢，为时已晚啊！

教育与人才制度

美国教育制度和大多数其他国家教育制度的一个最大不同点在于，美国的教育是为每一个美国人而办的，没有门第之见、地位之见。在中华大地，我们叫喊了多年的“要素质教育，不要应试教育”的口号，可真正实践的成果呢？有多少是可以自豪的拿出来秀一秀的？我们不禁要问：真正的素质教育到底是什么？看看人家美国吧，美国的教育并不是要求培养每一个孩子都成为科学家，教育的主要目的只是在于努力挖掘每个孩子的才能，真正做到以兴趣为导向。

美国是世界上教育事业最发达的国家之一。美国教育制度的特点

① 马国书．美国为啥一直在进行战争［N］．环球时报，2010-08-07.

之一是教育规模强大，其次是地方教育当局注重教育学生的分析能力和独创能力。另外，美国高等教育有两个明显的特征：一是权力高度分散，另一个就是大学之间互相承认学分：一个学生可以先后在几所大学学习积累计算学分。更为重要的是，美国教育体制是西式教育思想的集中体现。西式教育认为，所有的理论知识最终都要归于应用，所以美式教育更加注重培养学生的动手能力和创新思维能力，这时理论只是作为辅助工具来引导学生，所以美国的学校有着相当丰富的课堂活动和课外活动内容。这对于已经掌握大量理论知识的中国学生而言，无疑是一大应加以辅助化的极大优势。

教育和人才从来就是孪生的，谈及教育就必然要谈及人才。如果说教育是根本，那么人才就是关键了。为了提升国家的科技发展，提高国家生产力，吸引人才自然是必不可少的。这里的吸引人才，不仅指留住本国人才，而且还包括吸引外来人才，只有这样，才能兼容并蓄，融会贯通。

这里就谈谈美国积极引进国外人才的手段方法，大致有以下这么几个方面：一是不断修订的移民法。核心当然就是吸纳世界各国的优秀科技人才，使真正有本事、对美国有用的人才留在本国。二是将留学生作为人才的后备力量。这里主要是指利用各种助学金、奖学金、优惠贷款等优厚的条件来吸引国外留学生到美国就读。三是“绿卡”的政策为外籍人士提供方便。美国吸引人才的一项重要政策，就是授予非美国籍专业工作人士在美永久居留权，俗称“绿卡”。四是打造优越的社会环境留住人才。利用高薪、科研经费、各种奖励等，为留学生的后续发展奠定好的物质条件，创造优越的生存发展环境[①]。当然，除了以上列举的几点以外，必然还存在其他或明或暗的优势条件。对于吸引国外人才尚且如此之重视，那么对本国人才，又怎会薄待了呢？

反观我们伟大的祖国，虽说也口头重视人才，什么千人计划，百

① 封面文章．美国的国家人才战略［N］．环球财经，2008-08-29.

人计划的项目层出不穷，甚至推出了中国的绿卡。然而实行了近10年，只有区区数千人才拿到了中国的绿卡，比美国高出几倍的绿卡门槛，将大量的本来属于我们国家自己的优秀人才，仅仅是因为出国留学为了生活方便，而加入了其他国籍者，统统当做了“外国人”，而无法在自己出生的家园合法地永久居留，从而杜绝了他们为祖国效劳的途径。与当今老大美国的海纳百川、有容乃大的人才战略相比，咱们政府的所作所为是不是太不够大气了？如此胸怀又如何能做老大？

许多比较宏观的问题要是一一细化出来的话，恐怕篇幅就不够了。因此，我们讲究“擒贼先擒王”的逻辑，将最主要的亮点展现在读者的面前，至少从整体上把握住了对于美国教育制度或者人才战略的要领。毕竟，我们是来认识和理解世界的，不是来述说世界的。

霸气的国际战略

美国的全球战略从开始酝酿到正式形成，经历了一个从无到有、从支离破碎到系统完整、从军事战略到全球战略的发展过程。大体上可以认为，美国的国际战略是从本土扩张到海外扩张，再从海外扩张到全球扩张，这样一个逐步推进的历史过程。当然，美国的全球战略也并不是一成不变的，它是随着国际间发展的力量对比而不断做出灵活调整的。

一国的领导人对其国际战略是有巨大差异的，体现出各自的侧重点有所不同。在布什政府时期，美国的新保守势力为美国确定的全球战略目标是建立“新帝国”。而且，克林顿的一句话道出了这条路线的实质：美国究竟是要“领导”世界还是要“统治”世界？以布什为代表的新保守党追求的是“统治”世界的目标，这也是美国当时历史上

最为扩张的一个全球战略[①]。布什在任职期间发布了许多惊人的言论，所想传达的无非就是：美国的市场经济和资产阶级民主制度，是全世界最优越的经济、政治制度，美国应不断增强自己的军事经济实力以保护这种制度；同时，还要鼓励全世界人民争取摆脱其他社会制度，特别是社会主义制度；学习和实行美国的市场经济和资产阶级民主。只要是赞成美国的这种全球战略的，就是美国的朋友和盟国，美国就应对它们承担义务[②]。这些大体就可以解释布什政府所弘扬的“世界新秩序”了，他所崇尚的“新秩序”，实质上就是“美国秩序”。

回到现如今奥巴马政府时期的全球战略，大致可以概括为：在不放弃欧洲的情况下，将战略转移到亚太。2012 年 1 月 5 日，美国总统奥巴马在华盛顿五角大楼发表讲话，谈到未来 10 年美国全球战略中的军事战略。根据奥巴马的看法，美国必须将眼光转移到伊拉克和阿富汗战争之外，结束利用军力参与长期国家建设的政策，以便能够用更小规模的常规地面部队保护美国的安全。毫无疑问，在美国的亚太战略中，中国将成为其首号强大对手目标。美国正在感受到这样的发展态势：中国军队至少已成为区域性主要力量。但美国能够鼓励志同道合者共同制衡中国的唯一方式就是美国对其自身行为有所节制。由于所有这些国家都将把中国作为自己的主要贸易伙伴，因此，他们不可能甘冒风险。

英语国家与拥有强大海空军力、繁荣的太平洋盟国之间的联合，将会给美国带来一个良好的安全环境。要维系这样一种环境就意味着美国不能莽撞行事，不能令盟国感到不安。有学者曾经提到过，可以用一句话来概括美国的国际战略：以软肋要挟大国，以利益诱惑小国。想必这一说法在奥巴马政府时期会得到很好的体现，毕竟硬的不行，咱就来软的。

---

① 江凌飞．美国全球战略走向［N］．亚洲论坛报，2005－08－29.

② 刘绪贻．布什政府的全球战略［J］．美国研究，1993（1）．

美国成为当今世界的老大是极其不易的，也是靠真本事、真功夫才能有如今的成就的。虽然现在有诸多学者认为美国的老大地位不久就将花落他家，但是现在就开始认为美国在走下坡路还为时尚早。不管是欧洲各国也好，日本也好，抑或是中国也好，想要超过美国，必将还有非常艰难的一段路要走。俗话说得好：只有耐得住寂寞，才能守得住永久！所以，在各自为战的时候，还要规划好未来的路，逞一时口舌之快断不是一个真正的强国所为。最好的做法就是：脚踏实地，真打实干，用实力证明，堵悠悠之口！

第十二章　当老二的尴尬

2011年2月14日，是一个富有特别意义的日子，这一天是西方的传统节日——情人节，是个本应甜蜜四溢的日子，但这一天的世界老大美国恐怕过的就没那么甜蜜了。因为它的“情人国”日本在这一甜蜜的日子里，公布了其2010年并不“甜蜜”的经济数据，显示其国内生产总值为54742亿美元，低于中国在2011年1月份公布的58786亿美元。这一组数据对比的结果向世界表明，中国已经正式超过日本，成为全球第二大经济体，排名仅次于世界老大——美国，于是日本经济首次退居世界第三。

为什么说这一结果对美国而言并不“甜蜜”呢？因为这里面存在着微妙的国际关系，有时候因为离我们的生活太远，也就懒得去说了，但是这次的主角可是咱中国。以常理来论，如果老二很听话的话，作为老大自然是喜闻乐见的。但是很不幸的是，以前的作为世界经济体老二的日本自然是非常听美国的话的，而若是想要中国也是如此，恐怕就没那么容易了。当然，这并不是故意的挑唆，也不是蓄意的挑衅，并不代表任何政治立场，而是发自内心地觉得，中国在国际上的地位正逐步上升，这必然会让美国坐立不安，不然，从哪冒出来那么多的“中国威胁”论、“中国称霸”论呢？

前有老大对老二的忧虑，再来我们就该认真冷静下来思考一下自己的老二位置了，果真如大众吹捧的那般掷地有声么？不妨大胆猜测一下，普通公民恐怕并没有那么的欢欣鼓舞吧，毕竟大众需要的是确确实实的实惠，是看得见摸得着的生活实质的改变，而这一经济总量

上的第二，于你我的生活又有多大影响呢？居安当思危，更何况是在现如今国际上对中国的一片叫好声中，我们更不能因为得意而忘了形。众口一声的颂扬极容易造成“风景这边独好”的假象，我们需要的除了夸奖，更需要批评。一个国家的国民如果脆弱到要在“无菌”的环境中才能生存，那么这个国家是没有希望的。我想，我们中国人还不至于脆弱至此。鲁迅说过，真正的勇士，敢于直面惨淡的人生……那么，不妨让我们一起来直视作为世界第二大经济体的各种尴尬吧！这“世界第二大经济体”的姿势，还实在是有些难以拿捏呢。

有几句俗话说的特别好：文化人说“高处不胜寒”，民间朴实大众说“人怕出名猪怕壮”，大家都说“登高怕跌重”，等等如此云云，指的都是那些金字塔顶端上的人或事的不易。作为老大，享受的掌声很多，承受的压力自然也要多些。但是作为老二，掌声和鲜花，压力和窘迫都是接踵而至的，甚至可以说是形影不离的。对于后者，或许更多，因为老二除了要承受来自后来者居上的压力，还要面对来自老大的居高临下的强势压力。所以说，作为“夹心饼干”的老二，自身的尴尬是无处言说的。个中滋味，只能自己体会……

“最穷”的世界第二

根据世界银行公布的人均GDP数据，世界经济体第一的美国人均GDP在2008年和2009年分别为47209美元及45989美元，而与此相对应的中国呢？说来都实在不好意思拿出手了，低至3414美元及3744美元，在全世界的排名是排在100名之外[①]。简单地试算一下，

① 孙书博．“最穷”的世界第二中国遇人均GDP尴尬［N］．第一财经日报，2011-02-15.

美国的人均GDP是中国的十二三倍，这差距，何止一点点啊？虽说中国在经济总量排名上仅次于美国仅一步之遥，但是在人均GDP上，这差距就连我们自己都不好意思去丈量了，在人们的实际生活中的差距就更加立竿见影了。退一步说，就算是目前屈居世界第三的日本，人家GDP还仍然高出中国十倍有余呢。如果按人均1美元/天收入的贫困线标准，中国仍有1.5亿的贫困人口[①]。可见，中国成为世界第二大经济体，并不意味着我们实现了共同富裕！中国要走的路还很长，很长……

这时可能有人会说了，人家美国和日本那都是先天优势，我们是先天残疾啊，后天的再多努力也就显得无济于事了，谁让咱中国的人口如此之庞大呢？的确，中国人口基数大，再大的经济总量，平摊下来可能也只不过是杯水车薪而已。但一个国家的真正强大，不应该只是着重于“大”，更应该强调的是“强”啊。个人觉得，世界第二大经济体这一说法非常好，因为只是着墨于在规模上的“大”，而并不是指经济实力上的“强”，当然也就不存在混淆视听的忧虑了。但是偏偏有一些好事者就爱拿这个来说事，认为第二大经济体就是代表中国强大了，然后再用各种极尽嘲讽之语数落中国的种种不是。拜托，所谓“失之毫厘，谬以千里”，不过如此了，人家说的可是第二“大”经济体，又没人说中国是第二“强”经济体，一字之差，意义却截然不同啊。

鉴于当下的窘境，我们应该毫不讳言自己的不够强大，虽然“强”一直也是我们不懈追求的目标之一。正如当初我们一直希望把中国打造成“经济强国”，而不只是“经济大国”一样，亿万万中国同胞的集体发展才是我们追求的终极目标，邓老先生不是说过嘛，共同富裕才是我们追求的最终目标。曾有东京大学经济学教授伊藤隆敏向日本共

① 朱雪子，刘丹丹．“他们”眼中的世界第二大经济体——基于各国媒体报道的研究[J]．新闻世界，2011（12）：172-174.

同社表示："讲中国的人均 GDP 低之类的话是没有意义的，中国沿海地区的人均收入几乎和日本持平，应该认识到，在中国内部有一个类似日本的国家。"这是作为日本人对日本本国经济的自我反省，他们要自我施压，意图更大发展，但是作为中国人，我们是断不可以日本的立场来看待这一论断的。因为中华民族从来就是一个整体，怎可孤立看待某一地区的经济繁荣。从另一方面来说，我们也可以认为伊藤隆敏教授是在表示我们中国的贫富差距很大，以致内陆地区与沿海地区的经济相去甚远，这难道不是另一种方式的暗自讽刺吗？或者，积极一点来看待，我们可以把这看成是一种无形的鞭策，但是无论如何都不能将这一番话当成对中国的无上褒奖。否则，真的是会贻笑大方啊。到时可别落个人家指着咱鼻子骂，咱还当成巨大殊荣的笑柄，中华民族可是个有着极深的文化底蕴的国度，怎可在文字上被人玩弄？

所以说，勇于承认我们的确做得还远远不够，我们的人均 GDP 也的确没那么高，没什么好丢人的！靠自我吹嘘、自我蒙蔽的思想活着才是最丢人的！一个排名而已，我们没那么好高骛远。

以资源为代价换来的老二

中国的经济总量如此之高，背后的支撑是什么？是持久的可持续发展吗？还是短暂的只注重眼前利益的昙花一现？就当前来说，中国整体的 GDP 却是以非常大的生态资源为代价换来的。目前我国产业结构中第一、第二产业比重偏高，第三产业比重明显偏低，而且内部结构不合理、效益偏低。快速发展中的中国对能源要求不断提高，虽然能源需求结构在调整，但目前的能源条件决定了我国较高的能源消费模式，同时，由于科技水平的限制，我国的能源利用率远低于世界平均水平。举例来说，同样生产 1 吨粗钢，中国需要 1.5 吨煤炭，美国需要1吨，日本仅需要0.6吨；从钢材的成品率来看，日本为0.98，美国为0.70，中国为0.60。中国能源利用效率低，已成为一个“老大难”问题，由此造成的环境污染正严重威胁着人们的健康①。在这些年的经济发展中，我们走了一条粗放式高耗能的经济发展道路，例如，中国原油、原煤、铁矿石、钢材、氧化铝和水泥的年消耗量，分别约为世界年总消耗量的7.4%、31%、30%、27%、25%和40%，但是创造的GDP仅相当于世界年度GDP总量的4.3%。显然，中国年度创造的GDP总量与所消耗的资源量不成比例，造成资源的极大浪费。

发展经济的目的是为了满足人们不断增长的物质与文化需要，但无限制和无节制地开发和浪费资源，将把中国在短时间逼入绝境！我们不禁要问：在国家明令禁止之下，为何还是会出现地方政府为了GDP而盲目追求自身利益，不惜以环境为代价？这本是个非常复杂的问题，但是若以一个商家的立场看待这个问题，问题就会变得异常简单化了。中国商家会想，环境是大家的，效益是自己的，任务是要完成的，那为了完成所谓的效益指标，牺牲一点环境资源又算得了什么呢？

谈及此处，不得不插一个小故事，以此来更好地说明中国出现问题的根源在哪。一些在银行工作的人都知道，银行是有指标有任务，讲求绩效的。任务没完成，就意味着年终奖将泡汤。因此，中国果断发挥“上有政策，下有对策”的源远流长的“宝典”，首先对自己身边的亲朋好友连哄带骗，先开个账户再说。而且开完之后还说，你开了这个账户可以不用，但是可以对我的绩效产生影响。不禁觉得异常可笑，我不用你这个卡，却要在你这开个账户，办理一堆的手续。而且这些手续，这些合同，以及这张原本可以不开的银行卡，随后都成了垃圾，成了被束之高阁的指标。这还真是中国的酱缸文化的残留啊，

① 朱高林．不要迷失于“世界第二大经济体”的光环中［J］．红旗文稿，2012（7）：26-28.

看来柏杨老师当初说的真不错，丑陋的中国人，是始终摆脱不了酱缸文化的束缚的，可悲可叹！

我们又不是还生活在计划经济时代，什么都要求分配，要求指标。为何现在的企业、个人还一味地强调被无端夸大的数字呢？试想想，你们这些虚的、本可以不存在的干巴巴的数字，却是以资源为代价的啊?！想想你的子孙后代吧，请不要再自私地说，“反正我也活不了那么多代，所以子孙后代就自求多福吧。”

要想得到可持续的科学发展，请先端正好自己的心态吧，善良的中国人！

何为“中国经济责任论”

看事情看两面总是没错的，毕竟凡事都是有利也有弊的，就如世界经济体这个排名一样。中国成为了世界第二大经济体，一方面可以对中国在国际上的地位的提升有所贡献，就算是说话也更有分量了，拥有更多话语权了；另一方面，世界各国也在纷纷要求中国在世界经济、政治等方面做出更多的贡献，承担更多的政治义务和国际责任，要求中国在贸易投资、气候变化、能源开发等诸多领域做出更多让步，以此来挤压中国经济的发展空间。

《华尔街日报》报道说，北京怀疑发达国家想利用中国的崛起，敦促其在一些领域承担更大的责任，比如减少碳排放和改革外汇政策。中国国家统计局局长马建堂则表示，中国 GDP 赶超日本是“中国人民在中国共产党领导下，艰苦奋斗、不断进取的结果，但是按人均计算，中国仍然是世界上较贫穷的国家。”国情如此，但是其他国家谁会在意你的实际困难是什么，他们只管大肆宣扬，恶意炒作便是，一切只为其本国利益集团服务。西方一些国家以债权国责任、能源消费国责任、

碳排放大国责任以及储蓄国责任等各种名目的经济责任频频向中国发难，意图让中国承担更多的国际责任。其实他们的意思就是，我们不会让你只享受世界经济第二的光环，得给你点苦头尝尝！《新加坡联合早报》曾在2010年报道称，当前因为全球经济失去平衡，这个秩序处于混乱状态。要恢复这个秩序，每一个国家都有责任。美国因为没有能力达成各国的“集体行为”，人们自然把眼光落到中国身上，因为中国现在是第二大经济体。已经有很多国家包括发达国家和发展中国家，要求中国来承担更多的国际责任。

复旦大学经济学院教授孙立坚在新华社记者采访时表示，上述这种要求显示了外国相关机构或经济学家对中国的一贯态度：忽略甚至回避现实问题，即仅仅是从增量或总量的角度衡量问题，而不是从平均量的角度换位思考问题。他们的意图很清楚，就是要将中国拉入大国行列，并让中国不顾自己的实际国情，在世界经济发展中承担更多更大的责任。西方各国扭曲化中国形象的做法，已然是司马昭之心路人皆知。以能源消费总量“被第一”来说，事实的情况却是，中国的能源消费总量并没有超过美国。给中国扣上如此大的一顶帽子，无非是要中国承担更多的责任，而这就犹如“哑巴吃黄连有苦难言”。一方面，本不该是中国承担的，却无端背上黑锅，比如恶意捏造数字，玩弄文字游戏；另一方面，中国现在还承受不起！中国国内也还有诸多的问题需要更多的精力来解决，比如贫富差距问题、就业问题、教育问题，等等，哪一项不是需要中国耗费巨大人力物力财力来解决的？因此，我们必须清清楚楚地告诉国际社会，中国现在依然是一个发展中国家，中国愿意承担更多的国际责任，成为国际社会所期盼的负责任的大国。但我们首先需要一条自由发展的生路，因为只有我们自己国家站得更稳了，才能为世界贡献更多的力量啊。作为一个发展中国家，当前我们只能表示现在国际社会所期盼的大国责任，中国实在是“负担不起”啊！

“老二”的魔咒

在历史上的不同阶段，出现过的世界第二，都面临着其他国家，尤其是老大的打击。前有苏联由盛到衰的悲惨教训，后有日本数十年追随美国的屈辱现实，仿佛都被一道“老二的魔咒”缠身①。现在是轮到中国成为世界第二大经济体，我们表示忧虑：中国能冲破“老二”的魔咒吗？

在第二次世界大战到1981年前，苏联经济一直是仅次于美国的，位居世界第二。有数据显示，1950年的时候，苏联的国民生产总值仅相当于美国的37%，1970年上升到65%，到70年代末就已经超过70%。不过在此之后的70～80年代，才是魔咒真正来到的时候。苏联的产业机构不合理问题逐渐凸显，除硬件之外，苏联的软件设施也没有跟上百姓的需求。由于产业畸形化，老百姓经常是有钱买不到东西，像食品、轻工产品都只能凭票供应。人们经常要为购买生活必需品而到处排大队。到了1980年代末，苏联的社会经济境况变得更加糟糕，据报道，当时苏联的日用生活必需品十分匮乏，住房也很紧张，但除了等国家解决外，人们没有任何办法。因此，有苏联人诙谐地说：排队已是我们生活中的重要内容，将来如果不用排队，我们一定会感到寂寞。果不其然，在第二次世界大战结束后，虽然苏联做了近半个世纪的世界第二，并一度成为全球唯一能与美国抗衡的大国。但是之后的苏联不但没有实现超美，坐上世界老大的位置，反而在经济上被日本等国超越，苏联大厦于顷刻之间土崩瓦解。

---

① 林晨音，尹晓琳．第二的魔咒：当中国成为第二大经济体［N］．法治晚报，2010-08-30.

而日本呢，曾通过明治维新以及甲午中日战争，先是超过了中国。后期由于第二次世界大战的失败，受到重创的日本经济，便转而投向美国的怀抱，正所谓背靠大树好乘凉啊。日本瞬间由战败国变成了美国的盟国，得到了美国的大量援助，在技术方面取得了突飞猛进的发展。随着日本经济的逐渐崛起，到 20 世纪 80 年代便超越苏联，成为仅次于美国的世界第二大经济体。尽管如此，日本的第二宝座却坐得并不安稳。究其原因，还是过度依赖美国，主动或被动地效法美国，失去了自我发展的特色，从而成为美国经济的附庸。一旦美国有丝毫动摇，便是牵一发而动全身，最终难逃世界老二的“魔咒”。

那么，中国该如何打破这一“魔咒”呢？能否从中学到一些历史经验教训呢？

首先，针对苏联的结构性矛盾问题，中国也是存在的，而且调整产业结构、调整经济结构也是我们喊了多年的口号，但是成效如何呢？不可否认，在三大产业结构中，服务业发展依然滞后，而且这是一个能够吸收大量劳动力的重要行业。这一问题解决了，中国的就业问题也就解决了一半。中国所有的问题都是环环相扣的，就像多米诺骨牌效益一样，关键是要找到一个切入点、突破口。

其实不光是中国国内的结构矛盾突出，全球视野的结构矛盾也是异常明显的。在整个世界经济体中，中国无疑是“生产制造大国”，美国是“消费大国”。一方面，中国生产过剩；另一方面，美国泡沫严重，所以才有了 2008 年的那场全球性金融危机。

其次，关于日本追随美国的这一方面，中国民族是一个勤劳的民族，我们强调的是自己动手，丰衣足食。所以失去自我发展特色这一点想必应该不会再发生在中国人身上。但是，口号不是光靠喊的，我们要做的是加快自主创新的步伐，做一个真正的创新型国家，唯有此，才能打破世界老二的“魔咒”。

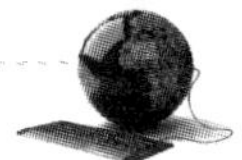

老二头衔麻烦多多

本来，作为一个发展中国家，我们理应享受发展中国家的各种优惠待遇，但是在其他国家看来，你都成为世界第二了，还要求那么多优惠，凭什么？西方一些政治势力通过炒作“中国经济世界第二”，试图把中国从发展中国家阵营中剥离出来，在压缩中国作为发展中国家的权益同时，离间其他发展中国家与中国的关系①。显而易见，发达国家恨不得中国出更多钱、出更多力，正好他们也可以借此来为难中国。不难想象，往后的国际争端和摩擦将会越来越多，从上面的对“中国经济责任论”的事例中就已经表现得非常明朗。连“能源消费总量第一”都能被捏造，试问，还有什么是不可以的？

长期以来，中国的外交政策一直是保持低姿态，在联合国大会中国曾经是出了名的投弃权票的常务理事国。但不曾料想，转眼间中国现在是全球最大出口国，第二大经济体了。有人对此解释说，这些里程碑意味着，中国能躲的地方越来越少了。且不说中国已成为众矢之的，但是面对的压力和摩擦，确实是越来越多了。毕竟有那么多双虎视眈眈的眼睛盯着，除了老大美国的打压，老三日本的不甘，还有其他邻国的警惕戒备，比如印度，其反应实在是有些过度。

《印度时报》从政治角度解读中国成为“世界第二”，呼吁印度做好应对的准备。该报以“如何与第二打交道”为题说，中国成为世界第二大经济体是件大事，印度人肯定不会是唯一挠着头紧盯接下来会发生什么的人群。此事最不可捉摸之处在于它将如何影响中国的战略决策，当前的信号显示北京不仅在世界舞台，而且对其周边近邻正变

① 陈世阳．谁在热炒中国经济第二［N］．北京体育大学校报，2010－12－30.

得越来越强硬，不仅在南海宣示主权，还有可能在中印边界问题上变得越来越不能让步，并将破坏印巴和解进程，从而给新德里制造最大的外交难题。文章说，要应对“中央之国”的挑战，印度首先要提高自己的经济数据，1990年时，印度经济总量是中国的80%，而现在只占中国的1/4。此外，印度还要放弃冷战时的策略，加强与西方的全面合作，同时加深与日本、东南亚国家的合作。

谈及此，不禁令我们感叹：这一串有关经济总量GDP的干巴巴的数字，以及由此带来的“世界第二大经济体”这一干巴巴的称号，却导致了如此强烈的对抗反应。各国迅速提高警惕，全城戒备，仿佛草木皆兵，很想问一句：至于吗？难道在公布这一串数字的前一天及后一天，中国的差距真的就这么大吗？一夜之间就被推上了风口浪尖，不知是应该理解成世界各国的过度反应呢，还是某些国家的借题发挥！

中国表示：世界第二的头衔很沉很重！

警惕别有用心的赞扬

中华民族的伟人，一代天骄的毛泽东主席曾在中国共产党即将成为执政党的时候说过，我们要时刻保持警惕，抵制糖衣炮弹的袭击。说的就是在外界极具诱惑的时候，我们应该保持一颗自我清醒、自我认识的心。新中国成立初期如此，现代化时期亦是如此，自我的膨胀是万万要不得的。认识问题，清醒前进，才是中华民族复兴的长久之计。

中国经历了30多年的高增长，从一个需要国际援助的穷国，跃居为排在美国之后、日本之前的世界第二大经济体。2010年7月30日，中国人民银行副行长易纲在接受媒体采访时正式表示，中国实际上已经成为世界第二大经济体。一石激起千层浪，外媒便以此为契机，大

肆炒作中国经济总量世界第二。尽管 2010 年美国的 GDP 超过 14 万亿，比中、日两国加起来还多，但是，据世界银行和高盛等金融机构预测，到 2025 年，中国可能超过美国，成为世界第一大经济体。任何一个尚还清醒的中国人，都应该扪心自问：果真如此吗？我们现在不是幼稚无知的国度了，中华民族是一个历经沧桑的历史国度，我们不会重蹈当年的为了“赶超”而“赶超”的覆辙，中国人民为此付出的代价还少吗？到底是促使经济“又快又好”发展，还是促使经济“又好又快”发展？我们现在已经有了更为准确的定位，必然是“好”字当先。虽然只是说法上的一个前后位置的排序问题，但却足以突出中国在速度之上，更加注重质量的可贵精神。

是啊，有关于“快”的元素已经被人们有意无意地内化到了生活甚至心灵的各个角落。我们常常感叹的生活节奏太快，跟不上时代的步伐，说的都是一个“快”字。在生活的方方面面，“快”的元素表现的可谓淋漓尽致。比如，吃饭我们有“快餐”，学习我们有“突击”，感情我们有“闪婚”，交流也已基本上实现了零距离。当我们在高速旋转之中逐渐失去自我控制能力的时候，就是我们为“快”埋单的时候了，新中国成立初期的“多快好省”已经给我们上了深刻的一课。

总而言之，以上说的几点，说是当老二的尴尬，但归结起来其实就是中国在成为世界经济第二之后将面临的挑战，“最穷”的世界第二暴露的就是中国的贫富差距问题，这同时也是中国“十二五”规划中所需要解决的重要难题。以资源为代价，迫切需要的是现如今呼声最高的“低碳经济”，这也是中国经济转型必走之路。至于其他的被无端夸大也好，被妖魔化也好，被仇视也罢，我们要做的，除了积极争取自己的正当利益外，就是要求自己努力发展壮大，所有的虚妄之言在事实面前都将是软弱无力的。

中国是一个有近 14 亿人口的国家，不管多么小的问题，只要乘以 14 亿，就会成为天大的问题。同样不管中国的经济总量有多大，只要除以 14 亿就成为很低很低的人均水平。对于“世界第二大经济体”的称号，我们在为我国经济取得成绩感到自豪的同时，应保持高度清醒，不能被西方媒体“忽悠”，还应看到我国经济发展存在的诸多挑战。中国应该按照自己的步骤发展自己，加快经济发展方式的转变，提高经济发展质量，促进人民生活水平和生活质量的提高，全面增强经济实力，以使我国成为真正的世界第二①。通俗点讲，自己几斤几两，咱自己得掂量着来，先苦才能后甜啊。中国的尴尬，也是你我的尴尬，我们当然不容许自己永远站在尴尬的位置，顶着各种名不副实的头衔，终有一天，一切都将水到渠成，顺理成章。到那一天，全世界都将为中国让路，为中国加油！

---

① 陈世阳．谁在热炒中国经济第二［N］．北京体育大学校报，2010－12－30.

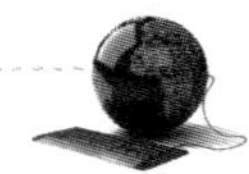

第十三章 来自老三的挑战

如今中国GDP的总量已经超过日本，成为世界第二大经济体，这个变化在日本已然引起了轩然大波，给中日关系带来了新的变数。提起中国与日本的关系，可谓是剪不断理还乱。各种现象、矛盾的相互交织，让旁观者对于两国的关系更是犹如雾里看花，若隐若现。试问：日本会甘于在经济上落后于中国吗？答案是极其明显的，能让日本俯首称臣几十年的，除了美国，恐怕再也找不出第二个国家了。所以中国的“第二大世界经济体”必将面临来自日本的更为猛烈的追逐和挑战！

当然，面对中国经济地位的上升，在日本方面也不全是反对的声音。有观察者认为世界经济排名的改变只具有“纯粹的象征意义”，改变不了实质。除此之外，瑞士信贷日本分公司经济学家盐野隆（Takashi Shiono）说：“中国经济增长对日本经济是有非常正面的意义的，虽然有些日本人会有点嫉妒，但这对日本公司来说是个巨大机遇[①]。”同时，这一论断也得到了日本东京富士通经济研究中心资深经济学家马丁·舒尔茨（Martin Schulz）博士的认同，即认为“中国经济增长的越快，对日本经济就越好。”说得通俗点，中国与日本的唇亡齿寒是“从娘胎里带出来的”，因为其先天的地理位置就决定了两国的利害攸关关系。随着中国经济的发展，依靠着这个一衣带水的巨大市

① 凯文·布莱尔（Gavin Blair）．中国经济总量跃居全球第二，日本如何看待［N］．美国《基督教科学箴言报》，2010-8-17.

场，日本是可从中获取巨大利益的。

如若所有人都是从积极面来看待中国成为世界第二大经济体这一事实的话，那么中国也就不会像如此这般如履薄冰了。事实恰恰相反，大部分外国媒体是以一种或敌视或警惕的眼光看待这一正常经济现象的。仿佛今日的中国正在向世界宣示世界霸权一样，他们恐怕早已忘记了中国的“反对霸权”以及“决不称霸”的外交决心。而我们除了适时地提醒，恰当地自我证明，更多的是需要知道外界将从哪些方面对中国施压，尤其是暂时落后的日本。所谓知己知彼方能百战不殆，更何况这个亦敌亦友的国度正是处于我们祖国疆土的“隔壁”。我们向来奉行的是像毛泽东同志所说的“人不犯我，我不犯人”方针，而我们坚决维护世界和平的行为就是最好的证明，但是我们也必须谨防被“冒犯”，切忌被打个“猝不及防”。

关于现如今这个世界第三大经济体——日本，我们有太多的话要说。但是鉴于篇幅有限，再者考虑到有些问题的过度敏感性，我们就不再赘述，而是集中只谈中国和日本在经济方面的历史渊源，以及于日本而言，中国经济地位的上升所带来的一系列连锁反应，自然也包括日本经济方面的战略调整了。

历史上的日本经济奇迹

日本经济的真正辉煌时期其实是在第二次世界大战之后，可能有人会觉得奇怪了，第二次世界大战中日本明明是战败国，又怎么会在战败之后还迎来经济辉煌呢？这就要感谢为此出尽力气的战争最大获益国——美国，战后的日本迅速从战败国的角色扭转至“美国同盟国”的角色，那时的日本还真是深刻把握住了“识时务者为俊杰”这个旷世真理啊。

战后的日本经济大致可以分为这么三个时期：先是1945—1955年的十年战后复兴时期，然后是1955—1968年的高速发展时期，最后是成为世界第二大经济体之后的稳定发展时期，直到2011年正式被中国取代，降至世界老三，位居美国和中国之后。

在战后复兴时期，日本经济除了通过“财阀解体”、“劳动改革”等实现经济民主化，为自己的经济腾飞奠定牢固的群众基础，还从1947年起，采用了集中物力、财力、人力投入到煤炭、钢材生产上去的“倾斜生产方式”，加快了经济复兴的速度。1948年日本经济发生通货膨胀，广大人民被迫储蓄，大量资金流入大企业，产生了“稳定中的恐慌时期”。但是，也可能是天意如此，当时的日本却因为1950年的朝鲜战争而突发横财，因此也很好地缓解了国内的经济问题。战争消耗促使了需求的增长，也加速了日本的经济生产活动，并且很快就使得日本的国民生产总值恢复到了战前水平。

在1955年后的高速发展时期，日本经济实际平均增长率高达8%，几乎在长达1/4个世纪内，日本经济以世界最高的增长率持续发展。1955年日本的国民生产总值在资本主义国家中尚居第7位，而13年后的1968年却跃居至第2位，正式取代德国，成为仅次于美国的第二大经济体。过去的“中等发达国家”日本，在经历了历史的经济发展奇迹之后，成为了如今世界性的“经济大国”。

当然，苍蝇不叮无缝的蛋，如果日本经济自身不存在问题，任凭中国怎么超也是超不过的。连日本本国都不得不承认，日本经济泡沫破灭的时候，就是经济衰退出现的时候。现在，日本经济仿佛站在一个十字路口：是继续衰退，还是转入平稳发展？

日本的优势：先天优势+后天优势

在人口这个大问题上，日本无疑是具有先天优势的。中国人口是日本人口的十倍之多，这一事实可以告诉我们两点信息：一是日本的人均GDP有着绝对的优势，任凭中国的经济总量再大，除以14亿也就微乎其微了，比起日本来说就逊色很多了。二是日本经济有着“船小好调头”的优势，比不得中国“一损俱损”。举个很简单的例子，市场经济都讲求效率，那么面对“人无我有”—“人有我优”—“人优我廉”—“人廉我转”的发展思路，“转”这个字对于中国来说就变得异常困难了。因为一旦某一企业面临“转产”，企业可能要精简队伍，比如裁员，那么中国的就业市场就会出现爆棚的现象，一损俱损，后果也将是不可想象的。但是于日本而言，就无须多此顾虑了。

日本自明治维新以来，形成了大和民族文化，而这种民族文化的核心就是“集体主义”。这对于日本经济社会的发展形成了深远影响，故而也成为日本经济的后天优势。明治维新是19世纪中后叶，日本由于受到西方资本主义外部压力的催化作用，在自身资本主义生产关系和资产阶级尚未成熟的前提下，为了克服沦为殖民地的危机而进行的一场自上而下的具有民族革命和民主革命双重性质的全盘西化和近代化改革运动①。在漫长的历史发展过程中，大和民族通过不断借鉴外来文明并使之与自身很好的融合，创造出独特的日本文明，同时，也折射出本民族的精神风貌、心理素质及性格取向。

一个民族不同于其他民族最重要的便是独特的心理素质。大和民

① 王长汶．近代日本自我认知结构的嬗变——以明治维新前后为中心［J］．云南大学学报（社会科学版），第11卷第3期：93-96，105.

族的精神特质带给世人一种思考。有人说，他们长于生产而拙于思考，长于服从而短于思辨，尊重群体而忽视个人，强调共性而抹杀个性。的确，日本国民的集体主义感极强，他们重视相互间的依赖，相信团结才能达到成功，他们也看重和谐协同这一观念，从而产生出强大的民族凝聚力。从日本的崛起到其向外扩张及战后的重生都可看出此点，且不论其产生的影响的好坏，但凝聚力对于一个民族应值得肯定。由此而衍生出日本国民的服从性极高，有较强纪律性和整体动员力。大和民族整体有强大的向心力，民族认同感强烈。所有这些，都是日本大和民族文化的后天优势。战后的日本还大张旗鼓不遗余力地从西方引进先进科学技术和管理方略，且与传统文化相整合，陶冶成一种新质的颇具东方特色的日本式的文明。

显然，先天优势与后天优势的共同作用，才能更好地促进本国经济的发展。否则，先天不足或者后天残疾，都是无法完成各项历史使命的。总之，正是因为日本的小国寡民的先天优势及其独有的文化特色后天优势，日本才能踏上成功的现代化之路。

日本经济的战略调整

虽说中国的经济排名可能只是称谓上的变化，但是日本却也不得不为此做些什么，比如调整经济发展秩序。

从 20 世纪 90 年代日本经济泡沫破灭之后，日本经济就一直处于“低迷中”前进的阶段，逐渐地，进入到 21 世纪之后，日本经济想要拥有第二次世界大战后的高速发展恐怕并非易事。当前，日本经济能否持续复苏已成为大众关注的焦点。面对于此，有媒体报道日本经济复苏至少需要三个方面的条件：一是出口环境；二是生产的快速增长，新一轮的库存调整；三是刺激经济对策效果充分显现，并出现回升的

迹象[①]。而针对此三个方面的经济调整将变得非常之迫切。

从出口环境看，日本对外部市场的依赖比较严重，经济能否好转主要取决于国际市场。如果美国经济不复苏，日本的出口将很难扩大，难以拉动国内经济增长，失业率仍将居高不下。这也必将导致整个社会平均就业收入下降，购买力下降，通缩局面难于扭转。日本社会消费不足，可能会形成流动性陷阱。因此，今后日本的出口能否持续增加将很难预料。日本央行行长白川方明表示，日本目前处于通缩的根本原因在于需求低迷。在通货紧缩及日元升值的背景下，日本经济前景变得更加不明朗。对此，白川方明一方面强调要坚持宽松的货币政策，另一方面表示将尽最大努力克服通货紧缩。

从生产和库存调整看，近来日元持续升值，这对出口企业极为不利。企业业绩恶化必将影响就业、工资和设备投资等诸多方面，进而影响国民消费，最终拖累经济复苏。与此同时，日本经济真正步入自律性复苏轨道需要国内新一轮的库存调整，而库存调整的时间超出预想变为长期化，也将成为日本经济恢复增长的风险因素之一。

从经济对策的效果看，在失业率居高不下、国民收入状况严峻的背景下，如果日本政府没有进一步针对性政策措施出台，内需对日本经济的拉动效果将会消失。因此，刺激内需将是日本日后经济发展调整的主要方向之一，与之相辅的各项政策也必然会如影随形。

治标不治本，或者换汤不换药，对于挽救日本经济来说都是毫无裨益的。日本经济战略的调整与政治方针的调整也需要相得益彰，至于日本政府还将出台哪些政策来引导市场预期，稳定市场信心？目前而言，我们只得静观其变。

① 马丁·沃尔夫．日本经济带给我们的教训［N］．金融时报（英国），2010-01-15.

岛国寡民的野心

日本虽然领土面积不大，但其野心倒不小，岛国寡民却拥有极强的野心。事实上，作为一个岛国，日本本来有着丰富的潮汐和风力发电资源，同时太阳能也非常先进，但日本是绝不会满足于其弹丸之地的，它还希望从外界获得更多的自然资源。毕竟由于国土面积的限制，其资源相对其他国家而言还是比较贫乏的，而且岛国自然灾害频繁，这也就使得日本民族性中含有强烈的危机意识，而这一意识一旦拓展，便成为了一发不可收拾的野心。在这一衣带水的邻国边界上，日本对中国的野心也是由来已久的。

谈起日本与中国之间的战争，有两次极具代表性的战争是不得不提的，一次是甲午中日战争，以中国失败而告终；另一次是抗日战争，以日本投降而告终。

1894 年爆发的甲午中日战争，是一场非正义的侵略战争，中国“不败而败”。日本通过甲午战争的胜利，一跃成为亚洲强国，从而完全摆脱了半殖民地的状况。日本在这次战争中大发横财，也是第一次尝到了侵略的甜头，这也极大地刺激了日本扩张侵略版图的欲望。

中国的抗日战争，日本称其为日华战争，也被西方大多数国家称为“第二次中日战争”。不管其称呼如何，战争的性质都是无法改变的。抗日战争是从 1937 年的“七七卢沟桥事变”开始，由日本帝国入侵中国而引发的战争，历时 8 年，于 1945 年 9 月 2 日中国的胜利、日本的投降而告终。虽然在此只概括了两次比较大型的“中日战争”，但是其包含的小战争多到不计其数，也由此可见中日之间剑拔弩张的关系的根源，恐怕也是小国寡民心态的侧面“产物”。

中国在近代以来遭受日本的屡次侵略，最重要的原因当然是因为中国的落后。这种落后首先是经济的落后以及由此导致的武器的落后。日本虽然是一个小国，但是经济实力以及军队的武器装备远胜于中国。中国虽然是一个大国，军队的数量远胜于日本，但经济实力与军队的武器装备远远落后于日本[①]。这也进一步验证了落后就要挨打的铁律。

在日本政府的掩盖下，许多日本右翼分子认为他们当年发动战争并没有错，他们可能还继续要这样去做，我们无法改变。而我们则需要扫除在我们的社会弥漫的消极、浮躁、嫉妒的情绪，排除不服的心理，从体制改革做起，改变自己。真正从上到下都能有决心革除陋习，我们才有可能重拾荣耀。除了中国本身的发愤图强，国人或许还是存在一个巨大的疑惑：今天的日本拒不认错，含糊其辞，混淆视听，这一切到底是什么造成的？其实细想一下也不难发现，除了得到美国的庇佑之外，被侵略国对于日本发动战争的罪行没有进行实质意义的惩罚恐怕也是原因之一。

近些年来，在日本右翼势力的挑唆下，倚仗美国势力，在处理日中关系上以敌对为主，特别是在钓鱼岛问题上，与中国政府间冲突不断。而且对于中日关系，美国也甘之如饴，因为他可以随机应变，从中牟利。中、美、日三国关系的僵持，在一段时间内还是会依然存在，尤其是现在美国将全球战略目标转移至东亚地区之后，美国需要日本和中国的相互力量牵制，也必将会致力于此。

其实，岛国寡民的扩张心态是很容易想象得到的。即使抛开所有的战争历史渊源，日本的野心也会在日后的国际交往中逐渐显露出来。根本原因就在于岛国寡民的忧患意识，这一忧患意识一经放大，便就成了“唯恐天下不乱”的狼子野心了。日本人的神经质般的勤奋也可以很好地印证这一点心态，他们总是凭借勤奋和历史机遇，不断改革创新技术，生怕哪一天就脱离了世界轨道。

---

① 钟家评．对近代史上两次中日战争的反思［J］．新高考（政治历史地理），2010（2）：32.

钓鱼岛之争预示着什么

谈及中日关系，就不得不提由来已久的钓鱼岛之争了。钓鱼岛及其附属岛屿位于我国台湾省基隆市东北约92海里处，距日本琉球群岛约73海里，但相隔一条深深的海槽。钓鱼岛列岛系由钓鱼岛、黄尾屿、赤尾屿、南小岛、北小岛及三个小岛礁组成，总面积约6.3平方千米。其中，钓鱼岛最大，面积4.3平方千米[①]。钓鱼诸岛自古以来就是中国的领土，它和台湾一样是中国领土不可分割的一部分。中国对钓鱼诸岛及其附近海域拥有无可争辩的主权。我国的这一立场有充分的历史和法律依据[②]。在过去的一个多世纪里，日本官方用于与中国交涉钓鱼岛主权的依据，主要有以下三个：一是所谓的对钓鱼岛的主权源于国际法上的“无主地先占原则”；二是日本根据《旧金山合约》以及《冲绳归还协定》重新获得了钓鱼岛主权；三是所谓时效取得。

实际上，以上三者皆不足以立论[③]。尽管如此，日本对钓鱼岛的侵占野心恐怕是不会轻易善罢甘休的。中日两国在钓鱼岛问题上的争端升级，实际上是日本民众对中国（大陆）极端关注的集中体现。反观中国，却并没有多少民众对此争端关注，只有官方强调称“中国的神圣领土决不允许任何人拿来买卖”。因为当今的中国民众，除了习惯于被代表之外，已经没有统一的价值观了，于是便出现了每个人都只管捞取自己的利益这种普遍的现象。正因为如此，在当今的中国便很难

---

① 钟严．钓鱼岛的前世今生［J］．兰台内外，2012（1）：10－11。

② 王春阳．从钓鱼岛主权问题看中美日三边关系［J］．宝鸡社会科学，2011（3）：20－22.

③ 王军杰．历史与主权——驳日本关于钓鱼岛主权的三项依据［J］．四川大学学报（哲学社会科学版），2012（3）：130－135.

形成民族聚集力。

日本社会的民族意识太强，由于中国的抗战胜利是在美国、苏联等国家的共同联合下才最终取得的，因此到现在日本还对中国（大陆）耿耿于怀。所以这次钓鱼岛争端升级，日本民众竟然认为是个对抗中国的契机；好像近代史上不是日本侵略了中国，而是中国在欺侮日本似的。中日发生磨枪走火的可能性极大，因为日本政府与民众都愿意与中国一战。日本政府在钓鱼岛问题上的强硬态度，可能也是日本民众心态的反应。为何日本民众会有这样一种心态？

我们通过日本的 NHK 电视台的报道可知，日本政府对待钓鱼岛争端升级的态度越来越强硬，日本首相野田佳彦在众议院全体会议上公开宣称：如果在包括钓鱼岛在内的“日本领土和领海”发生别国的违法侵犯行为，必要时日本将考虑出动自卫队。尽管野田强调，“平时的危机管理和防患于未然的外交努力”也很重要，但“政府一定以坚决的态度进行应对”，这是日本政府首次表示将会出动军队应对钓鱼岛争端。在 2012 年不断升级的“钓鱼岛事件”背后，我们看到了日本首相野田佳彦的别有用心，日本政府及民间的各项行为也在不断激怒中国民众和政府：日本右翼赴钓鱼岛进行“慰灵”活动；日本政府无故扣押中国香港“保钓”人士；日本东京都知事石原慎太郎提出“购买”钓鱼岛的提议，且在 2012 年 9 月 3 日，日本政府同所谓的“土地所有者”以约 20.5 亿日元（约合 1.66 亿元人民币）就“购岛”达成“协议”……无疑，东京都政府与日本中央政府上演的这场“购岛”闹剧，是得到了日本首相野田佳彦的许可的。另日本 NHK 电视台 9 月 20 日报道，日本首相野田佳彦 19 日晚在参加朝日电视台节目时仍宣称，钓鱼岛“不存在主权问题”。

野田表态看似是日本政府对中国的强硬，实际却是满足日本民众对中国强烈不满的情绪行为。在这样的推波助澜下，中日再次一战就非常符合日本的民众心意。日本这个民族真的不可思议，他们不恨打败他们的美国人；却总是对中国耿耿于怀。就是在经营上也如此，生

怕中国人赚了日本人的钱。现在作为老三的日本，肯定对其老三地位不满，也可能很想重新夺回其老二的地位。日本是亚洲的真老虎，在亚洲也只有日本才有实力与中国较量。

虽然中国人没有针对日本人的心思，可日本人却有针对中国人的想法，这就是事实，就如同中日两国间的近代史一样，日本人总是先发制人主动骚扰中国。而且由于历史原因，中日摩擦的结果每次胜利的总是日本人，加之如上文所述中国抗日战争的胜利并非完全是中国人的胜利，所以日本人对中国在骨子里还是不服气的，想挑起中日一战者大有人在。这就是中日再次磨枪走火的可能性一直存在的民族性原因，只要有个导火线就能爆发。未来中日之战一定会与近代史惊人的相似，不可能是中国对日宣战，而恰恰有可能是日本对中国宣战，这就是今天的中国和日本所面临的严峻现实。

中日之战能否避免

经济问题与政治问题从来就是不可以孤立看待的，中日经济关系之外，还有一层复杂的政治阴影，而这，也必将对中日未来经济合作与发展产生深远影响。极端一点说，如果发生战争了，那还谈个什么经济？中国人一直都有一个很大的毛病，就是总喜欢忆苦思甜，而且这苦往往是遥远的历史铸就的。没错，忆苦思甜本身是无可厚非的，但是如果一味地强调过去怎么怎么样，而忘记探讨未来该如何，岂不就本末倒置了？而日本在这一方面就与中国截然相反。以甲午中日战争为例，中国的历史教科书非常详细地介绍了战争爆发的背景、经过、影响等。而日本呢？在介绍完战争之后，赫然列出了这么几个问题：一是，你认为在最近二十年内日本和中国会不会爆发战争？如果发生战争，你认为中国会从哪一个方向对日本进攻？二是，你认为应该采取什么样的措施[①]……如果要论什么叫未雨绸缪，日本这就是典型的未雨绸缪！教育要从娃娃抓起，日本做得比中国更到位！善良的中国人啊，醒醒吧！

一直以来，善良的中国人总是善于从事情最好的方面来思考问题，这点可是把鲁迅先生所讲的“阿Q精神”发挥得淋漓尽致了！比如对于中日是否会在近几年发生战争这个问题，中国的回答永远是：不会！因为和平与发展是当今时代发展的主题！可是，我们就不禁要问了：万一不如你所愿，真的就发生了呢？难道还要让历史悲剧重演？正所谓害人之心不可有，防人之心不可无啊！咱除了在某些方面应该“阿Q”一些，在更严肃的国际安全问题方面更应该多些忧患意识。

回到现实，中日两国仍然还处于东亚传统的安全困境之中，历史问题和台湾问题随时可能引起新的冲突。围绕着钓鱼岛归属问题、东海油气田开发、外大陆架划分的争端时隐时现[②]。好吧，既然事实如此，就让我们一起来给国人补补这重要的一课吧！如果中日战争一触即发呢，那么在此之前我们应该做些什么呢？

退一万步讲，如果不想打仗，事实上在我们内心深处也是不希望发生战争的，而为了避免这血淋淋的战争，我们又该做些什么呢？众所周知，弱国无外交，而且中国的历史也一遍遍地验证了这一点。那么中日之间的实力对比到底怎么样呢？或者说，如果要打仗，谁将获益更多呢？其实，就战争本身而言，暂且不论输赢的问题，中国和日本任何一个国家想战胜另一个国家都不是一件容易的事情，也必将是一场持久战，而且很有可能会两败俱伤。更为复杂的是，在中日之间还有美国面对这一不平等的三角关系，中国该怎么办呢？

常言道，“擒贼先擒王”，在中日关系之外，我们得先解决美国的

① 钟家评．对近代史上两次中日战争的反思［J］．新高考：政治历史地理，2010（2）：32.

② 王婧．关于金融危机下中日经济关系的研究［J］．中国城市经济，2011（24）：299.

过度干预问题。还好，世界是个大家庭，而且得道多助失道寡助，我们完全可以动员其他国家的力量，比如韩国，向联合国施压（实质是向美国施压），以维护亚洲和平乃至世界和平的名义，禁止日本军事力量的过度膨胀。相信，迫于舆论压力，多多少少能遏制一点日本的野心。

除了从外因入手，寻求国际援助，最重要的还要从本国发展入手。马克思主义理论告诉我们，内因方是一切事物的决定因素啊，外因只能起到延缓或加速的作用。有人说的好，“如果自己不倒下，没有人能够将你打倒！”树大招风，对于那些无理取闹、造谣中伤、诬蔑攻击、违法行为，我们需要表示义愤，需要振臂高呼，甚至采取必要行动加以制止。然而，我们最终还是要把主要的精力和力量，用在使我们自己的国家变得真正强大起来①。

对于日本更是如此，我们必须给日本这样一种姿态：中国也不是那么好惹的！中国人民应该团结一致，以强大的民族凝聚力对抗日本的大和民族的武士精神，至少在气势上，中国是不会输给日本的，除了做语言上的巨人，我们更要做行动上的巨人！很想知道，如果中国像美国一样强大，不知日本会作何反应。但至少可以肯定的是，到那时，日本是断不会主动挑起中日之间的新战争的。所以，中日之战能否避免，答案取决于世界，更取决于我们自己！

老三还会挑战谁

既然说到作为世界经济第三的日本对于中国的种种挑战，我们不妨继续深入下去：除了中国，老三还会挑战谁？我们都知道，自第二

① 蔡江南．壮大自己，没人能将我们打倒［N］．解放日报，2008－04－22．

次世界大战以后，日本与美国就是盟国关系。那么，这一关系会否发生实质性的改变呢？日本会对美国发起挑战吗？当然，如果说日本主动向美国挑衅，似乎有点不自量力了。但如果美国停止了对日本的援助，日本会被逼揭竿而起吗？其实，任何国家间的关系都是以利益为基础的，只要利益出现冲突或分歧，是敌是友也只是朝夕之间的事情。正所谓没有永远的朋友，也没有永远的敌人，只有永远的利益，日美关系当然也不例外。

诸多事实证明，日本民主党在夺取政权前就一直批判自民党过于靠近美国的做法。当民主党掌权后，鸠山由纪夫就高调推出“东亚共同体”设想，欲“脱美入亚”，外交姿态华丽转向亚洲，美国感受到了从未有过的失落和愤懑，日美关系的坚如磐石出现松动[①]，这也是战后美国领导开始第一次审慎地仰视这个顺从的伙伴。曾有人形象地将日美关系形容为“吵不翻的夫妻”。如果用夫妻关系比喻民主党上台的日美关系，大致可以得出这样一段故事：一方为争取更大自由与另一方吵架，被另一方视为忘恩负义，并被晓以颜色，不由得产生悔改之意。这时，恰好与另一家人产生矛盾，更增加与自己的另一半重归于好的意愿。另一半为巩固夫妻感情，顺势接受。但是，原来的矛盾并未消失，今后还可能爆发。而且，一方力量呈下降趋势，越来越不能事事关照另一方，另一方总要考虑今后怎么办的问题[②]。所以，日美关系还是潜藏着脆弱的神经的，对于其日后如何演变，我们也只能静观其变了。

除了美国，还不得不谈的是日本与俄罗斯的关系了。由于地理位置的邻近，中、日、俄三国关系也是非常微妙的。要说日俄之间的矛盾起源，还是从中国而起的呢。历史上的两次日俄战争，都是发生在中国的东北区域，在当时也是一场“狗咬狗”的战争。国土狭小且资

---

① 笪志刚．日美关系果真坚如磐石吗［J］．东北之窗，2011（12）．

② 孙建红．日美关系的微妙变化［J］．瞭望新闻周刊，2010－10－08.

源贫乏的日本，对岛屿和海权之争一向敏感。但它却面对着最复杂的岛屿和海权争端，它与三个邻邦——中国、韩国、俄罗斯，都有严重的岛屿和海权争端。其中，日本最为看重的就是北方四岛。长期以来，日本不遗余力地向俄罗斯追讨四岛，并一度得到了亚洲不少国家的支持和同情[①]。现在，表面上日俄是互不冒犯，井水不犯河水，实质上在北方四岛之争之余，日俄是处于一种冷热交替的状态，而且这一状态恐怕在短期还将继续存在着。

纵观日本与周边国家的关系，似乎都不太平。日本不仅与中国、俄罗斯存在矛盾冲突，还与韩国、朝鲜等其他亚洲国家存在微妙的政治冲突。在针对朝鲜核问题上，日本就曾不断为重新武装自己制造舆论。2003 年日本防卫厅长官就曾宣布，一旦察觉朝鲜可能对日本发动导弹袭击，日方将可能对朝鲜实施“先发制人”的军事打击。具体地说，只要朝鲜开始进行针对日本的军事准备，那么日军就将调动军队进行“纯属自卫的反击性行动”；一旦朝鲜开始向瞄准日本的导弹内加注燃料，就将被东京视为“袭击爆发的信号”，日军将会对平壤采取必要手段予以打击。2006 年 10 月朝鲜进行地下核试验后，日本宣布对朝采取 6 个月的经济制裁措施。制裁内容包括：禁止朝鲜船只入港；全面禁止进口朝鲜商品；禁止向朝鲜出口 24 种奢侈品；禁止朝鲜公民进入日本等。此后，日本政府以朝核问题没有取得进展及“绑架问题”没有解决为由，在 2007 年 4 月、10 月两次延长制裁期限。2008 年 4 月 11 日，日本政府以同样理由再次把对朝制裁的期限延长半年[②]。虽然后来日本政府部分解除了（注意：并不是完全解除）针对朝鲜的经济制裁措施，但依然改变不了日本与朝鲜剑拔弩张的关系。

此处我们简要阐述了部分主要国家与日本之间的恩怨纠葛，我们没有必要将所有关系都穷尽。因为以上的各种关系已经足以表明日本

① 王艳．渔船事件：日俄矛盾再激化［N］．中国新闻周刊，2008-9-4.
② 冯武勇．朝鲜日本关系转机乍现［N］．北京青年报，2008-06-15.

这个世界老三的勃勃野心。日本是个极其富有危机意识的国家，当然这与其小国寡民的心态是分不开的。而且，日本人们不仅危机意识强烈，而且有着超乎常人的勤奋，当然这二者也是有一定关联的，因为害怕，所以努力嘛！现如今的日本于美国而言，可能只是美国全球战略在亚洲蓝图上的一枚棋子罢了。但是谁又能保证日本不会强大到让美国震惊呢？到那个时候，恐怕世界就将面临一次重新洗牌的机会了。日本的壮大不只是对中国的挑战，更是对世界的挑战！

第十四章　老大会不会让位

中国成为世界第二大经济体，已是不争的事实。美国作为世界经济体的老大对于这一事实肯定是颇为忧虑的。那么，这是否预示着美国在担心自己的老大位置将不保呢？即便中国将继续强大，美国会答应让出其老大的位置吗？在近日沸沸扬扬的美国大选上，包括奥巴马在内的各路候选人都在大打"中国牌"，这是否是在告诉世界：无论是民主党还是共和党执政，未来美国对于中国都必将是遏制的态度？

对于中国而言，当前亟待解决的是如何搞好与美国这个世界老大的关系，如果这一关系处理得不好，那么中国想要安稳的当世界老二，恐怕也只能是望洋兴叹了。而美国的态度是缓和还是强硬，取决于美国当局对于中国的经济发展及其对美国的影响，究竟是持乐观态度还是持悲观态度。在西方及美国战略界和学术界，乐观派认为，中国快速发展对美国而言是一种"机遇"，因为在经济上，中国加速发展可为美国提供巨大的商品市场以及源源不断的资本；而悲观派则把中国崛起类比为19世纪末德国的崛起，把今天的中美关系与19世纪末的英德关系类比[①]。而且就当前的国际关系局势来看，美国当局及其大多数民众持的是后一种态度，即悲观的态度。

2010年8月18日，法新社发自华盛顿的报道称，中国取代日本成为世界第二大经济体，这条消息使美国人震惊并突然想到"黄祸"，

① 林利民，常珊珊．关于中国成长为世界第二大经济体后的国际战略思考［J］．现代国际关系，2008（10）：32－40.

他们开始担心近一百年来美国作为世界经济冠军的地位，会被自己在亚洲的对手夺了过去。美国诺贝尔经济学奖得主克鲁格曼在得知此消息后，立刻在自己的博客上撰文指出：中国所做的事情，相当于某种捕食商业政策，以为借此可以躲过惩罚。他发出呼吁，希望美国总统奥巴马在人民币汇率问题上，对中国采取更加强硬的立场。由此可见，中国成为世界第二大经济体似乎让美国这个老大很“不爽”，正迫不及待表达对中国的“不满”了。

表面上看，“老大会不会让位”是一个试探性的疑问句，但事实上我们可以将其解读为或者说直接理解为一个肯定句：老大是绝对不会轻易让位的。那么，美国又将从哪些方面来对中国的发展进行阻挠呢？古语有之，“欲加之罪，何患无辞”，世界近代史的历史表明，一旦想要遏制或者阻拦一个国家的经济社会发展，美国是从来不会缺乏“理由”的！

维护老大地位的本能

人有人的本能，动物有动物的本能，作为国家，自然也是各种有着本能反应的人的集合。在面对外界威胁时，我们总是会不自在地拿起自己的“铠甲”，全副武装，身上的每一根神经都跟着紧绷起来。老大与老二的关系更是如此，因为老大深知老二的目标是自己，也就顺理成章会将老二作为天然的挑战者了。自从两次世界大战以后，美国成功崛起成为名副其实的世界老大，同时，其打压世界老二的行为也一直没有停止过。我们就暂且将此理解为是为了维护老大地位而表现出来的本能吧！

美国经济首先是在 1872 年超过了英国，成为世界第一大经济大国，由此英国就退居老二，也就成了美国瞄准的“靶子”。你说这是赤

裸裸的“报复”也好，说是“乘胜追击”也罢，谁让美国在建国前是英国的殖民地呢，那种憋屈，也许只有美国民众才能深刻体会吧。虽然英国人经常津津乐道地说，美国霸权是建立在大英帝国历史遗产之上的。美国所谓自由、民主、文化、法律，基本上都是大英帝国模式的翻版①。但也要人家美国领情啊，这样的自我陶醉，会让我们以为英国在对美国“单相思”的。看看美国的各种动作吧！

美国利用在两次世界大战中对英国形成的债权—债务关系，吸干了英国的黄金，令英国经济委靡不振。1944 年的布雷顿森林会议宣布英镑霸权终结。尔后，美国利用“马歇尔计划”，输出美元，逐步取代英镑的地位。“第三点计划”出台后逐渐将英国势力赶出了中东，实现“石油美元”对“英镑美元”的关键替代。1956 年，英国借口纳赛尔总统背信弃义，联手法国出兵埃及，试图夺回苏伊士运河，这被认为是英国在维持帝国荣耀、彰显帝国余威的最后一次努力。但是，美国毫不犹豫、也毫不留情地给予打击，以索取债权、切断资金供给甚至是抛售英镑相威胁，逼迫英国撤军，使本已是“落水狗”的英国丧尽颜面。所以，管你是不是同一民族渊源，管你是“亲如兄弟”还是“亲如母子”，我是老大，你是老二，收拾你没商量！

自苏联诞生以后，社会主义制度使得苏联的生产力得到了极大的解放与发展，到第二次世界大战前的 1938 年，苏联经济实力便跃居世界第二位，仅次于当时的美国。于是，维护老大地位的本能又开始起作用了！在经济上，从 1948 年开始对苏联实行战略物资禁运，臭名昭著的“对共产党集团出口管制统筹委员会”（简称“巴统”）就是经济与科技遏制的见证。不仅如此，令苏联陷入军备竞赛与民族冲突也是美国打压的战术之一。当时里根总统的经济顾问就曾提出：“我们应该把军备保持在较高水平上，以使莫斯科努力追赶我们，同时，停止供应他们生存所必需的东西，我们在这十年内就会看到苏联体制如何垮

① 张晓．国际评论：英美特殊关系“特”在哪里［N］．生活时报，2001－12－14.

台。”美国提出的“星球大战”计划，最终拖垮了经济力量相对落后的苏联。1991年12月底，苏联解体，至此，美苏冷战争霸的局面终结。

对于热乎劲还没退去的原世界经济老二——日本，美国对其也是爱恨交加啊。“爱”的是美国想利用日本作为其亚洲政策的一枚“棋子”，“恨”的是害怕哪天日本翅膀硬了，不听美国的话了，到时美国可就不好收场了。20世纪60年代末，日本成为世界第二大经济强国，70～80年代美日经济竞争异常激烈，著名的《广场协议》便是铁一般的事实。1985年9月，美国邀请日本、联邦德国、英国、法国的财长和央行行长在纽约的广场饭店举行会议，基于对日本经济实力过于乐观的估计和日美军事同盟的特殊关系，日本同意干预外汇市场，使日元大幅度升值。无疑，美国以此来应对与日本贸易逆差的事实，美元对日元的贬值，有效地解决了美国巨额贸易赤字问题，而且，谁敢说日本后期的泡沫经济与《广场协议》一点关系都没有呢？日本经济陷入衰退，美国对于日本的态度才算缓和了些，仿佛松了一口气。反观现在的中美经济关系，当中国对美国贸易出现顺差时，就是如此巧合地，美国便开始如此急切地想要人民币升值，联合其他国家对中国政府施压，这难道不是想故技重施么？总之，出于维护老大地位的本能，美国对世界老二——中国，是不会心慈手软的！

冠冕堂皇的“民主”旗号

近年来，美国频繁地使用所谓的“民主”、“人权”，不断向中国及其他亚非国家榨取经济与政治利益，“推进民主”战略俨然已经成了冷战后美国全球战略的重要一环。对于美国宣扬的冠冕堂皇的“民主”旗号，其他国家除了背水一战也就别无选择了，美国对于这一伎俩可谓屡试不爽啊！现在，为了遏制和延缓这个世界经济老二——中国，美国也必将使出各种手段，而在这些手段当中，“民主”首当其冲成为美国的“必杀技”！

“推进民主”战略是冷战后美国全球战略的重要组成部分。老布什政府将“推进民主”作为实现美国领导下国际新秩序的重要途径；克林顿政府将“推进民主”同维护安全、扩展经济并列，作为美国全球战略的三大支柱之一；小布什第二任期更是将“推进民主”与反恐并列为美国全球战略的两大核心任务之一[①]。即使现在的奥巴马政府表面上淡化“推进民主”战略，也只是一种缓兵之计罢了，并不是最终的战略抉择。

基本上每一个总统在其在位期间都会有一场声势浩大的对外战争，我们就一起看看美国曾在冠冕堂皇的“民主”旗号下发动的所谓的“捍卫人权”的血腥战争的冰山一角吧！先来看海湾战争。在1990年8月2日至1991年2月28日期间，当时是老布什担任美国总统时期（1989—1993年），以美国为首的由34个国家组成的多国部队和伊拉克之间发生的一场局部战争，即为海湾战争。导火索是1990年8月2日，伊拉克军队入侵科威特，推翻科威特政府并宣布吞并科威特。当然，不可否认，伊拉克的入侵行为是违反国际准则的，是不人道的，必然遭到国际社会的普遍谴责。但美国对伊拉克进行的长达十余年的制裁，控制伊拉克的石油出口，这些行为于伊拉克人民又是人道的吗？美国打着“民主”和“人道”的旗号，做的却是非民主非人道的事情，这让无端受牵连的伊拉克人民情何以堪啊！

再来看看北约空袭南联盟之战。1999年3月24日至6月10日，当时是克林顿担任美国总统时期（1993—2001年），以美军为首的北约部队武装干预科索沃问题，对南斯拉夫实施大规模海、空军联合空中打击行动。这是一场典型的信息化条件下局部战争，也是历史上首

---

① 刘建飞．试析美“民主国家联盟”战略构想的走向［J］．现代国际关系，2009（11）：45-49.

次以空袭达成战争目的的作战[①]。战争的借口是南联盟内部的民族冲突，美国便发动了这样一场以“民主”为旗号的空袭。《人民日报》记者所看到的战争的现场更是极为血腥的、惨烈的：被击中的拖拉机上，驾驶员被烧成焦炭，死者的残肢断臂悬挂在车厢上，从几具尚可辨认的尸体可以看出，死者大部分是妇女、儿童和老人。公路上、田野里到处是被炸飞的日用品、被褥、书籍和照片。放眼望去，可以看到爆炸现场是个开阔地带，四周没有任何建筑物，北约显然是在有意屠杀平民，所谓“误伤一说”是完全站不住脚的[②]。这种说一套做一套的行为，还谈什么“民主”？谈什么“人权”？

好的，现在就让我们来分析美国入侵阿富汗之战。2001 年 10 月 7 日，即在“9·11”事件之后，当时是小布什担任美国总统时期（2001—2009 年），美国以反恐为名，武力执行其亚太战略，小布什还为这场战争起了一个夸张的名字：“持久的自由”。随着战争的演变，从梦中醒来的分析人士也越来越多，他们认为阿富汗是“从战争的失败走向恐惧”的证据，而这场战争是美国发动的。很难不认可这一证据，因为没有一个数据袒护布什总统和他陈旧的演说，小布什曾说过，“战争打开了阿富汗通向和平和民主的道路[③]”。又是“和平”，又是“民主”！但是现在反观一下阿富汗的现状，人民富足吗？民主吗？阿富汗只不过是多了一支美国的军队，培养了一个傀儡政权！

再来分析美国对伊拉克的战争。2003 年 3 月 20 日至 2010 年 8 月，横跨两任总统，这也可以看做是小布什总统“遗留”给奥巴马政府的“鸡肋”。有人说伊拉克战争是“第二次海湾战争”，但实质上伊拉克是一场本不该发生的战争。美英等国发动的这场伊拉克战争，主要理由

---

① 花吉．北约空袭南联盟［N］．解放军报，2010-10-21.

② 吕岩松．踏进科索沃战区：科索沃至少有 15 万人拿起武器，准备和北约大打一场（热点追踪）［N］．环球时报，1999-04-23.

③ 加拉，魏文编译．美国入侵阿富汗造成“持久的悲剧”［N］．环球视野，2006-10-8.

是指控伊拉克隐藏大规模杀伤性武器并暗中支持恐怖主义。但是，这一指控并没有为国际社会所接受[①]。颇为可笑的是，美国最后并未在伊拉克发现传说中的“大规模杀伤性武器”，只是打着“人权”、“民主”的旗号开进了巴格达，并没有给伊拉克人民带去真正的民主和人权，带去的，就只是连绵不断的硝烟战火和动荡不安的社会形势！

若真要细数起美国的“心口不一”，恐怕就不是我们这样一本如此单薄的书籍所能承受得了！颇为戏剧性的是，美国一直号称是最懂民主、最懂人权的国家，却发生了连他们自己都始料未及的“占领华尔街”运动，美国民众终于无法忍受巨大的社会反差，纷纷走上街头讨要一个说法，要美国政府还他们一个公道！美国人曾经引以为自豪的制度愚弄了他们，美国所宣称的民主在自家门口失灵了，民主变成了有钱人的民主，普通民众则成了这种民主制度的牺牲品[②]。这应该是给美国政府重重的一击吧！自己的制度都漏洞百出，还妄图将这种制度强加于其他国家，岂不可笑?！作为现如今被美国当成“眼中钉”的中国，必须高度警惕美国的“假民主”真利益，我们坚决奉行独立自主的外交政策！

外国媒体的“三人成虎”

“三人成虎”的故事是家喻户晓的，但是外国媒体的“三人成虎”，在普通民众眼里却是很难辨认出来的。正所谓政治家要跟你玩“阴”的，你自己连怎么死的都不知道，可能还以为死得其所呢！

---

① 包尔文，江亚平．从海湾战争到伊拉克战争［J］．环球军事，2003（7）．

② 邹建平．从“占领华尔街”运动看美国民主制度的实质［J］．重庆城市管理职业学院学报，2012年3月第12卷，第1期（总第45期）：13－15.

当然，我们并不反对外国媒体如实报道中国的负面新闻，只要是真实的、可靠的，我们就应该欣然接受，并力求改进。随着媒介的拓展，媒体的力量也变得越来越强大了，但是，如果把这一强大的具有公信力的平台，变成了群雄逐鹿的战场，就实属不应该了。有时候媒体为了吸引大众眼球，会无端夸大许多事实。假话说多了，也就被大众所接受认可了，而这样形成的“三人成虎”的蝴蝶效应，到底是不是某些国家的“别有用心”呢？如果是，那这些国家或者媒体就是在试图“妖魔化”中国，“挤兑”中国！

“妖魔化中国”这个概念，最早是1996年新华社记者李希光等人在合著的《妖魔化中国的背后》一书中提出的，当时是针对美国掀起的一股反华浪潮，而美国的一些主流媒体借机大做文章，对中国极尽造谣毁谤之能事，播发了大量不利于中国国家形象的负面报道[①]。“妖魔化”不等于“负面”，但是却等于“诽谤”，由此我们便可以知道“妖魔化”之用心了。拿“鸡蛋里挑骨头”来说，如果鸡蛋里确实有骨头，那么你挑出来了，这是属于负面新闻，我们接受；但如果鸡蛋里没有骨头，而是你放进去的，或者是你捏造出来的，那这就是妖魔化了，我们必然是要坚决反对的。

西方媒体习惯性地对中国的负面报道加入情感渲染，要么牵强附会，要么故意歪曲事实，恶意造谣。2007年8～9月，全球最大的玩具生产商美国美泰公司连续三次宣布召回部分中国生产的玩具，理由是玩具的涂料中铅含量超标。事件随即被国外媒体和舆论渲染，矛头直指中国玩具生产企业。而了解内幕的人很清楚，8月27日，中国国家质检总局局长就告诉世界，被美泰公司召回的2020万件中国玩具中，85%是按美方要求生产的，问题出在设计而非制造环节。可美国的媒体密切的负面报道已经向消费者传递了一种信息：中国玩具质量

---

① 郭军伟．如何看待西方媒体“妖魔化”中国［J］．青年记者，2012年1月下：29－30.

有问题[①]。同年9月21日，美泰公司就此事件向中国致歉这一事实，充分证明了西方媒体在此事件上的恶意渲染。

实际上该道歉的不止美泰企业，更应该是美国媒体！2008年我国拉萨发生“三一四”打砸抢烧严重暴乱事件后，美国有线电视新闻（CNN）、英国广播公司（BBC）等西方主流媒体立即以“军事镇压”或“武力管制”等词汇进行了报道。为了配合报道，他们还精心选择了一些照片发表[②]。这些不实报道引起了中国人民的强烈愤慨，被剪贴过的图片置新闻事实于不顾，伤害了中国人民的感情，其用心之险恶，人尽皆知。除此之外，西方媒体还在食品安全问题方面、环境污染方面、人权问题等方面频频向中国泼脏水。外国媒体的这些行为，是国外反华势力的真实写照，他们不愿意中国强大到威胁其统治，尤其是威胁到他们一直宣扬并信奉资本主义制度。说白了，媒体也是为政治体制服务的，若是没有政府的默许，这些“三人成虎”的风气也就不可能滋长了。

除了以上的经济、政治等方面的“三人成虎”，这一不良风气似乎同时还蔓延到了奥运赛场上。2008年的北京奥运暂且不说，我们就说说正如火如荼进行的2012年伦敦奥运会。中国运动员叶诗文在女子400米混合泳的最后50米冲刺中，成绩比美国名将罗切特夺得男子该项目冠军时还要快0.17秒。那位英国记者认为“这违背人体科学原理”，并提问“奥组委有没有进行深度调查?”尽管，奥组委的调查结果证明了叶诗文的清白，但是外媒的质疑声却并未就此平息，对此，央视名嘴白岩松对此事做了如下评论：“像菲尔普斯、博尔特等很多优秀运动员在2008年北京奥运会上表现非常棒，非常惊艳，菲尔普斯创历史拿到八块金牌，中国人没有质疑他，而是给他倒计时一样迎接他

---

① 王建刚．美泰玩具事件：华人指美国媒体更该向中国道歉［N］．国际先驱导报，2007－09－24.

② 张锦文．西方媒体对华负面报道的手法、缘由及我们的反制之道［J］．唯实，2012（2）：66－69.

创造历史这一刻，难道在北京是同一个世界，同一个梦想，到了伦敦就是同一个世界，不同的猜想?”“我希望我的很多西方媒体同行，不要用不存在的事实造成一种既定事实的结果。”媒体人对媒体的评价是非常中肯的，而西方媒体的这种“唯恐天下不乱”，是否就是对他们所宣扬的“新闻自由”的最好诠释?但作为中国人，我们从小接受的教育就是:“自由并不是无限制的，而应是建立在不侵犯他人利益基础上的相对自由。”

美国何以抛出“中国威胁论”

若要追究外国媒体的不实报道的责任，美国媒体当然难辞其咎。美国何以如此憎恨中国?需要广泛借助媒体的力量来给中国施加无端的压力?其实，从美国一直宣扬的“中国威胁论”这一行为来看，这些问题就会变得非常明朗了。

“中国威胁论”，从维基百科可以知道，“它是国际关系上一种诉诸对中国采取围堵的说法，中国因改革开放后经济崛起，成为国际上据有影响力的大国，同时大量扩充军备，特别在于海空军在东海及南海的联合近海防御作战能力，相关国家产生的忧虑与质疑。”可见，它是西方国家臆造出来遏制中国发展的舆论武器和心理战术，具有很强的负面影响。

其实，美国的“中国威胁论”由来已久，最早可追溯至19世纪中期至20世纪中期，这一时期也可以认为是“中国威胁论”发展的第一阶段。这一时期，西方列强基于殖民主义和帝国主义的需要，在资本逐利的驱使下开始疯狂海外殖民，与此同时也开始了最早的“中国威胁论”宣扬。到第二阶段，即20世纪中期至90年代。这一阶段，中华民族历经百年抗争，最终在中国共产党的领导下，推翻了殖民主义、

帝国主义的外部压迫，赢得了民族解放与独立并建立起社会主义制度，西方世界基于意识形态方面的考虑，大肆宣扬“中国威胁论”。当时，以美国为首的西方阵营从冷战需要出发，极端仇视红色政权，对新生政权全力封堵包围[①]。

而第三阶段则是冷战之后至今，美国宣扬的“中国威胁论”时有发生，而且名目繁多，有“意识形态威胁论”、“文明威胁论”、“军事威胁论”、“经济威胁论”及“生态威胁论”等。其中，“经济威胁论”为主要论调[②]。乍一看，第一阶段涉及的似乎是经济方面的“威胁”，第二阶段更多的是政治方面的“威胁”，而到了现阶段，似乎又回到了经济“威胁”。其实，经济与政治又哪里有明确的界限？尤其是对于复杂的国际关系而言，每一个经济的神经都触动着政治的敏感神经，而与此同时，每一个政治变动都深刻影响着经济的长足发展。

面对沸沸扬扬的“中国威胁”之声，人们不禁要问，在美国人的观念里，“中国威胁论”为什么那么根深蒂固？美国为什么对中国多年来为融入国际社会所做的不懈努力视而不见？美国屡屡宣扬的“中国威胁论”的真实意图又是什么？[③] 你可以把这些问题的答案看成是“制度”差异，抑或是“意识形态”的差异，但所有问题归结为一点便是：利益的差异！所谓“没有永远的朋友，亦没有永远的敌人，只有永远的利益！”说的就是让人觉得扑朔迷离的国际关系，中美关系当然也不能免俗。从这个层面来讲，“中国威胁论”实质上是美国“具体的利益估算和诉求的结果”，是“美国的一种政策手段，”是美国全面维护其

---

① 军事科学院国防政策研究中心．从容淡定应对“中国威胁论”［N］．中国青年报，2012-04-06.

② 李瑾．评析美国之“中国经济威胁论”［D］．外交学院二零零五级硕士学位论文，2008.

③ 张丽君．“中国威胁论”：美国对中国偏见“意向”的生成［J］．探索与争鸣，2011(3)：42-46.

政治、经济和安全利益的工具[①]。

由上可知，只要美国与中国之间存在利益之争，那么，美国对“中国威胁论”的宣扬就不会停息。为此，我们除了积极应对，还应坦然面对。因为之所以出现上述这类情况，在很大程度上都是由于强者不愿意看到弱者逐步走强，既得利益者不愿意看到长期享有的政治、经济和科技优势的相对下降，因此产生抱怨和不满，甚至“妖魔化”中国，都是为了自身利益[②]。在利益面前，本就无绝对的是非对错，所以，对于美国的这种行为，我们也无可厚非。

其实，在捍卫自己世界老大位置这个问题上，美国犯了一个很大的错误：总是将问题的矛头指向其他国家，而没有自我思过。殊不知，中美两个大国只能在竞争中加强合作与共同发展，而且是合则两利，斗则两败。任何主张从外部遏制中国的企图都不会得逞。美国的最大威胁与挑战不是来自中国或其他外部大国，而是来自自己国内矛盾重重的政治经济与社会问题（包括高得离谱的财政赤字与债务、无休止的两党纷争牵制、极其严重的贫富两极分化以及过度海外扩张等）。美国只有将自己的问题一一认真解决，才能避免衰落[③]。我们期待美国有自我幡然醒悟的那一天，即使这个希望非常之渺小！

美国还在继续壮大

美国是一个好战的民族，因此深知“落后就要挨打”的道理。在

---

① 朱峰．“中国崛起”与“中国威胁”——美国“意象”的由来［J］．美国研究，2005（3）．

② 游宏炳．坦然面对“中国威胁论”［J］．前进论坛，2011（4）：35－36．

③ 江峡．遏制中国：不可能完成的使命——评米尔斯海默的“进攻性现实主义”理论及“中国威胁论”［J］湖北行政学院学报，2012（3）：38－43．

经济方面，除了利用联合国的力量之外，美国更多的是靠自我力量的震慑来获得世界话语权。在中国经济日益壮大的事实面前，美国怎会甘于眼睁睁看着自己的老大位置落入他手？所以，除了借助外力来打压潜在对手，美国也在暗自使劲，在争斗中谋求自我发展壮大！

虽然在全球性金融危机中，美国经济受到重创，但是许多证据已表明：美国经济正在逐步复苏。2012 年 1 月，美国经济分析局（BEA）公布的最新数据显示，2011 年四季度美国经济实现 2.8%的增长率（环比折年率），创下近一年半以来的最大增幅[①]。美国经济的复苏，主要有这么几大动力：一是消费保持增长。经济的三大马车：消费、投资、出口。其中，消费是刺激内需中最重要的部分。所以，美国经济若要复苏，必然要从消费入手，这里周期最短，见效最快，效果也最立竿见影。二是生产保持扩张。有需求自然就需要有供给与之相对，否则，所谓的需求也只是“潜在”的需求，并不能产生什么实质性的经济效果。美国供应管理协会（ISM）的报告称，2012 年 1 月，美国制造业出现了 7 个月以来的最快增长速度；非制造业活动指数也从去年 12 月份的 53 攀升至 56.8，显示服务业增长态势强劲。三是就业市场趋于稳定。由于受到金融危机的冲击，美国的失业大军便成了令政府头疼的大事。只有民众有工作了，才能保证社会的稳定。否则，若是连稳定都谈不上，还谈什么发展？谈什么复苏？

所以，必要的用于刺激就业的政策，可以解燃眉之急。经济链条是一环扣一环的，就业、需求、供给等，都是在同一链条上的，所有因素的共同作用才能带来美国经济的持续繁荣。也许，上述三大动力在经历金融危机之后的美国，并不能完全发挥作用，甚至会遇到重重困难。但是，老大就是老大，美国依然是世界超级经济大国，最强大的经济体，这是任何别的国家所无法比拟的。这三大优势分别是：第

① 舒平．美国：经济温和复苏令美联储维持宽松货币政策［J］．国际金融，2012（2）：20-23.

一，基础好、家底雄厚。从19世纪后期美国经济总量超越德国而居世界首位到现在已持续122年。第二，研发投入多，创新能力强，劳动生产率高。第三，美元作为国际货币有利于美国有效地转嫁经济危机和债务危机。

从历史上的金融危机与宏观政策应对来看，发达国家尤其是主要储备货币发行国美国，以通货膨胀来化解危机不仅有可能和动力，而且也有成功的历史经验[①]。综上所述，在运用好美国经济的三大优势的前提下，美国经济发展的三大动力便顺利起作用，由此，美国经济的好转，只不过是时间的问题罢了。千万别小看了美国的老大地位，至少现在看来，老大不会就此倒下！

总体来看，尽管中国经济发展势头正劲，美国老大是绝对不会主动让位的！但我们不妨正面一点看待这个问题：美国对中国也许并没有那么的仇视。至少从“中国威胁论”到“中国责任论”这一转变来看，已经充分说明了美国试图合作的意愿和姿态了。虽然“中国责任论”也是被别有用心强加于中国头顶上的一个“沉重的包袱”，就其本质而言，美国的“中国责任论”就是要以美国模式来塑造中国，并要求中国与美国合作来共同维护美国领导的国际体系。美国有着其当老大的惯性，或者说美国做老大已经“做上瘾”，不自觉地产生了一种“棘轮效应”，上得去下不来。那么这个时候，作为礼仪之邦的中国，应该发挥其“成人之美”的优良品德吗？

国际竞争不同于友谊赛，并不是友谊第一，比赛第二。所以，中国不可能会因为同情，或者因为害怕，而停止向前！只是，中国前行的道路注定不会一帆风顺，最终的最终，笑到最后的，才是笑得最好的！

---

① 王丽军，周世俭．金融危机后美国经济发展趋势分析［J］．国际贸易，2012（1）：39-42.

第十五章 不当老大，又能怎样

老大的苦，老大的累，老大的故事总是被广为传说。可就在老大被认为风光无限的同时，却独独也有不愿出头的“老二哲学”，即不做第一，不做第三，而只是紧紧跟在排名第一的后面甘当老二。这在政治历史上，与邓小平所提出的“韬光养晦，有所作为”的政策不谋而合了。“韬光养晦，有所作为”正体现了中国不称霸、不当头的外交方针，少说多做把经济搞上去的踏实作风，以及过头话不讲、过头事不做的坚定立场。必须承认的是，当老二是会有不可避免的尴尬的，但是与此同时的诸多好处，也是世界老大所不可兼得的。就以中国现如今的发展状态而论，世界老大仍是不够资格的。所以，未来一段时间内的中国，即使不做世界老大，又会怎样呢？

从中国的悠久历史来说，我们的政策都是不推崇争做世界老大的。不做老大的历史，是怎样的呢？是的，我们被侵略了，我们被迫挨打了，但是我们的民族却仍然能够以强有力的民族凝聚力来抵御一切外来的侵略者，所以最终我们是胜利的，我们是稳步向前发展的！在我们一次又一次地打败了侵略者，清除了内患的时候，我们发现了自身的缺陷，也自知在向世界老大迈进的过程，艰难而漫长。再看今天，在我们取得了那么一点点成绩的时候，就妄自尊大，岂不可笑至极？殊不知“登高跌重”之真理！

以史为鉴，可以知兴替。美国这个数年来的世界老大向我们清楚地展示了当老大的各种不易。在第二次世界大战以前，美国奉行的是“孤立主义”，即不过多参与世界事务，只安心于自身的国力建设。而

在第二次世界大战结束以后，美国的经济和军事等综合实力都处于世界领导地位，同时又因为布雷顿森林货币体系，建立了以美元和黄金为基础的金融汇兑本位制，稳固确立了美元在世界经济中的中心领导地位。长久以来，美元的这种独霸地位“合理地”为美国源源不断地提供着财力支持，使得美国可以非常轻松地获得巨大的经济利益。但在这一巨大的经济利益甜头的背后，美国又必须投入巨大的其他力量来维持其世界领袖的地位，著名的“特里芬难题”或许可以很好地说明这类问题。

1960 年，美国耶鲁大学教授特里芬在其著作《黄金与美元危机》中指出，布雷顿森林制度是以一国货币作为主要国际储备货币，在黄金生产停滞的情况下，国际储备的供应则完全取决于美国的国际收支状况：若是美国的国际收支保持顺差，国际储备资产将不敷国际贸易发展的需要；若是美国的国际收支保持逆差，国际储备资产出现过剩，美元将会发生危机，危及国际货币制度。这一两难的矛盾处境，为布雷顿森林体系的解体埋下了祸根。而为了拼命保住它的世界领袖地位，美国发生的次贷危机似乎正在印证当世界老大的不堪负累！

再反观中国，世界老二的位置才刚坐上，就开始谈世界老大的未来，是不是又犯了“揠苗助长”、“掩耳盗铃”的低级错误呢？且不谈人民币国际化的问题，即便人民币成为世界货币了，中国做好了需为此付出的努力吗？我们需非常有自知之明地道一句：中国的世界老大之路，任重而道远。

国人淡定：中国当不了老大

就在世界各国都纷纷叫嚣着中国即将在不远的将来成为世界老大时，除了一些已经被“胜利”冲昏头脑的、想当然地以为世界就是属

于中国的国人以外，另一种与此截然相悖的声音也同时出现了。国人开始思考，并非常淡定甚至笃定地认为：中国当不了世界老大！那么，中国又有哪些致命的问题会让国人生疑中国成为世界老大的美好愿景呢?

其实，在面对其他国家和媒体的各种表扬时，国人开始飘飘然却也不足为奇。在中国，我们看到的大多是一片欣欣向荣的繁荣景象，不管是在什么场合，我们都是先谈成就，再谈问题，而且通常是“前重后轻”。用非常大篇幅的笔墨来叙述成就，而对于问题总是轻描淡写，有时甚至让人觉得有点老生常谈的味道。在中国，真的不缺这样或那样的所谓的正面评价，缺的正是自我检讨与自我批评。谈及此，不免想起为何周恩来总理如此受国人敬重了。周总理的人格魅力必定是一大缘由，其中，周总理在每次会议开始作陈述时，总是带头提出自身的问题，进行批评和自我批评，这不可谓不是一大优秀品质。而在这一方面，我们需要人人都做“周总理”，尤其是那些需要为民做主的官员们。如果真能做到这一为民做主，想必那些贪污受贿案件、那些官官相护并利用公款吃吃喝喝的丑陋事件也就自然而然地消失得无影无踪了。

再者，中国普通民众的话语权总是强遭“拦截”也是一大弊病。这就涉及体制上的问题了，本来中国的民主集中制是非常好的，可是在实行过程中，却怎么看怎么不像那么回事。就拿选票一事来说吧，本来拥有选举权的选民是可以利用手中的选票体现国民意志的，可偏偏就有些“暗箱操作”。比如提前将某一特定被选举者的名字公布于众，其他人都避而不谈，只让群众填写此人姓名即可。这种事情在中国并不少见，甚至是在教书育人的各大高校也是如此，于是开始有网友“晒出”自己的“另类选票”，并戏谑地称自己“被代表”使用选举权了。如果这类问题不能够很好地加以解决，即便再大胆一点的猜想，中国有朝一日实现了全民直选，恐怕也只能是官场“作秀”罢了。

此外，即便已经超过日本成为世界第二大经济体了，中国的经济发展仍然是问题重重。在一次民意调查中，对于究竟谁是世界头号经济大国这一问题，认为是中国的美国人（43%）略多于持相反观点者(38%)。而只有中国人自己格外地“淡定”：在调查中，仅有6%的中国受访者认为中国已取代美国的超级大国地位，这在所有受访国家中是最低的①。因为我们自己清楚地知道，中国经济不可能无限期地以每年8%到10%的速度增长下去，且不说这个数字所代表的真实水平如何，中国还面临着令人生畏的人口与环境问题。仅从能源消耗上来说，中国所依赖的能源消费还是以煤炭资源为主，而相对清洁的石、天然气等，由于造价高等原因一直未予以普及。加之中国人口基数庞大，单单是提供十三四亿人的生活所需，涉及的消耗数额也是巨大的。这一人口优势可能会带来经济增长，内需扩大等积极影响，但随之而来的负面影响也是不难想象的。生活垃圾和工业废弃物怎么处理？资源从何处获取？如何坚持不损害后代人发展的可持续发展？如何解决这么多人口的衣、食、住、行以及就业难题？除了开发新能源，利用新技术，改革新体制，我们别无选择。

在国人对于中国内部环境的各种疑问之外，中国的外部环境也并不“轻松”。中国与太多的国家存在不同程度的领土纷争。中国与俄罗斯、日本、越南、菲律宾、文莱、印度等国家关于领土的争议，此起彼伏。为了息事宁人，我们大多数时候都是委曲求全，于是才有了“搁置争议，共同开发”，这不是打碎了牙往肚里咽吗？国人深知，“搁置争议”并不代表争议已经解决，迟早有一天，这些争议又会自己“跳出来”，只是“跳出来”的时机因“人”而异罢了。

大致总结说来，只要中国没有很好地解决内忧外患问题，中国就永远都做不了世界老大！这是国人的“淡定”，也是国人的“另类鞭策”。

---

① 黄芳妮．谁把中国想象成世界老大［J］．芳草：经典阅读，2012（4）：42-43.

经济总量增长并非一切

我们一直强调的都是：中国是在经济总量上超越日本成为了世界第二大经济体。注意，是经济总量上！这几个字，一个都不可忽略。首先就是经济，意味着在科技、军事、教育等其他领域，中国与世界老大的距离远不止“一名之隔”。其次是总量，意味着在中国这样一个人口大国，再多的总量增长，一经分摊也将变得“不足为外人道”了。

那就先来谈谈经济方面的问题了。越来越多的舆论，包括教科书等，都在强调美国单级霸权国家的世界形势已经或者终将发生改变，而与此相对的第三世界国家的力量在逐步增强，比如以中国为首的“金砖四国”等，甚至是后期经南非加入扩展后的“金砖五国”（现已统称为“金砖国家”）。并且认为全世界正向着多极化方向发展，尽管这一过程可能是艰巨且漫长的。在第三世界的不断壮大过程中，中国不可避免地成为了风口浪尖上的话题国家。如前所述，越来越多的言论提及中国将超过美国，成为另一个可以与美国相抗衡的世界大国。然而事实证明，中国现在虽然是个大国，是世界第二大经济体，在世界上的政治地位也有所提高，但中国和美国相较还是差太多了。

因为中国只是经济大国，但却并不是经济强国，而且中国的政治、军事实力与美国依然相距甚远。此外即便是在中国自身引以为傲的经济方面，也存在着丧失经济优势的潜在危害。因此，我们不难发现，现在的中国，经济发展势头虽然好，但是大多是廉价劳动力的结果。若干年以后，由于中国的计划生育以及中国劳动力成本的上升，随之而来的年轻劳动力越来越少，老龄化越来越严重，最后必然会加大劳动力成本上升的压力。到那个时候，中国现在经济快速发展的最有利的条件没有了，我们还拿什么来支撑整个国民经济的发展？拿什么来和美国一较高下？此外，要成为世界老大，除了有经济这一硬实力做支撑以外，还需要科学技术等软实力做先导，更重要的是需要政治、军事实力做强有力的保障，唯有此，才能够得上是世界老大的潜在“竞争者”。

再来谈谈总量方面的问题。这一问题可能或多或少都涉及过，但即便如此，对于总量问题却依然有重提的必要。也许在人口较少的国际，经济总量最大，同时也代表国民最富裕，但在中国和印度这样的人口大国，就远不是如此了。经济上的总量，可以代表很多。除了最明显的国民收入代表着人均收入可能并不可观以外，产品总量代表着供给可能不足；就业总量代表着岗位缺口仍然较大……而经济总量所代表的最最重要的潜在含义是：中国的贫富差距越来越大，穷人太穷，富人太富，而最富有购买力的中产阶级尚未形成，这是一个颇令人难为情的尴尬处境。可见，如果仅仅因为经济总量的上升而沾沾自喜，不免要贻笑大方了。

当不当老大，百姓说了算

“春江水暖鸭先知”，一个国家是否足以强大到可以担当起世界老大的重任，该国的老百姓是最有发言权的。如果出现“兴，百姓苦，亡，百姓苦”，那么这个“世界老大”的名号，有与没有，对老百姓而言又有何差别呢？

有种普遍流传的说法认为，不是中国挺住了金融危机的影响，而是中国帮美国人渡过了金融危机！也就是说，从这一层面来讲，中国是有资格成为世界老大的，至少在美国这个世界老大在位者遭遇危机时，只有中国能够有能力、有行动地施以援手。但是我们是不是真的

有所进步，还要看绝大部分老百姓的日子过得好不好。国泰民安，国富民强，这才是一个真正的世界强国所应该有的胸襟和远见，也是我们一直所追求并为之努力奋斗的。

诚然，中国的经济总量现在可以说很大，但它仅仅代表的是增长速度方面的“快”，却并不代表老百姓的生活是富足的。对于老百姓而言，真正的幸福感是来源于实实在在的切身体会，比如人均收入，比如人均购买力、社会公平和社会和谐等。经济总量的增长，或许是在份额较大的基础设施方面有所投入和产出，比如电力、水力、道路灯公共事业方面主要关注了 GDP，而这对于老百姓的实际购买力而言，影响并不是很大，甚至没有影响。这些对于老百姓的幸福而言，都是“无功而返”的。

说起幸福，不由得我们想起最近很受关注的央视幸福大调查。具体情况是，在人们所期待的 2012 年中秋国庆长假中，为了迎接十八大的召开，中央电视台也没闲着，将“幸福调查”如火如荼地进行着。在这次走基层大调查中，CCTV 记者针对的都是普通民众，以“你幸福吗”为主要问题进行询问。出乎大家意料的是，大家开始对普通民众的各种“神回复”津津乐道。比如一打工的老兄面对这个问题时，回答道“我姓曾”；另一无奈的工人兄弟道了一句“这事很复杂”，也颇让采访的记者尴尬了一把；更让人觉得啼笑皆非的是，一个排队买火车票的 90 后大学生在采访中抱怨说“跟你说话我的队被插了”；还有拾荒老人面对这个问题时，说“我耳朵不好”……面对诸如此类的“神回复”，不知道国家领导人会作何感想。

对于我们而言，这些回答无疑都是真情的表露，是实实在在的民生，只是可能未曾满足策划此次调查的人的心意。这或许也可以叫做是“有心栽花花不开，无心插柳柳成荫”吧。幸福其实并不像人们想象的那般抽象，那般主观，它应该是实实在在，由客观生活状况所决定的。在实际购买力方面，经济总量的大小，并不能代表人们就具有非常强的购买力。而老百姓最关心的是对于基本消费品的需求能否得

到满足。这些消费品在未来的市场需求和未来经济发展的稳健中，扮演着重要的角色，当然也是刺激内需所必须关注的一个问题。诚如马克思所指出的那样，“一切真正的危机最根本的原因，不外乎群众的贫困和他们有限的消费。”

设想一下，如果中国的 GDP 只按照 8%、9%的速度增长，那么中国老百姓能够感受到增长的好处会非常少，非常重要的一个经济学方面的原因是财富在民间的配置结构。我们都知道，对于任何一个家庭来说，每年可以花的收入应该包括两部分：第一部分是劳动收入和工资收入；第二部分是资产性财富升值的收入。在美国，一般资产增长的速度都是按照 GDP 两倍左右的速度上涨。但是在中国老百姓享受的只有劳动收入，资产性收入的渠道基本上是被堵起来，股市的长期低迷是一个非常严重的投资渠道不畅的问题。所以，对于我们个人和家庭来说，工资的上涨是我们最主要分享经济增长的渠道。但是百姓所想往往并不是官员所想，我们一再地出现工资上涨赶不上物价上涨的窘迫局面。

为什么会这样呢？这是因为作为官员自身来说，他们一般都会把这些经济总量所代表的财富花在看得见、摸得着的项目上，而这些往往是基础设施和大的工业设施所具备的特征。相较之下，如果官员们都把钱花在看不见、摸不着的教育、医疗上面，百姓可以感受到，但是别人看不见，上一级领导看不见。显而易见地，官员们会自我考量，如果这样做对于自己下一步的升官没有好处，他们当然就不会这么做了。外地人来参观时，也不会说“你在这边做市长期间带来的变化真是大”，所以大家追求的目标都是看得见的“形象工程”。

但是，一个社会的增长总是靠不断的投资、再投资，而消费跟不上，也许几年可以，但是长期靠这个模式进行下去，到最后生产了这么多东西由谁来买？在目前国有制的安排之下，还有征税权力和架构之下，中国 GDP 的增长速度很快，但是老百姓的腰包里面感受不到和 GDP 增长速度相对应的好处。所以，很多事情，还得从根上找原因，

比如为什么内需不足？为什么老百姓不是打心眼里觉得自己是幸福的，而是出现各种答非所问？我们需要反思……

老大可不当，前行步伐不可停

不当老大，世界会怎样？中国会怎样？其实答案是：世界还是那个世界，而中国可以不是那个中国。因为，中国当不当老大，对于大多数人而言，真的没有那么重要。重要的是，当不当老大，国家前进的步伐都不可以停止，需要解决的问题也一个都不能忽视。这样，老大的位置才会是水到渠成的，而不是“自封为王”，被世人诟病。

中国经济在快速发展的过程当中，裸露出来的问题却是日益突出的，比如我们常常提到的环境问题。尽管在环境问题中，高污染于大家而言并不陌生。但是，污染给我们带来了哪些危害？到底有多严重？往往是容易被我们所忽视的。2008 年 6 月 12 日，珠江三角洲大气污染防治高峰论坛在广州举行。中国工程院院士钟南山在论坛上指出：“50 岁以上的广州人肺都是黑色的！”他通过临床和手术等途径的统计数据发现，因大量污染物被吸入肺部，广州居民的肺脏已丧失了自我净化能力而遭到威胁，“无论是有病还是没病，50 岁以上的广州人肺都是黑色的[①]。”可见环境问题对于人们的身体健康造成的危害是多么巨大！虽然我们不代表官方立场，但是在这个问题上我们却非常愿意很官方地跟大家高声疾呼：环境问题，刻不容缓；保护环境，人人有责。在治理环境问题，实现可持续发展问题上，我们要做的，还有很多，而这些，并不是只要当世界老大就可以自然而然得到解决的。

另外，中国的“差距”问题也是广泛存在的。城乡差距，贫富差

① 时寒冰．我的民富路线［N］．世界经济学人，2009－01－21．

距，地区差距等各种差距，让我们意识到在中国，公平问题是多么的重要。在新中国成立初期，面对满目疮痍的中国大地，我们一再强调效率问题，强调让一部分人先富起来。如今，局势变幻，我们的确让一部分人、一部分地区先富了起来，但是先富带动后富，似乎并不如预计得那般顺利。在经济方面更是如此，一些沿海发达城市，率先享受到了中国对外开发的各种好处。所有，如果单纯地将中国的发达地区如上海、北京、香港、澳门与发达国家的大城市相比，经济差距显然不会太大，而如果要论及文化及文明程度，中国港澳地区由于特殊的人文政治背景又与内地不同，而内地的这些经济中心和政治中心也只是广阔的中国大地中的一部分，它们都不能全权代表中国。在这方面，教育和文化就显得尤为重要了，尤其是在我们这样一个以文化建设为灵魂的、文化历史悠久的东方国度，精神食粮和物质食粮对于百姓而言，同等重要。在未来的一百年甚至更长远的时间内，中国都应该着力持续地出重资加强教育建设和文化建设，这是当务之急，更关系到民族复兴的宏图大业。

或许在政治上，我们有我们的优势，我们是社会主义国家，我们可以集中力量办大事。同样，在文化上，我们有自己固有的优势，但是目前所显示的优势却并不明显，也没有转化成其他优势，带动整体经济社会的全面发展。而在军事上，在经济上，在其他关系国计民生的方方面面，显然我们处于劣势，我们与世界的差距是不管你当不当老大，都现实存在的。我们总是一再地强调，要求同存异，共谋发展，可殊不知，有些“异”是“存”不得的，它可能代表争议，可能代表冲突，什么时候，我们能够把这些危机中国继续向前发展的“异”给剔除了，给解决了，什么时候我们再来谈中国是否能够当老大的问题吧。

不战而屈人之兵，乃我上策也

《孙子兵法》有曰：不战而屈人之兵，乃上策也。其实，所谓的“不战”只是一种战略选择，中国也从不是好战的民族。我们需要的是“以静制动”，在国际局势上更是如此。美国不是非常乐意充当世界警察的角色嘛，我们当然举双手赞成。你维持你的国际秩序，我安心谋我的发展，如此一来，岂不两全？

美国曾提出的“两国集团”问题，我们没有附和，也未曾十分明确地指出这就是一个巨大的阴谋。所谓“两国集团”（G2），指的是中美两国合作，共同主导世界事务。最早提出中美“G2”构想的是美国彼得森国际经济研究所所长弗雷德·伯格斯登，随后，美国经济史学家尼尔·弗格森也提出一个“新概念”，即“中美国”（Chimerica）。弗格森认为，现在中美已走入“共生时代”：美国是全球最大消费国，中国是世界最大储蓄国；双方合作方式是美国负责消费、中国负责生产。而不管是“两国集团”，还是“中美国”，所代表的含义都是一样的。但在中国这样一个坚持不与任何国家或国家集团结盟，奉行独立自主的和平外交政策的发展中国家，主流思想界对于这一主张自然是不赞成的。但也不乏支持者，即认为两国集团是一个好主意，不意味着中国受到了牵制。

从更大范围的国际视野来说，一些专家和学者认为没有国家能够武力入侵中国，但中国却需要走向世界，保护分布广泛的国家安全和利益。这种扩张不是侵略，不侵害别国的利益，同时还保护世界的和平与稳定。中国在红海的护航舰队就是一例，他们不是威胁，甚至不对海盗构成威胁，除非他们进攻[①]。中国在谋求和平崛起的同时，美国也并不傻，因为“两国集团”一旦形成，美国正好可以借力打力，难保中国不会成为美国的“刽子手”，或者像日本一样，成为美国的马前卒。除了需要对中美的“两国集团”加强警惕，对那些呼吁美国与其盟国一致对华、促使中国承担巨大国际责任的主张加以防范。总之，在世界名次竞争面前，我们可以示弱，也甘于示弱，世界老大是你美国的，我们还差很远。

同样值得注意的是，尽管美国等发达经济体经济增速普遍放缓，并不意味着目前美国作为世界头号强国的地位以及对现行国际经济政治秩序的主导作用发生了颠覆性的改变。这时候的中国仍然应该展示中华民族的优良传统美德，决不落井下石，或者乘人之危。况且，以美国为首的发达国家仍然是世界经济的主导力量，他们拥有先进技术、丰富的资金资源和高素质的劳动力资源，且有着极强的自我修复和调整能力，中国欲取代美国，或者想与美国并肩作战共同管理世界秩序，这样的世界经济格局的根本性变化恐怕还将是一个长期的复杂过程。如果操作不当，也有可能就永远都改变不了。

让我们不妨来看看美国的战略转变吧。奥巴马总统非常及时地纠正了小布什时期的单边主义政策，使得美国在巩固传统盟友战略关系和拓展新盟友方面取得了新成果。以美国为轴心的日法德印战略友好关系得到提升。美国的巧实力外交战略和中国的不结盟政策，使得中国和俄罗斯缺少足够的战略盟友以改变美国主导的单极政治战略格局[②]。所以，从目前的局势来说，中国这一单方面的力量还并不能改变什么，我们只能先做好自己的本分，如此而已。

不战而屈人之兵，对于中国这个发展中国家而言，除了硬碰硬地在经济、军事和政治等方面的实力自我加强以外，最主要的还是应该

---

① 丁力．中国被包围了吗［N］．经济观察报，2010－09－21.

② 阎学通．“一超多强”开始向“两强多超”演变［N］．环球时报，2011－12－30.

着重以发展软实力为主，即中化民族文化的发展，这种发展战略很好地运用了扬长避短的发展套路。因此我们认为，对于一个发展中国家而言，强国的关键在于要有坚定的民族精神和引领世界的民族文化。美国崇尚科技竞争，决不当第二的世界霸权精神，并且不择手段网络人才科技进步和组合拳打压遏制对手的战略和民族精神，使其稳坐当代世界的老大宝座，我们中国也要用自己的战略和民族精神，来时刻激励自己前进。美国历史短暂但美国崇尚把握未来，美国好莱坞电影文化就是佐证！德国的日耳曼民族精神让其两次战败都神奇地崛起。俄罗斯是一个拒绝中庸的独立自强有帝国梦想的民族，可惜的是人口及地缘限制了俄罗斯的大国之雄心的实现！日本靠的是大和民族的团结精神，但日本民族的荣耻文化是双刃剑，带给日本的既有迅速繁荣也有毁灭性的灾难。中国文化历史悠久博大精深，完全能够征服世界，盛唐时期各国使节不远万里来到长安朝拜，就是我大中华文化的价值和魅力使然，当然这也是需要有强大的武力作为依托的。

不战而屈人之兵和“老二哲学”其实是有异曲同工之妙的。因为暂时地不去和美国争当世界老大只是一种手段，而并不是最终的目的。正所谓“不积跬步，无以至千里”，“老二哲学”是一种现实的选择，生存的需要，也是明智之举。中国在面对外部环境极其不稳定的时候，尤其需要有美国这一世界老大来出面维持世界秩序，一定程度上充当起“世界警察”的职责，而且我们都知道美国也一直乐于此。于现在正蓬勃发展的中国而言，若是被雄心勃勃、豪言壮语、大干快上的“创业激情”冲昏了头脑，无疑是不自量力、“以卵击石”。

在新形势下，我们只有坚持一贯所坚持的外交路线和方针，既反对霸权主义和强权政治，当然也就意味着中国不会自立为王，也要加强和第三世界国家的团结，争取有利的和平环境。国际关系也和各国的战略战术紧密相关，中国要善于韬光养晦，在争议声不断的情况下依然能有所作为，努力把握各项发展机遇，同时不断向世界发出我们自己的声音，坚持我们自己的国际战略和外交政策，不为外界的谣言所动，使我们国家立于不败之地。学会做“老二”，是一种经营谋略，在跟随之中从老大身上汲取宝贵的经验，吸取老大的失败教训，最后扬长避短，成为老大。

总之，随着中国经济文化军事等综合国力的增长，国际敌对势力必然图谋捣乱破坏，对此国际霸权主义者也从不隐瞒，现有的国际和平环境也具有一些可发生逆转的因素，所以，中国未来所面临的国际环境的危机是绝对的、长期的，因此，居安思危的警惕性绝对不可以松懈。不过，无论敌对势力如何阻拦，中国都要继续走改革与和平发展之路。“两岸猿声啼不住，轻舟已过万重山。”用这首唐代诗人李白的传世佳句形容现代反华势力的徒劳之举，也借以表达中国人民必胜的信念和已有的业绩，应当是很适宜的。我们深信，一个和平与繁荣的中国必将崛起，必定会对全球繁荣作出重要贡献。

后 记

如同在完成任何一项计划好了的任务之后所具有的成就感一样，当我们按照原计划顺利完成本书的编写工作时，我们的成就感是不言而喻的。同样，如同完成任何一项工作之后再重新审视自己的工作时所会产生的遗憾一样，当我们回过头来再看我们的书稿时，总是感觉到有许多想阐述的内容和观点，尚未被包括在书中，而且有些地方的论述也差强人意。这既是一种遗憾，也是促使我们再思考的新起点。

特别需要指出的是，此书正式出版之际，正值党的十八届三中全会顺利闭幕之时，我们高兴地注意到本书的主要内容与党的十八大的主要精神高度一致。党的十八大的主要精神之一，就是再次向世界宣告：中国是世界和平的重要力量，是公平正义的守护者之一。中国“永远不称霸，永远不搞扩张”，中国仍旧将与发展中国家一道，促进世界公平和正义，反对一切不合理的贸易保护主义、霸权主义、强权所为。中国将乐于成为全球事务的积极参与者，成为国际政治和经济合作的积极力量，成为国际交流的重要参与者。中国的和平崛起，不会以牺牲自己的国家利益和领土安全、海洋权益为代价，但中国也将以自己的智慧，让外界相信——中国过去是、将来也是周边国家经济发展和地区稳定的坚强依靠。

从世界的发展局势和人类的发展前途来看，只有和平才有希望、只有合作才有希望。霸权主义、弱肉强食，都只会给人类带来更加贫穷和落后的局面、只会给我们的家园带来灾难。当前世界局势仍然复杂，局部动荡频繁发生，霸权主义、强权政治不灭，这给世界和平发展和稳定带来了极大挑战。有责任的大国应该团结起来，相互合作、相互扶持，共同秉持公道，伸张正义。共同反对霸权主义，反对强权政治，为世界的和平稳定作出应有的贡献。

在构思与写作此书的过程中，我们阅读参考了大量的中外文献参考资料。起初，我们试图根据自己对本书主题的认识和见解，在书中将不同资料来源条理化和系统化，但浩瀚无比的文献令我们实在难以取舍。最后虽然尽了最大的努力，还是挂一漏万，对于我们所认同的许多有价值的理论和观点，我们都无法在本书中予以引用和阐述，对此只能再次深表遗憾。

在写作中，我们受到自己周围的同事和朋友们的支持，他们不仅热情地鼓励我们写好这本书，而且尽其所能为我们提供了许多具体的帮助。加拿大怀雅森企业管理战略研究中心主任、终身教授林小华博士，汕头大学商学院副院长欧阳峰教授等阅读了初稿，并提出了宝贵的修改意见。汕头大学商学院学生池小东、东北财经大学研究生沈静、南昌大学研究生夏萍等，均协助我们查阅了大量的文献资料，并帮助我们完成了部分初稿。北京默多特文化出版传媒的各位同人，给予我们很大的支持和帮助，在此特地一并鸣谢！

作　者

2012 年 11 月

于北京